Akal / Inter Pares
Serie Poscolonial
Director: Ramón Grosfoguel

Diseño interior y cubierta: RAG

Se prohíbe la reproducción total o parcial de esta obra —incluido el diseño tipográfico y de portada—, sea cual fuere el medio, electrónico o mecánico, sin el consentimiento por escrito del editor.

La edición del presente libro ha contado con la colaboración de Diálogo Global.

© Doris Difarnecio (2003, 2012), Grace Remington (2012), Schalk van Zuydam (2015), Luis E. Aguilar (2010), Rodger Bosch (2015), Fortaleza de la Mujer Maya (FOMMA), por las fotografías, 2019

© de las autoras, 2019

D. R. © 2019, Ediciones akal México, S. A. de C. V.
 Calle Tejamanil, manzana 13, lote 15,
 colonia Pedregal de Santo Domingo, Sección VI,
 delegación Coyoacán, CP 04369,
 Ciudad de México
 Tel.: +(0155) 56 588 426
 Fax: 5019 0448
 www.akal.com.mx

ISBN: 978-607-8683-00-0

Impreso en España

Karina Ochoa (coord.ª)

Miradas en torno al problema colonial

Pensamiento anticolonial
y feminismos descoloniales
en los Sures globales

ARGENTINA
ESPAÑA
MÉXICO

INTRODUCCIÓN

Karina Ochoa Muñoz
y María Teresa Garzón Martínez

Los feminismos descoloniales en los sures globales

En los últimos años, el denominado "feminismo descolonial" ha cobrado un gran auge en ámbitos académicos y sociales debido a la creciente producción escrita en torno a temas como la colonialidad del género. Sin embargo, hay que poner de manifiesto que en Abya Yala y en los sures globales existen diversas y múltiples producciones críticas de feministas, de mujeres indígenas, afrodescendientes y mestizas racializadas que guardan un fuerte carácter descolonial o anticolonial, pero no se constriñen exclusivamente al debate sobre la imposición colonial del género, por lo que es difícil hablar de "un" solo camino de reflexión, o incluso de "un" solo "feminismo descolonial". En este sentido, se hace necesario nombrar en plural la existencia de esa gran cantidad de expresiones políticas y epistémicas que se dan en los linderos entre el debate feminista y el pensamiento descolonial. Por ello, sostenemos que es más pertinente hablar de "feminismos descoloniales" en plural que en singular, pues "quienes hoy asumimos los debates […] no provenimos necesariamente de los mismos procesos de militancia/acción, formación y/o trayectorias personales o académicas" (Cariño *et al.*, 2017), y esta diversidad de genealogías, contextos y procesos de producción complejiza cualquier intento por homogenizar o simplificar el campo de batalla de estos posicionamientos. Y si, además, tomamos en cuenta que no existen consensos absolutos ni supuestos básicos únicos vinculados a todos y cada uno de los planteamientos centrales que configuran esta geografía epistémico-política, entonces resulta aún más oportuno pluralizar su enunciación.

Lo anterior no significa, de ninguna manera, que no se compartan algunas consideraciones comunes. Es decir, aunque existen importantes diferencias y distanciamientos dentro de los "feminismos descoloniales", también hay elementos afines. Muchos de los aportes que englobamos dentro de esta tendencia crítica comparten, por ejemplo, la conciencia de los efectos que la imposición colonial tuvo —y sigue teniendo— sobre los cuerpos, los territorios y las vidas de las mujeres y sus pueblos en los sures globales. El primero de estos efectos es que a las poblaciones colonizadas se les anuló la posibilidad de arribar al estatus de pueblos con capacidad de autodeterminación o de constituirse en sujetos/as con derechos plenos (incluso desde la perspectiva moderna de *ciudadanía*), debido a su carácter "bestial", a su condición de "animalidad", de *no humanidad plena*, impuesta o atribuida por el colonizador y ratificada con sangre desde el orden colonial. En este sentido, se reconoce el *estatus de lo nohumano* asignado a las poblaciones amerindias y de origen africano que fueron extraídas de sus tierras para someterlas a la esclavitud, o conquistadas y colonizadas a partir de 1492. Así fue como civilizaciones enteras quedaron destinadas a la *noexistencia*, es decir, a la anulación de las condiciones necesarias para la reproducción material, espiritual y simbólica de su vida. Se sentenció a los pueblos que eran partes de esas civilizaciones a mantenerse a perpetuidad en procesos de sobrevivencia, y no de vida.

También compartimos legados anticoloniales que enriquecen la pluralidad de las discusiones ofrecidas desde la diferentes *posicionalidades* que asumen las pensadoras y activistas descoloniales de Abya Yala y de los sures globales. Las tradiciones ensayística y política que se desarrollaron en nuestra región después del siglo XVI así lo demuestran; pero también las múltiples acciones de resistencia y las rebeliones indígenas y de esclavos y esclavas de origen africano.

Gracias a múltiples investigaciones, es posible mencionar un un sinnúmero de rebeliones que tuvieron como pretensión impactar o interrumpir la continuidad del orden colonial. Y, sin duda:

> dentro de esas rebeliones y revueltas tuvo un lugar muy importante la participación y acción de las mujeres, aunque las más de las veces

su existencia haya sido ocultada y sus aportes desdeñados. Pese a ello, no son pocas las rebeliones que durante el periodo colonial fueron encabezadas y lideradas por mujeres.

En el mundo andino sobresale el caso de Bartolina Sisa, mujer aymara que en 1780 encabeza, junto con su esposo Tupac Katari, una de las más importantes rebeliones contra los poderes coloniales […].

Al igual que Bartolina Sisa, Gregoria Apaza (la hermana menor de Tupac Katari y compañera de Andrés Tupac Amaru, hijo del Inca Tupac Amaru), vestida como hombre, dirigió múltiples batallas junto a tropas (integradas por mujeres) del ejército amarista. Y como ellas, Kurusa Llave (quien dirigió uno de los ejércitos en Chayanta), Micaela Bastida (viuda de Tupac Amaru) […] y muchas otras mujeres anónimas pelearon tanto en los ejércitos amaristas como kataristas, aunque todas ellas fueron olvidadas y no figuran en los anales de la historia (Ochoa, 2019).

Pero no fueron los únicos casos de rebeliones y/o de mujeres que se sublevaron, y cuyos registros no aparecen en los libros oficiales de historia:

> A esta larga lista se integran los nombres de muchas mujeres indígenas y afros que lucharon por defender a sus pueblos contra las invasiones española y portuguesa y/o por quitarse de encima el yugo colonial. Entre ellas encontramos a: Anacaona, Cacique de Jaragua, quien fue una de las primeras mujeres que en la Isla Española peleó contra los invasores; la afro Guiomar que combatió junto a su esposo (el negro Miguel) en la primera rebelión de esclavos en Venezuela, durante el año de 1552; Janequeo, mujer de origen mapuche-pewenche, quien luchó contra las tropas españolas en 1587; Huillac Ñusca, una princesa kolla que encabezó la sublevación de un grupo de incas llevados a Chile en calidad de esclavos para trabajar en las minas de plata de Huantajaya; Abimañay que, junto a Jacinta Juárez y Lorenza Peña, encabezó en 1803 una rebelión contra el tributo en Guamote y Columbe, Ecuador, bajo el grito de: "Sublevémonos, recuperemos nuestra tierra y nuestra dignidad". Estos son sólo algunos de los nombres de mujeres, guerreras-amazonas, *Mama t'allas*, indígenas y afros, que encabezaron y formaron parte de las luchas contra el poder imperial colonial.

La mayoría de estas rebeliones son, por un lado, resultado de la oposición a la invasión europea o, por otro, re-acciones contra los abusos que por años desolaron a las naciones originarias a causa de dicha invasión. En este sentido, creemos que pueden leerse como posibilidad de liberación del yugo colonial (justificado bajo un tutelaje ficticio), pero sobre todo como la decidida acción para la construcción de "otro" orden que permitiera a las poblaciones originarias recuperar sus tierras, su vida, su dignidad y su capacidad para autodeterminarse y autogobernarse (Ochoa, 2019: 111-112).

Por otra parte, la larga tradición ensayística, que antes mencionamos y que se despliega en nuestra región entre los siglos XVII y XIX marca también un camino reflexivo que alimenta el pensamiento crítico y utópico anticolonial, que es la piedra angular de las grandes transformaciones de procesos históricos que marcan las llamadas "independencias" y los periodos post-independentistas. Para Graciela Scheines, por ejemplo, en *nuestrAmérica*:

El ensayo funda la patria, inventa el país, otorga identidad, dibuja el mapa del continente, instaura un orden que produce una trampa que organiza, produce una trampa que organiza y atrapa las formas y las cosas, nos hace un lugar, nos inserta en un texto, nos convierte en protagonistas de una narración [...].

El ensayo latinoamericano es el producto [...] que mejor nos representa... es fundacional, metafórico, ambigua mezcla de interpretación histórica e intuición profética: Es también el género utópico por excelencia con alta densidad ética. Desde Martí, Bolívar o Sarmiento hasta Martínez Estrada Arciénega... (Scheines, 1995: 196).

Todavía hoy se piensa que en lo que conocemos como América Latina y el Caribe no se produjo filosofía o pensamiento "formal" o "verdadero", pero los registros que encontramos en la tradición ensayística temprana dan muestra de un pensamiento profundo que fue construido, las más de las veces, empuñando un fusil en una mano, en la otra la pluma. Sin embargo, es cierta y real la ausencia de la pluma femenina en dichos registros escritos.

A este legado se agrega la producción literaria y novelística de los siglos XIX y XX, donde las mujeres parecen con un rostro mucho más definido. Aquí también debemos mencionar los trabajos periodísticos y militantes que dejan una trayectoria relevante en la lucha por los derechos de las mujeres, lo cual se puede rastrear en obras como las de Soledad Acosta de Samper (*Dolores*, 1867) o Gertrudis Gómez de Avellaneda (*Sab*, 1841), en el siglo XIX colombiano y cubano respectivamente, por ejemplo.

Reconocer —a través de los diversos itinerarios reflexivos anticoloniales y las múltiples acciones y rebeliones contra el orden colonial— la ficción de superioridad de Occidente, cuya "jerarquía" tuvo efecto sobre cuerpos, territorios, leyes, gobiernos, psiques, epistemes y órdenes civilizatorios ancestrales anulados y exterminados nos permite no sólo descifrar los mecanismos sistémicos del colonialismo que pasan por las fibras del racismo, sexismo, la heteronormatividad obligatoria, las lógicas de opresión múltiple, etc., sino que también nos ofrece otra comprensión de nuestras realidades actuales que, sin duda, están relacionadas con la experiencia colonial de ese pasado lejano y cercano que configura nuestras propias realidades y lo que somos como pueblos y como individuos. Efectivamente, todo esto resulta central en la disposición de lo que hoy vivimos en Abya Yala y los sures globales.

¿Por qué seguir pensando "lo colonial"?

Pero, ¿de qué nos sirve hoy seguir hablando de la imposición colonial? ¿Qué debemos comprender por descolonización? ¿Cómo se relaciona todo ello con la vida de las mujeres? ¿Cuáles son las miradas en torno al problema colonial que nos convocan? Éstas son preguntas que aún están vigentes en las luchas contemporáneas de muchas mujeres y en sus propios procesos de producción de conocimiento, tanto en Abya Yala como en otras coordenadas geopolíticas de los sures globales. Ciertamente, desde la década de 1980, cuando en Latinoamérica —Abya Yala— se empezó a pensar el "hecho colonial", amparado dicho esfuerzo en el contexto político de emergencia de los movimientos indígenas y afrodescendientes que reivindican sus propias historias de transformación y lucha, y donde, además, la filosofía construye la pregunta sobre la dimensión discursiva y epistemológica de la colonialidad que edifica a la periferia como el "otro" de la Modernidad (Castro-Gómez, 2011), y con ello se asume el desafío de conocer y dar un lugar de relevancia a feminismos no hegemónicos —feminismos negros, afrodescendientes, subalternos, indígenas, lésbicos, mestizos, descoloniales—, ya que no es posible habitar este mundo que vivimos sin atender el hecho de que nuestras genealogías sólo son posibles en el marco de un *sistema-mundo moderno colonial*.

Dicho marco permanece vivo, no sin cambios en sus lógicas de poder, aunque sí en la perspectiva de rehacer una y otra vez ese sistema de clasificación por *raza* que construyó en el siglo XVI y que aún opera para sus fines en conjugado con la división entre *humanos* y *no humanos*, con todo lo que de allí se desprende y los diversos mecanismos de poder que allí confluyen. Al mismo tiempo, existen innumerables formas de respuesta, resistencia y transformación, las cuales, desde sus propias prácticas concretas y en las realidades que se experimentan en diversas regiones de las "periferias" —y las "periferias" dentro de los centros—, retan, intervienen, deshacen el proyecto "civilizatorio" y sus lógicas eurocentradas, no en busca de un "paraíso" pre inclusión, sino para reconocernos como, en palabras de Aura Cumes, "sociedades humanas y políticas constituidas en un proceso histórico y en lucha con el poder", con el objetivo de deliberar cómo llegamos a ser lo que somos —o lo que no somos— y qué es lo que queremos ser.

En este marco de sentido y de acción, el pensamiento anticolonial y los feminismos descoloniales entran a jugar un papel fundamental tanto con sus agendas de investigación —inscritas o no en la institución académica— como con sus prácticas de construcción de mundos, en clave genealógica, las cuales desplazan los fundamentos del saber y el hacer de las interpretaciones del mundo hegemónicas, incluida la de los feminismos blancos.

Sobre esto ya se ha dicho mucho; sin embargo, no nos cansamos de reflexionar en torno de ese *sistema-mundo moderno colonial* y sus resistencias, pues nuestras múltiples formas de existencia se dan en condiciones donde las violencias de ese *sistema* se han exacerbado. En ese sentido, los feminismos descoloniales no pierden vigencia, sino al contrario: se mantienen activos, en mutación y adaptación según cambien las condiciones, recreándose en los horizontes políticos y geopolíticos, construyendo —o no— alianzas, con una apuesta casi al unísono, y no sin conflicto, por un "buen vivir" para cada una de nosotras. Ese ánimo de continuar en avance por las ramas de la descolonización, de un pensamiento anticolonial, y hacerlo como las mujeres que somos, es lo que hace posible la presente antología. Aquí, diferentes pensadoras, activistas y académicas, desde diferentes lugares de los sures globales, se han dado cita para formular reflexiones que parten de la experiencia, el cuerpo, las luchas, los territorios y demás eventos que tienen el potencial de traducirse en estrategias de descolonización, para aportar al debate hoy y dar cuenta de su amplitud, riqueza, avances y retrocesos, bajo el marco de las teorías anti y descoloniales. Así, de una u otra forma, esta antología tiene como corazón la tarea conjunta de evidenciar los mecanismos de dominación que desde hace siglos operan sobre los cuerpos, territorios, epistemes y horizontes de sentido de nuestros pueblos y quienes los integran, además de perfilar y dibujar las líneas de acción política de quienes hoy generan alternativas de transformación social, política, personal y espiritual, y que convierten realidades, pero también aportan las bases de sociedades teóricas para la configuración de sociedades más justas y dignas para todas y todos, sin dejar de reconocer la dominación colonial que —en un arco de tiempo largo— pesa todavía sobre nuestra historia.

Los acercamientos o aproximaciones a nuestra "propia historia" nos exigen, entonces re-andar viejos caminos, pero con nuevos ojos; escudriñar y atrevernos a recorrer vías insólitas que develan el carácter enredado/imbricado de lo colonial, racista, clasista, misógino y heteronormativo del *sistema-mundo capitalista moderno colonial* que habitamos. En este sentido, hemos tenido que sacar de los escombros todo el potencial crítico del pensamiento feminista latinoamericano, indígena, afrodescendiente y feminista de las llamadas "periferias" para visibilizar y desmontar las jerarquías (que, por lo general, se traducen en desigualdades raciales, de sexo-género, clase, etc.) desde un entendimiento de la configuración de la matriz de opresiones múltiples que atraviesa por los cuerpos de mujeres y hombres racializados.

La publicación intitulada *Miradas en torno al problema colonial. Pensamiento anticolonial y feminismos descoloniales en los sures globales* justamente ofrece un panorama del potencial crítico que se despliega a través de los feminismos descoloniales, y comporta no sólo una perspectiva crítica-negativa de los patrones de dominación colonial que configuran el *sistema-mundo moderno colonial de género*, y de los efectos que el régimen colonial y patriarcal tiene sobre la vida de las mujeres y las comunidades, sino que aporta —desde una postura propositiva— elementos que nos permiten pensar en los procesos descoloniales desde horizontes de sentido "otro" que tienen anclajes, por ejemplo, en los mundos indígenas, en las luchas de mujeres musulmanas, afrodescendientes, negras, gitanas-andaluzas, mestizas racializadas, etcétera.

Esperamos que esta apuesta rica en matices y contenidos aporte al debate y convoque a un público amplio con miras a enriquecer nuestras miradas, debatir sobre nuestras preocupaciones comunes y orientar nuestras luchas situadas y corporizadas, territorializadas.

La agenda del libro

Las líneas de reflexión presentadas en este libro sirven como hilo conductor para imaginar las apuestas descoloniales y anticoloniales desde diversas geografías y existencias marcadas por los aportes, militancias y reflexiones de mujeres racializadas. La compilación abre con una discusión a propósito de los marcos teóricos que han acompañado el desarrollo de las teorías anti y descoloniales, y sus confluencias y distancias con teorías poscoloniales y con el trabajo de la escuela de Estudios Subalternos.

Éste no es un tema nuevo. Sin embargo, revisitar las herramientas que se construyen para responder a las preguntas que sugiere la colonialidad siempre es un proceso enriquecedor, pues mismo brinda perspectiva de pasado, presente y de futuro. Más aún cuando estas herramientas y matrices de entendimiento, complejas, fluidas y en movimiento, se formulan desde los feminismos negros, descoloniales, subalternos, y cada vez son más reconocidas, usadas, rearmadas —y también cooptadas—, es decir, ofrecen posibilidades muchas veces inesperadas para avanzar en una crítica feminista nacida y localizada en contextos coloniales, apostando a una "doble crítica" a lo descolonial, ya que invitan a reconocer la continuidad de las categorías de *género/etnia/raza/clase* y su operar de manera simultánea, favoreciendo la comprensión en otro nivel de nuestra compleja realidad.

En efecto, muchos de los marcos de sentido que se exponen en esta antología se construyen en diálogo con las teorías anti y descoloniales, y ello permite comprender cómo han mutado, en el tiempo y en el espacio, el *sistema-mundo moderno colonial de género*, la colonialidad y las realidades coloniales que aún permanecen vigentes en nuestros territorios, generando herramientas explicativas y de análisis que pueden ser compartidas por una mestiza andaluza que habita una "periferia" en el centro, como por una mujer tseltal que habita un territorio que cuenta con más de 500 años en resistencia. También, varios de los marcos de sentido que habitan estas páginas se han construido en tensión o de otras coordenadas distintas a las de las teorías anti y descoloniales, dando prioridad a los conocimientos que vienen desde experiencias "desde abajo", a través de las cuales se insiste en la construcción de teorías más acordes a nuestra propia experiencia, para explicar distintas realidades y dotar de estatuto epistemológico a prácticas de producción de conocimiento que se consideran locales, folclóricas, no pertinentes, "sentido común", ampliando los marcos interpretativos de aquello que hoy son preocupaciones compartidas.

El racismo es una preocupación compartida, por lo que preguntas como: ¿Qué es el racismo?, ¿cómo opera?, ¿cuáles son sus genealogías en los sures globales?, atraviesan muchos de los textos compilados, y se vuelven, hoy más que nunca, preguntas abiertas que buscan respuestas urgentes. Así, el problema del racismo como episteme y como práctica material cruza buena parte de estas páginas, y es explicado desde diferentes lugares geopolíticos y desde variados artefactos —literatura, teatro, discursos desde el privilegio, etc.—, retomando viejos y nuevos conceptos con miras a responder al urgente proceso descolonizador. Así vuelven a la arena de disputa descolonial nociones como *interseccionalidad, opresiones múltiples, islamofobia de género, blanquitud, descolonizar.*

Además, la presente obra da cuenta de prácticas concretas, situadas en contextos geopolíticos específicos, que responden y desafían a la colonización y sus mecanismos de dominación —violencia, ley y religión—, bajo sus propias lógicas de operación, poniendo en jaque la "voluntad de verdad" —los "discursos de verdad científica", los llama María Patricia Pérez— de la hegemonía discursiva eurocéntrica. En efecto, la captura y reorganización de los "sentires de mundo" (Oyěwùmí, 2017) propios de pueblos originarios, cuyo efecto es la transformación de los sentidos que orientan la vida social, son analizados también aquí.

Sin embargo, la discusión no se queda en la descripción de las formas en que opera un régimen de poder, avanza hacia la constatación de propuestas políticas descolonizantes concentradas en la posibilidad de llenar nuevamente de contenido las palabras que las comunidades ocupan y que son propias de sus idiomas originales, y junto con éstas, las prácticas espirituales, las nociones de "ancestralidad", la participación de las mujeres en los lugares de toma de decisión en sus comunidades, el trabajo colectivo y del cuidado, las creatividades —el teatro—, las formas de "hacer" historia, enmarcados todos en contextos cambiantes y de constante negociación para garantizar su permanencia y la capacidad de hacer legítimas las luchas comunitariamente por medio de la defensa del territorio y los derechos colectivos.

Así, los diferentes aportes que se incorporan en esta publicación proveen de elementos necesarios para consolidar una agenda en construcción que funge como plataforma común sobre la cual edificamos las diversas autoras de los llamados "feminismos descoloniales". Por ello, estamos convencidas de que una de las tantas contribuciones de la producción crítica de los feminismos descoloniales es la potente relación que se establece entre el pensar, el hacer y el sentir, lo cual se vuelve un puente articulador de experiencias activistas, feministas, descoloniales y anticoloniales, por lo que mucha de la producción intelectual y reflexiva que se inscribe en esta línea proviene de pensadoras y activistas comprometidas con procesos de lucha, resistencias y/o acción de las mujeres junto a sus pueblos.

Además, la relación entre el hacer, el pensar y el sentir resulta relevante en las múltiples genealogías de los feminismos descoloniales y las luchas de las mujeres indígenas, afro y mestizas racializadas en el Abya Yala. Y es que los caminos que andamos no se separan de la producción de conocimiento "otro" que se sostiene y concibe desde experiencias históricas concretas.

Hoy nos hallamos frente a una creciente producción de conocimientos que no está regida —exclusivamente— por los cánones académico y científico, ya que es fundamentalmente una producción anclada en el *sentipensar*, en el quehacer colectivo, resistente, cotidiano, que se enmarca en las experiencias tanto locales, regionales, como nacionales e internacionales. Y en este sentido, nos encontramos con apuestas reflexivas que subvierten la impronta de la dominación colonial que prevalece en las miradas de la ciencia moderna, ya que contribuyen a la deconstrucción de las perspectivas disciplinarias.

Por ejemplo, encontramos en algunas de las autoras compiladas una importante pre/ocupación en torno de las narrativas y correlatos que se desprenden del hecho colonial y que encuentran una continuidad en el tiempo, pues la colonialidad se configura más allá del colonialismo e impregna las apuestas poscoloniales de los Estados independientes en los sures globales. De tal suerte que además está la pre/ocupación, muchas autoras se ocupan de desafiar las lecturas coloniales, recuperar *archivos* y leerlos desde una mirada descolonial, lo cual implica también construir miradas que desmonten la epistemología colonial moderna mientras trazan diferentes direcciones para abrir veredas que tiendan a la descolonización del conocimiento.

Por otra parte, algunos de los trabajos aquí compilados descifran las complicadas e implicadas relaciones de poder, las epistemologías y prácticas políticas que cobran cuerpo en contextos específicos de las luchas colectivas. Finalmente, queremos decir que, en este camino cifrado por la escritura, esperamos convocar e interpelar tanto a las personas que se abren brecha en los diversos feminismos descoloniales y anticolonial, como a aquellas que llevan ya un trayecto andado por esos mismos parajes.

Descripción de la obra

Como hemos señalado con anterioridad, en este libro se publican aportes que posicionan el pensamiento crítico de mujeres y feministas de Abya Yala y los sures globales cifrado por miradas descoloniales y anticoloniales que parten de las propias experiencias. Así, las contribuciones van más allá de la sola deliberación argumentativa, pues están articuladas, en su mayoría, con experiencias y eventos que impulsan procesos de descolonización y de resistencia, por lo que este documento es el resultado de un arduo trabajo (no sólo de quienes lo compilamos, sino en especial) de un número importante de pensadoras y activistas del Sur que en las porosidades del debate incursionan sobre caminos poco explorados por las propias retóricas del pensamiento crítico descolonial.

El documento se compone de siete capítulos integrados, a su vez, por ensayos con múltiples preocupaciones en común. El primero abre con la contribución de Breny Mendoza (Honduras – Estados Unidos): "La *colonialidad del género y poder*: De la postcolonialidad a la decolonialidad", en el que se posicionan las aportes de la teoría feminista descolonial frente a otros campos de reflexión crítica como el poscolonialismo o los Estudios Subalternos del Sudeste Asiático, y, en particular, de feministas como Gayatri Chakravorty Spivak, Chandra Talpade Mohanty y Gloria Anzaldúa, o del feminismo negro de Estados Unidos. Ubica también los planteamientos anticoloniales de los feminismos de las "mujeres de color" y los posiciona en relación con la producción de las académicas blancas (exponentes del feminismo hegemónico) para mostrar cómo en este desplazamiento los aportes críticos descoloniales y anticoloniales quedan reducidos a meras políticas de identidad o "modas académicas". En este sentido, la autora argumenta cómo en la Academia, por ejemplo, dichas perspectivas —a excepción de las teorías feministas poscoloniales— no suelen ser tenidas como "verdadera teoría", y muchas veces sus contenidos sufren procesos de despolitización en el uso que la hegemonía blanca hace de ellas. También se suelen ignorar las genealogías específicas de estos debates, haciendo equivaler, sin mayor sentido histórico, los unos con los otros.

De la mano de Rita Segato, María Lugones, Silvia Rivera Cusicanqui, la autora abre nuevos registros del debate al postular que "la imposición del sistema de género europeo tuvo efectos profundos sobre las relaciones entre hombres y mujeres en la Colonia, desatando fuerzas letales contra las mujeres indígenas, las esclavas africanas y las mestizas pobres que deben considerarse genocidas".

En otra coordenada, Mendoza señala que hay que volver a preguntar: "¿qué debemos entender por *descolonización* o cuáles son las prácticas que logran efectivamente desafiar el colonialismo y la colonialidad?". Con esa intención, construye un marco teórico —siempre provisional— para comprender a fondo qué son estos proyectos feministas, cuáles sus programas de investigación y propuestas políticas de descolonización, y cuáles son las disputas que cruzan tales formulaciones.

El segundo capítulo está integrado por los trabajos de dos intelectuales indígenas: Aura Cumes Simón (Guatemala) y Andrea Álvarez Díaz (Chile). Ambas ofrecen importantes contribuciones sobre las realidades de las mujeres indígenas de Chile y Guatemala, a partir de la revisión de registros políticos, culturales, discursivos y/o documentos sobre la mitología e historia de los pueblos originarios. Así mismo, articulan su reflexión al problema colonial que ha marcado la vida de los pueblos mayas y aymara, y profundizan sobre las tensiones que enfrentan los núcleos ético-míticos (cosmovisiones originarias) ante el dominio colonial y patriarcal, cuyos efectos generaron mecanismos y dinámicas particulares que nuestras autoras dilucidan en sus trabajos.

Particularmente Aura Cumes, en su ensayo "Cosmovisión maya y patriarcado: Una aproximación en clave crítica", busca responder a interrogantes como las siguientes: ¿Se puede hablar de la existencia de un patriarcado en la cosmovisión maya? ¿Si se llegara a comprobar la existencia de un patriarcado y puede hablarse de un patriarcado, cuáles serían sus características? Por el contrario, si las relaciones entre hombres y mujeres no se definen por el patriarcado, ¿como podrían explicarse tales relaciones? Si bien la autora inicia su acercamiento a partir de una breve definición de "patriarcado", enseguida centra su análisis en la cosmovisión maya con base en un texto antiguo, llamado *Popol Wuj* en idioma kiche', o *Libro del Consejo* en castellano, con la intención de ofrecer una interpretación sobre cómo se entienden, dentro del mundo maya, las interrelaciones entre hombres y mujeres, entre lo femenino y lo masculino, y sus implicaciones en nuestro tiempo. Tal como señala la autora, "Éste [libro] contiene el relato de origen del pueblo kiche' hasta la llegada de los invasores. El relato que contiene es a la vez mitología e historia". Pero como analizar el *Popol Wuj* es ambicioso y requiere de mucho tiempo, la autora hace un ensayo de interpretación acotado al modo en que en este libro se entienden las interrelaciones entre hombres y mujeres, y entre lo femenino y lo masculino, para hacer una interconexión con la historia subsiguiente que inicia con la colonización y provoca un abrupto rompimiento de las condiciones en las cuales las sociedades mayas construían sociedad.

El *Popol Wuj* fue transcrito entre 1554-1558. A la vez que mito, es sobre todo historia: con un lenguaje originalmente pictográfico, su objetivo es mantener la "historia de la gente antigua". En él se pueden apreciar las huellas de la cosmovisión maya y las lógicas de poder que mediaron las relaciones de paridad (en horizontalidad) que organizaban social y políticamente a dichos pueblos antes de la colonización. A través de su análisis, Cumes formula una lectura descolonial del pasado y del presente de los pueblos indígenas mayas de Abya Yala, y de su visión de mundo como horizonte político. En ese tenor, este libro del pasado constituye un "horizonte político" en el presente, donde se tejen "los hilos de la historia mediante la deliberación de lo queremos ser". De igual forma, problematiza el concepto de *patriarcado*, pues al pasarle el rasero de la historia de la dominación colonial que han padecido nuestros pueblos, no se podría hablar de un "patriarcado cualquiera". Nuestra autora evidencia que su "preocupación por comprender esta forma de patriarcado colonial radica en que no podemos pensar que el patriarcado colonial y el indígena sencillamente son dos sistemas que se encuentran y se combinan de forma ahistórica".

Por su parte, Andrea Álvarez Díaz, en "Genealogía de un discurso racista: mujeres aymaras y opresiones múltiples", examina la manera en que las mujeres aymaras han sido objeto de múltiples exclusiones: como mujeres, como indígenas y como pobres, y estas exclusiones han persistido y se han transformado en la historia nacional y regional. Para ello, la autora analiza el discurso institucional público que ha concatenado condiciones de reproducción de una ideología racista que permea el imaginario social chileno, particularmente recurre a los discursos producidos por diferentes actores sociales en las regiones de Tarapacá y de Arica (Chile), a propósito de las percepciones discriminatorias que hay sobre las mujeres aymaras. La reflexión de Álvarez se detiene con mayor detalle, por sus implicaciones, en la argumentación parlamentaria sobre el derecho a voto de las mujeres, que terminó por excluir de ese derecho a un sector importante de mujeres indígenas y no indígenas debido a que no sabían leer ni escribir.

Por otra parte, la autora argumenta en torno a la reproducción de una "ideología racista" que proviene de la Colonia, y aún habita nuestro presente, como sostén de imaginarios sociales y prácticas racistas (cotidianas) que se perpetúan por su sistematicidad, persistencia y congruencia interna. De ahí que para Álvarez no se trate de analizar una "opinión individual", sino de visualizar el *continuum* colonial en los discursos dominantes producidos por narrativas históricas, políticas, policiales, educativas, entre otras. En ese sentido, el *corpus discursivo* analizado por la autora incluye dos momentos históricos determinantes: el primero implica la discusión parlamentaria en la cual se aprueba el derecho al voto de las mujeres chilenas (1945 y 1948), y el segundo está conformado por el debate jurídico desarrollado en torno de Gabriela Blas, mujer pastora que es incriminada por la muerte de su hijo de cuatro años.

El tercer capítulo está integrado por las contribuciones de Sylvia Marcos (México), María José Pérez Sian (Guatemala) y de la intelectual maya tseltal María Patricia Pérez Moreno (México), quienes nos introducen en diversas reflexiones que entrecruzan los horizontes de sentido (cosmovisiones) de algunos pueblos indígenas, su espiritualidad y acción política.

Las autoras arrojan elementos de análisis para comprender los límites trazados por el colonialismo moderno, al mismo tiempo que exponenen cómo los dualismos excluyentes que provienen de la tradición filosófico-civilizatoria moderna se confrontan con otras formas de pensar, entender y actuar en el mundo. En estos escenarios, se analiza el lugar que ocupan las mujeres indígenas en contextos específicos, marcados por la ruptura provocada por la imposición colonial.

Así, en el primer ensayo de este capítulo, "Espiritualidad indígena y feminismos descoloniales", Sylvia Marcos revisa el concepto de *espiritualidad*, sus imbricaciones con la tierra y su puesta en práctica en el mundo de hoy por parte de ciertos grupos indígenas, particularmente en el marco de las luchas por la defensa del territorio de comunidades indígenas en México. Con tal fin, la autora formula una crítica al pensamiento cartesiano, en el cual la naturaleza se encuentra distanciada de lo humano, lo cual perpetúa una dualidad no binaria que separa a los humanos de su entorno y del resto de "naturalezas", como la animal. A diferencia de la comprensión cartesiana del mundo, la espiritualidad indígena se construye sobre dualidades fluidas y complementarias que edifican una percepción de mundo "encarnada", donde existen "presencias comunitarias compartidas" y una identidad colectiva a través de la cual se interconectan todos los elementos del territorio. De allí se desprende, afirma Marcos, que la espiritualidad en estos pueblos sea cimiento de un núcleo básico colectivo que está en la base de una política "desde abajo", un hacer comunitario espiritual. Por medio de estas reflexiones que muestran el potencial político y espiritual indígena, Marcos invita —en especial a las feministas descoloniales— a apreciar y comprender "otras" formas de ser, sentir y hacer, sin reducirlas ni traducirlas a percepciones o conceptos que, de hecho, son coloniales.

María José Pérez Sián, en su ensayo "Nos-otras. Ancestras", explora —en el contexto guatemalteco— las formas de acción, decisión y participación de mujeres tz'utujiles con cargos dentro de las cofradías —*Xuo'* y *Texel*—, reconociendo que en la cosmovisión maya tz'utujil tanto el pasado, el presente, como el futuro son inseparables; y ello tiene efectos sobre una acción política específica, articulada a la ancestralidad. Así, la autora reconoce "la cosmovisión como la suma de discursos colectivos de carácter sagrado que poseen un alto contenido normativo y emocional". En este punto cobra relevancia la figura de abuelas y abuelos —no sólo como personas, sino también refiere a energías de la tierra, el aire, el agua, el fuego— quienes se transforman en referencias éticas que articulan, al mismo tiempo, cosmologías y normas. Las referencias éticas de los abuelos y las abuelas dentro de las comunidades rompen con dicotomías polarizantes y trastocan, incluso, los referentes de género construidos desde la tradición cristiana-occidental. Y desde esta perspectiva, la autora describe y analiza las dinámicas que parten de ese otro orden cosmogónico, cuyo efecto se cristaliza en la posibilidad de habitar cuerpos específicos, construir identidades concretas, negociar y desafiar ideologías racistas y sexistas que constituyen buena parte de la vida en comunidad.

Acudir al análisis del vínculo con lo ancestral para entender el proceso de *servicio comunitario* de las mujeres es uno de los caminos que explora la autora. Asi, le es posible señalar que aunque los cargos comunitarios (cofradías) son altamente valorados en el nivel simbólico, en la práctica tienden a ser obviados, pese a que las tareas que ellos involucran demandan casi toda la energía vital de las mujeres y su tiempo: "preparar alimentos, llevar el control del número de personas que frecuentan la *Armit Jaay* (casa principal), limpiar, adornar, acompañar a las procesiones, lavar ropa de los santos o santas y cambiar a las imágenes de mujeres". Entonces, en medio de un diálogo con las ancestras, se dan las luchas colectivas en defensa del territorio, el reconocimiento-desconocimiento de su trabajo, formas de participación política en contextos altamente jerarquizados y formas de alianzas entre mujeres. La autora concluye, entonces, que las mujeres tz'utu dan sentido político a su trabajo comunitario, lo transforman en una estrategia de participación y toma de decisiones, y participan así en la defensa de su comunidad y del bienestar colectivo.

En otro rubro, María Patricia Pérez Moreno, en el ensayo intitulado "*O'tanil*: corazón. Sabiduría y práctica otra de entender, explicar y vivir el mundo desde los mayas tseltales de Bachajón, Chiapas, México" expone una parte de la sabiduría de este pueblo mediante la *antropología del nosotros*. La autora aborda el significado de conceptos presentes en la comunicación oral tseltal, que hoy funge como una apuesta política, ética y epistemológica por el reconocimiento de aquello que "late con fuerza"; es decir, formas de sentir, pensar, hacer, vivir, apuestas éticas y sagradas con respecto a sus realidades y lo que los "mantiene vivos". A su vez, la autora muestra cómo la diferencia colonial epistémica —impuesta a partir del siglo xv con el proceso de conquista y colonización de Abya Yala—, pretendió cancelar toda posibilidad de recreación de los sistemas de conocimiento (epistemologías), filosofías, historia, etc., que contribuían a la reproducción de la realidad y la vida de los pueblos originarios.

Luego de una revisión de las discusiones sobre la colonialidad, el idioma y los modos del hacer antropológico, Pérez Moreno da voz a diferentes personas de su pueblo, quienes narran los usos que le dan al concepto *o'tanil*, como lugar donde nace lo que hacemos, la alegría, la sabiduría, la solidaridad, la fortaleza y esperanza individuales y colectivas, pero también como sitio donde se guardan los dolores y el alma de todo lo viviente en conexión con lo sagrado y las "primeras enseñanzas de nuestras madres-nuestros padres". De esta manera, la autora expone un uso político, cotidiano y descolonial de *o'tanil*, en el cual es posible apreciar la riqueza y sabiduría que pervive en los idiomas originarios, pese a la imposición del castellano como idioma de obligado uso y al desplazamiento que éste hace tanto de los idiomas indígenas como del significado de sus propias palabras, y con ello el borramiento de "una concepción particular del mundo y estar en él".

El cuarto capítulo se compone de dos ensayos, el de la activista afrocolombiana Rossih Amira Martínez Sinisterra, y el de la feminista Mónica Inés Cejas. En estas dos contribuciones se puede identificar, por un lado, el curso del debate sobre la articulación entre supremacía blanca, colonialidad, eurocentrismo y despojo, cuya manifestación justifica y sostiene el racismo tanto en Sudáfrica como en Nuestra América y, por otro lado, la capacidad política de la acción colectiva de grupos feministas que proponen discutir los procesos de despatriarcalización como horizonte obligatorio de la descolonización.

Así, en el ensayo "Descolonizar la praxis política, desmoronar el racismo asimilado en pueblos oprimidos", Rossih Amira Martínez Sinisterra formula un diálogo con "personas indignadas" frente al mundo, en clave de transformación, que indaga sobre la producción de conocimientos de la diáspora africana y los pueblos indígenas que los ubica en la vanguardia del proyecto de descolonización de Nuestra América —ya que encarnan el conocimiento legado por el cimarronaje político y epistémico—, al tiempo que cuestiona los límites que dicho proyecto debe enfrentar. Para Martínez, la ecuación histórica que une a la supremacía blanca con la colonialidad, el eurocentrismo y el despojo —del territorio, de los cuerpos, de los conocimientos— sigue vigente, con efectos en las formas como se construyen los conocimientos, las prácticas pedagógicas, las subjetividades individuales y colectivas y las formas de accionar político. En dicha línea, comprender el racismo, en toda su complejidad, obliga a asumir las categorías con las cuales se ha trabajado en espacios académicos y políticos —como, por ejemplo, "racializado"—; asumir herramientas de transmisión de conocimiento que no son "letradas" —como las *oralitura*— y asumir por parte de "quienes tienen la necesidad de aportar en los procesos de transformación de la sociedad" las posibilidades de incomodarse, es decir, "dejar que les guíe la conciencia antirracista, anticolonial y antisexista".

Por su parte, Mónica Inés Cejas, en "#PatriarchyMustFall: descolonización y pensamiento feminista en el contexto del movimiento de estudiantes en Sudáfrica 2015-2016", reflexiona —en este contexto y desde otras voces— en torno de *la colonialidad del poder* y *del saber*, así como los caminos que se perfilan hacia la descolonización en Sudáfrica, todo ello desde una perspectiva Sur-

Sur. Cejas reseña el acto performativo de Chumani Maxwele, estudiante universitario que vació un cubo de heces sobre la estatua de Cecil Rhodes en la universidad más antigua de Sudáfrica. El acto se transforma en un grito alzado en todo el país reclamando la descolonización de las universidades en todos los ámbitos y frente a la pervivencia de privilegios para pocos, la escasa presencia de estudiantes negros en ámbitos decisorios, el eurocentrismo en los contenidos curriculares, el alto costo de la educación y la falacia que habla de la "superación" del *apartheid*.

Nuestra autora reconoce el espacio educativo en Sudáfrica como un terreno de disputa después del *apartheid*, pues concentra el privilegio de enseñanza para la población blanca. Como resultado de esa historia de segregacionismo, nace el movimiento estudiantil en Sudáfrica, se manifiestan expresiones y acciones de colectivas feministas como #PatriarchyMustFall que reivindican una vuelta al feminismo radical negro, exigiendo la caída del patriarcado como condición ineludible de la descolonización del sistema educativo en el país. Es la generación post *apartheid* la que clama ahora por la descolonización del saber que pervive en las aulas y en la organización universitaria. Lo que empezó por una protesta local por el signo —la estatua de Cecil Rhodes— que recibía imponente a miembros de la comunidad y visitantes de la Universidad del Cabo, produjo un intenso debate que ha alcanzado dimensiones nacionales y que incluye no sólo a estudiantes y docentes críticos al modelo educativo, sino a trabajadores que reclaman por el modelo neoliberal que se ha impuesto cercenando sus derechos. La disputa por los significados, los signos, símbolos y representaciones ha permitido visualizar los mecanismos que se plasman en programas de estudio, relaciones de trabajo, nombres de espacios, etc. En ese contexto, afirma Cejas, el movimiento se ve abocado a dar contenido teórico y experiencial a sus demandas, y a construir formas de agencia para posicionarse tanto dentro del movimiento estudiantil como fuera de él, formulando una lectura más "fina" sobre la colonialidad y construyendo su propia genealogía en las coordenadas de la generación post *apartheid* en Sudáfrica, con la intención de constituir el comienzo de una nueva forma de imaginar el presente y el futuro.

El capítulo cuatro se integra por un ensayo de la historiadora argentina Natalia Cabanillas, una entrevista a Sirin Adlbi Sibai —pensadora descolonial de origen hispanosirio— realizada por Helios F. Garcés —militante decolonial, escritor y miembro de Kale Amenge—, y un texto de la activista gitana andaluza Pastora Filigrana García. Este capítulo nos ofrece un interesante panorama del debate descolonial en escenarios donde mujeres gitanas y musulmanas desarrollan su vida, su activismo político y su propio pensamiento crítico.

Natalia Cabanillas, en "Institucionalizar el cuidado comunitario: Redefiniendo lo público", debate la "construcción de comunidades" promovidas por Mustadafim Foundation (MF), organización islámica de mujeres situada en las periferias de Ciudad del Cabo, Sudáfrica. Con treinta años de existencia, MF hace funcionar un conjunto de programas —en áreas como la alimentación, la educación, desarrollo comunitario, la igualdad de género, la asistencia en catástrofes y lucha contra la violencia—, orientados por la filosofía del Islam y operado por mujeres musulmanas, con el objetivo de "reconstruir y reparar los lazos comunitarios en el escenario de muerte de los *townships*". Con ello, MF se inscribe en una larga genealogía de lucha por la supervivencia física, espiritual, cultural y religiosa de comunidades musulmanas esclavizadas. Así, es posible observar la politización de prácticas —como la de la maternidad— que no sólo son consideradas no políticas, sino que fueron negadas para muchas mujeres. De esta forma, Cabanillas expone la manera en que se otorga valor —como una actividad social— al cuidado, con lo cual se generan vínculos de solidaridad entre mujeres al ampliar su movilidad más allá de lo doméstico, dando valor económico al trabajo del cuidado y generando rupturas con la propia tradición, todo lo cual demuestra que es posible pensar "la alianza [de mujeres]" no como lo que articula demandas en común, sino como el "sincero deseo de ser más fuertes, juntas". Este trabajo no pretende "hablar por" mujeres otras; muy por el contrario, intenta colocar las formas como se aprende en materia de política e investigación cuando se tejen puentes de Sur a Sur; cuando se transforma el "trabajo de campo" en manera de estar-existir juntas en un mundo compartido; formas de dialogar que no anulan ni deshacen la alteridad, pero que nos aproximan cada vez que inventamos un tiempo–espacio, actividades, en común, en comun-unidad. Así, la autora sugiere que "nuestras agendas de investigación —y políticas— se vuelquen al delicado ejercicio de conocer-nos y escribir-nos, co-existir y fortalecernos".

En otras coordenadas, la entrevista: "El pensamiento islámico decolonial, una herramienta contra la Islamofobia de Género. Entrevista a Sirin Adlbi Sibai", realizada el 1 de febrero de 2017 en la ciudad de Barcelona por Helios F. Garcés entabla un diálogo con Sirin Adlbi —pensadora musulmana decolonial— a propósito de su libro *La cárcel del feminismo. Hacia un pensamiento islámico decolonial* (Akal, 2016). La entrevista aborda, de manera importante la *islamofobia de género*, de la cual se habla insistentemente en el Estado español. Frente a ello, Adlbi Sibai construye un marco explicativo que identifica las diversas interpretaciones de la islamofobia y las consecuencias teóricas y políticas de cada una de ellas, y da cuenta de la manera cómo la perspectiva decolonial abona a la discusión, al complejizar perspectivas que, aunque se presentan en "nuevos" moldes discursivos, se sostienen sobre la base del patrón de poder de la colonialidad, que data de más de 500 años atrás. Entonces, el racismo cultural y epistémico —señala Sirin— también debe ser reconceptualizado, ya que "El racismo cultural va a utilizar elementos culturales como marca de inferioridad y superioridad, reproduciendo la misma jerarquía colonial/racial de la expansión colonial europea, y es una forma de racismo que [...] naturalizará y esencializará las culturas de los colonizados, ahora tercermundistas, subdesarrollados, antidemocráticos y finalmente terroristas".

El diálogo entre Sirin Adlbi y Helios F. Garcés apunta a desentrañar desde su trasfondo la islamofobia y su objeto colonial: la mujer musulmana con *hiyab* como constructo sexuado y feminizado; así mismo, la entrevistada muestra los diversos niveles en los cuales actúa la islamofobia y la manera de responder desde lo que Adlbi Sibai denomina *la consciencia del no ser*, el cual puede ser visto como un ejercicio auto-productor de existencia, en el que se construyen autocríticas y estrategias de descolonización al propio pensamiento arabo-islámico en concreto, una "historia que es necesario revisar, descolonizar, repensar y reavivar".

A la luz de lo planteado en *La cárcel del feminismo*, Sirin Adlbi sostiene que su crítica a la Modernidad está influida por el debate decolonial latinoamericano y lo lleva al contexto de la civilización araboislámica, aunque reconoce que los dispositivos y los patrones de poder variaron según la especificidad de las experiencias coloniales que terminaron por someter a diversos pueblos y/o civilizaciones. Así, estudiar las "experiencias coloniales" puede contribuir a un "verdadero diálogo Sur-Sur". Más adelante, la autora explica el problema que implica la autocomprensión de la Modernidad para constituirse en universal, así como el papel de la *colonialidad de la religión* que despliega diversas "violencias epistémico-filosófico-espiritual-existenciales" de lo más brutales, y la *colonialidad del saber* junto a otra forma colonial que le es inherente, y que la autora llama *colonialidad espacio-temporal*. Finalmente, la autora resume su propuesta en un debate que inicia con la denuncia al *imperio de la anulación del Otro*, y llama a su apuesta "*Hacia un pensamiento islámico decolonial*", cuyo camino es el propio recorrido que hace a lo largo de la entrevista.

Por su parte, Pastora Filigrana García, en su ensayo "Descolonizar y despatriarcalizar Andalucía. Una mirada feminista gitana-andaluza", asegura que Andalucía es un territorio colonizado, una colonia interna y, "afrontando el reto de construir un discurso y unas prácticas emancipadoras propias desde las vivencias culturales e históricas", explica tanto la historia de las y los gitanos y los imaginarios hegemónicos que construyen a su territorio y sus pobladores como la periferia de España: una tierra pobre, una cultura no moderna. Andalucía es colonia desde una mirada económica, social y cultural, es una colonia interna respecto al Estado español. Así, las narrativas y prácticas emancipadoras no pueden ser miméticas al modelo español y europeo, puesto que las realidades de partida son distintas.

Estas ideas generan un parangón más grande: Andalucía equivale a una inferioridad civilizatoria cuya traducción en las prácticas cotidianas y en los discursos da como resultado una andaluzofobia. De esta forma, el poder opera negando la "cultura" andaluza, volviéndola inferior, exotizándola o frivolizándola, reduciéndola a su mínima definición: El *olé*, el flamenco y la muñeca vestida de gitana. Sobre estos marcadores identitarios, Filigrana propone construir los discursos y prácticas liberadoras feministas gitano-andaluzas desde una posición situada como mujer andaluza y mestiza gitana, intentando responder a la pregunta: "¿Qué atributos de las formas de vida de las mujeres gitanas de la periferia de Andalucía son los que el orden vigente necesita reprimir con mayor urgencia?", con miras a mantener el orden hegemónico. Se propone que las prácticas feministas se construyan desde los propios referentes identitarios para poder ser liberadoras, dado que las mujeres andaluzas y gitano-andaluzas albergan en sus prácticas colectivas de vida estrategias de resistencia al capitalismo, el patriarcado y el colonialismo. Estas prácticas de vida son a la vez objeto de opresión y bases para la construcción de la estrategia emancipadora. De tal suerte que ciertas autonomías construidas por las mujeres en Andalucía no sólo las ponen en la mira del poder, sino también les permiten adoptar prácticas colectivas de vida estratégicas para responderle al capitalismo, al patriarcado y al colonialismo, y que las mismas "deben ser los pilares de los discursos y prácticas feministas". El poder oprime aquello que teme para perpetuar sus privilegios. La autogestión de conflictos, el no consumismo o el apoyo mutuo basados en los referentes históricos y culturales es una cuestión clave para construir los discursos y prácticas emancipadoras. Por todo lo anterior, para Filigrana se hace necesario descolonizar las identidades para construir desde ellas las propias estrategias de lucha.

El capítulo séptimo de este libro se compone de dos colaboraciones, una de Doris Difarnecio, actriz y directora de teatro colombiana, y otra de la pensadora también colombiana María Teresa Garzón Martínez, quienes exploran en los universos literarios y teatrales las dimensiones descoloniales del trabajo de mujeres diversas en Chiapas, México y en Colombia.

Doris Difarnecio, en su ensayo "FOMMA: Teatro popular desde el cuerpo y la memoria como pensamiento descolonial creado por mujeres mayas" sistematiza la experiencia de colaboración artística, teatral y solidaria con la asociación civil FOMMA (Fortaleza de la Mujer Maya), en San Cristóbal de Las Casas, Chiapas, materializada en quince obras teatrales basadas en los testimonios autobiográficos de las actrices. Ellas, dice nuestra autora, no están relacionadas a ningún movimiento político: "Su trabajo teatral viene de la materialidad de sus cuerpos, recuerdos y experiencia de vida". En particular, considera que en el teatro se explora "un espacio de conflicto y de enfrentamiento, pero también de diálogo y aprendizaje", y el trabajo de las actrices de FOMMA se desprende de los cuerpos, los recuerdos y las experiencias de vida, inscribiéndose dentro de tres ejes feministas: *lo erótico*, *lo pedagógico* y *lo descolonial*, los cuales surgen de "nuestro conocimiento más profundo y no racional". En este punto, Difarnecio afirma que: "La descolonialidad no es una teoría por seguir, sino un proyecto por asumir. El andar descolonial feminista, de la misma manera, es una teoría en práctica con base en las luchas sociales". A su vez, lo pedagógico del teatro popular no se puede restringir a los ámbitos institucionales o escolares; encaja también en los procesos sociales. Así, para nuestra autora el teatro deviene, por un lado, desobediencia civil, pues con él y por su medio se aprende a contar la historia propia de otra manera y a dejarse "contar por las otras", y, por otro lado, deviene en una práctica que dignifica la vida y sana las heridas, pues la "transformación se hace interviniendo, intercambiándose".

Por otra parte, en su ensayo "Un largo beso de despedida. Una lectura de la *blanquitud* en tres novelas colombianas", María Teresa Garzón Martínez hace de su "carne" una pregunta e indaga sobre la *blanquitud* en tres universos literarios distintos, creados por escritoras colombianas del siglo XX, quienes involucran la *blanquitud* como sustento biopolítico de la organización socio-racial moderna colonial que se representa en sus obras. El artículo discute cómo definir la *blanquitud* desde un posicionamiento feminista y descolonial, ubicando la reflexión en los intersticios de los estudios feministas y los estudios culturales.

Así, la autora formula un recorrido que va desde los estatutos de "limpieza de sangre" del siglo XVI —y su actualización a principios del XX— como un capital cultural que ha sido obtenido por herencia, pasa por la configuración de la blanquitud como la condición de posibilidad del sistema de clasificación racial colonial que depende de intercambios matrimoniales y del tabú del mestizaje para llegar a la propuesta de un mestizaje "desde arriba" como nuevo proyecto de blanqueamiento de la nación. Además, se expone el impacto de la blanquitud en la vida de los personajes femeninos de las novelas. En particular, Garzón se detiene en las historias de Mirza, Catalina y Elizabeth "para exponer cómo se construye la blanquitud, cómo se deconstruye y cómo se reconstruye en [estas] ficciones".

En el último capítulo se ofrece una reconstrucción de la producción narrativa de la historia a través del trabajo de la feminista descolonial Alejandra Londoño, quien en su ensayo "Historiografías feministas para la descolonización" hace una revisión crítica, feminista y descolonial a la disciplina de la Historia y su apuesta de objetividad, irrefutabilidad y cientificidad, la cual ha generado silencios o borrones de la historia de individuos y comunidades que no son considerados "objeto" de historización. Nuestra autora plantea que, si bien desde múltiples lugares disciplinares, temporales y espaciales se han construido críticas agudas a la narración hegemónica de la historia, urge una mirada en la que se integre: el análisis sobre la *colonialidad del género, del poder, del saber* y *del ser*, presentes en la discursividad histórica. Y junto con éste, la pregunta por la experiencia de quién investiga, las implicaciones de pensar los tiempos de la Historia no como líneas evolutivas, y el diálogo con "fuentes" consideradas no legítimas por la disciplina misma. Así, este ensayo no es el punto de llegada sino el punto de partida que abre una serie de preguntas y reflexiones en torno a la construcción de la(s) Historia(s), al tiempo que esboza algunos retos políticos, epistemológicos y metodológicos de la observación e interpretación del tiempo pasado. En específico, la autora sostiene que quien relata la historia tiene "un lugar fundamental en la definición del problema a investigar, así como en la formulación de hipótesis e, incluso, en la selección de las fuentes, pretendiendo borrar que quien investiga hace parte de la historia". Asimismo, se introduce la discusión sobre el archivo no como un lugar de "recuperación" de conocimientos, sino como un lugar de "producción" de conocimientos que, hoy por hoy, ha desbordado su institucionalidad para abarcar fuentes diversas, como la oralidad, la literatura, la música, la cultura popular. De esta forma, Londoño vuelve a poner en el centro la necesidad de una discusión política que debe atravesar las reflexiones teóricas y metodológicas del hacer historia, en tanto éste es un terreno en el cual también nos jugamos el entendimiento sobre "cómo llegamos a ser lo que somos" y "cómo podemos llegar a ser lo que queremos ser".

Finalmente, no queremos dejar de mencionar que este documento en su formato de libro no es resultado sólo del trabajo de quien coordina —Karina Ochoa—, o de quien ha colaborado con la primera revisión del libro y escritura de esta introducción —Maria Teresa Garzón—, sino, fundamentalmente, del trabajo del conjunto de autoras que han logrado descifrar y abonar en el debate descolonial, de la crítica feminista anticolonial, antirracista, y de activistas, mujeres indígenas, afrodescendientes y mestizas racializadas que han contribuido al campo de pensamiento-acción inscrito en estas coordenadas.

De igual forma, vale decir que la editorial Akal —desde su serie Pensamiento poscolonial en la colección Inter Pares, dirigida por el pensador descolonial Ramón Grosfoguel— ha formado parte de este andar al aceptar e impulsar la edición de este material que compila voces clave dentro de los denominados "feminismos descoloniales" de Abya Yala y los sures globales.

México, abril de 2019.

Bibliografía

Cariño, C., A. Cumes, O. Curiel, M. T. Garzón, B. Mendoza, K. Ochoa, A. Londoño, "Pensar, sentir y hacer pedagogías feministas descoloniales. Diálogos y puntadas" en C. Walsh (coorda.), *Pedagogías decoloniales. Prácticas insurgentes de resistir, (re)existir y (re)vivir*, Quito, Abya-Yala, 2017.

Choque Campuma, E., "Las prácticas de poder y liderazgo de los jilaqatas y mama t'allas en Huachacalla Marka", tesis para obtener el título de magíster en Educación Intercultural Bilingüe por la Universidad Mayor de San Simón, Cochabamba, Bolivia, 2004.

Gargallo, F., "¿Hacia un feminismo no occidental", Mimeo. Comunicación personal.

—, *1780: la rebelión tupakarista*. Disponible en [http://marting.stormpages.com/1780la.htm].

Ochoa, K., "Un acercamiento al debate descolonial desde algunas coordenadas de los feminismos de Abya Yala" en H. Moreno y E. Alcántara (coords.), *Conceptos clave en los estudios de género*, vol. II, México, Programa Universitario de Estudios de Género (pueg) – Universidad Nacional Autónoma de México (unam), pp. 109-121, 2018.

—, "Una apuesta posible: mujeres, lucha por la autonomía y perspectiva descolonial en el Abya Yala" en V. R. López Nájera (coordª.), *De lo poscolonial a la descolonización. Genealogías latinoamericanas*, México, unam, pp. 110-111, 2019.

Serrano, C., "Mujer, líderes indígenas". Disponible en [http://servindi.org/actualidad/3570].

Scheines, G., "Fundar la patria en la escritura (Reflexiones sobre el ensayo en Iberoamérica)", *II Coloquio internacional. El ensayo iberoamericano: perspectivas*, unam, México, 1995, pp. 193-197.

Oyěwùmí, O., *La invención de las mujeres. Una perspectiva africana sobre los discursos occidentales del género*, Bogotá, en la frontera, 2017.

CAPÍTULO I

La *colonialidad del género* y *poder*:
De la postcolonialidad a la decolonialidad[1]

BRENY MENDOZA[2]

ANTECEDENTES

El mundo académico anglo suele asociar las luchas anticoloniales con los movimientos de liberación nacional que lucharon por su "independencia" de los poderes coloniales europeos, o con los movimientos sociales que surgen en el proceso de constitución del Estado-nación, una vez que los poderes coloniales han sido expulsados. Las teorías anticoloniales se asocian con figuras como el pensador pan-afro-americano W. E. B. DuBois, nacido en Estados Unidos, y los reconocidos críticos del colonialismo francés como Aimé Césaire y Frantz Fanon, así como el líder de la independencia de Ghana, Kwame Nkrumah. En 1978, no obstante, el canon de las teorías anticoloniales se expandió con la publicación del magistral libro *Orientalismo*, de Edward Said, un teórico de literatura palestino-americano que no sólo amplió el marco histórico, la cartografía y el valor epistémico del colonialismo, sino que redefinió y desplazó el campo del conocimiento de lo anticolonial hacia un nuevo marco teórico que conocemos

---

[1] Publicado originalmente en inglés en versión digital en enero 2015, y en versión impresa en febrero 2016 en: *The Oxford Handbook of Feminist Theory*, con el título "Coloniality of Gender and Power: From Postcoloniality to Decoloniality".

[2] Directora y profesora del Departamento de Género y Estudios de la Mujer de la Universidad Estatal de California, Northridge. Recibió su Ph.D. por la Universidad de Cornell en Planificación Urbana y Regional con énfasis en Teoría feminista y estudios latinoamericanos. Obtuvo su licenciatura y maestría en Ciencias políticas de la Universidad Ruprecht-Karl de Heidelberg y la Universidad Libre de Berlín, en Alemania. Su investigación se centra en las áreas de teoría feminista descolonial, teoría política, feminismo transnacional y estudios latinoamericanos.

hoy como la teoría postcolonial. Luego, en los años noventa, el Grupo de Estudios Subalternos del Sudeste Asiático nos introdujo a una nueva generación de teóricos de lo postcolonial, con autores como Ranajit Guha, Homi Bhabba, Partha Chaatterjee, Dipesh Chakravorty y Gayatri Chakravorty Spivak.

A diferencia de los teóricos postcoloniales que centran sus análisis en las prácticas coloniales del norte europeo, teóricos latinoamericanos y caribeños nos recuerdan que el pensamiento anticolonial surge en un contexto colonial mucho más antiguo, como respuesta a la historia violenta del colonialismo europeo que se inaugura con España en 1492. El giro descolonial del mundo académico actual es liderado por investigadores latinoamericanos y caribeños asociados al denominado Grupo de Modernidad/Colonialidad, el cual ha construido un archivo de textos que comprende desde el siglo XVI hasta el presente, ofreciendo una reinterpretación radical del capitalismo.[3] En su punto álgido, la escuela de pensamiento de la Modernidad/Colonialidad argumentaría que la Modernidad y el capitalismo no son resultado de procesos históricos intra-europeos, sino la consecuencia lógica del proceso histórico del colonialismo. Algunos de los teóricos de esta corriente son el sociólogo peruano Aníbal Quijano, que teoriza el concepto central de la teoría descolonial: la *colonialidad del poder*; los argentinos Enrique Dussel, conocido por su filosofía de liberación y el concepto de *transmodernidad*, Walter Mignolo, semiótico, autor de *El lado más oscuro del Renacimiento* (1995, 2009), y Nelson Maldonado-Torres, filósofo puertorriqueño que desarrolla el concepto de la *colonialidad del ser*, entre otros.

---

[3] En lugar de argumentar que el colonialismo es irrelevante para el desarrollo del capitalismo como suele hacerse, las obras del marxista peruano José Carlos Mariátegui (2009), por ejemplo, ya argumentaba en 1920 que la cuestión de la raza era central para el capitalismo, y que la acumulación capitalista era incomprensible sin la debida atención a la producción de jerarquías raciales.

Surgimiento y sumergimiento

La teoría feminista anticolonial surgió en este rico contexto; sin embargo, ocupa una posición marginal tanto en el interior de las críticas al colonialismo como dentro de la teoría feminista occidental. La obra brillante de Gayatri Chakravorty Spivak es un buen ejemplo de cómo se produce esta compleja marginalización. Más de algún teórico postcolonial le ha querido rebatir su lugar dentro del Grupo de Estudios Subalternos del Sudeste Asiático. Vivek Chibber ha dicho (2013: 8) que Spivak cayó en un paracaídas en los debates del Grupo de Estudios Subalternos, al insertarse con su ensayo de 1985 "Subaltern Studies: Deconstructing Historiography", tal como si fuera una visita inesperada. En comparación, el Grupo Modernidad/Colonialidad se muestra más abierto a la academia feminista, e incorpora fragmentos de los escritos de los "feminismos de color" de Estados Unidos. Walter Mignolo toma prestado de Gloria Anzaldúa la idea del "pensamiento fronterizo", pero ignora la magnitud y complejidad de su obra. Mignolo concibe el pensamiento fronterizo como una epistemología descolonial que se origina en las formas del saber del colonizado. Según el autor, el pensamiento fronterizo no sólo trasciende el pensamiento binario y dicotómico, también logra recuperar los saberes subyugados de las garras del eurocentrismo (Mignolo, 2000).

Del mismo modo se pueden encontrar rasgos del pensamiento feminista negro de Estados Unidos en los debates del Grupo Modernidad/Colonialidad cuando se refieren a la co-constitución de raza y género y la articulación de múltiples sistemas de poder. No obstante, los teóricos descoloniales rápidamente se desvinculan de la teoría de interseccionalidad del feminismo negro para reemplazarla por otros conceptos como las *heterarquías*, del griego Kyriakos Kontopoulos, más aptas para entender las múltiples y heterogéneas jerarquías globales y la complejidad de lo social de los distintos niveles estructurales (Grosfoguel, 2010: 71). Y aunque se incluyen algunas autoras feministas en sus antologías y se las cita en varios de sus trabajos; no obstante, la analítica de género aún ocupa un espacio liminal en la teoría descolonial.

La recepción del concepto *colonialidad de género* de María Lugones es un caso paradigmático. Inspirada parcialmente por los escritos del Grupo Modernidad/Colonialidad, Lugones le adjudica al *género* el mismo poder explicativo que Quijano le atribuye a la *raza* dentro de su conceptualización de la *colonialidad del poder*, de forma que se le comprende igualmente como un constructo social y colonial. Sin embargo, pese al reconocimiento público que se le brinda a Lugones, son pocos los teóricos descoloniales que incorporan el concepto *colonialidad de género* como fundamento central de la teoría descolonial que ellos construyen. Sin duda, la teoría feminista inspira a ciertos teóricos descoloniales en sus reflexiones, pero no logra reconocerse por completo como teoría "seria" por sí sola.

Algo similar le sucede al pensamiento feminista anticolonial dentro de la academia feminista de Estados Unidos, anglo-americana y europea, donde también es mantenida al margen. Con la notable excepción de la teoría feminista postcolonial, que goza de gran prestigio, las demás vertientes del pensamiento anticolonial feminista no reciben la misma atención. Desde hace mucho, las teóricas feministas negras en Estados Unidos observan que sus aportes teóricos no son tratados como "verdadera teoría" dentro de la academia feminista. Nikol Alexander Floyd (2012) ha dicho recientemente que el análisis interseccional ha sufrido tal metamorfosis de la mano de las académicas blancas hegemónicas, que ya no cumple con su propósito principal, que es visibilizar la opresión de las mujeres negras en los Estados Unidos. Vivian May (2014) asevera que el concepto de *interseccionalidad* ha sido reducido a un enfoque monotemático de género por algunas investigadoras que no sólo rechazan su enfoque exclusivo en mujeres negras, sino que cuestionan su validez empírica. Otras teóricas feministas negras sienten que "hablan palabras al vacío" o que están siendo víctimas de un "contragolpe epistémico" dentro de la academia feminista de Estados Unidos y Europa (May, 2014).

Este contragolpe epistémico se pone en evidencia cuando los trabajos de feministas chicanas como Gloria Anzaldúa y Chela Sandoval se caricaturizan como sencillas políticas de identidad o como modas académicas fácilmente superables por teorías postestructurales más sofisticadas (Ortega, 2006), o cuando se habla de las teorías feministas descoloniales como feminismos de "mujeres de color" (en oposición al feminismo "propiamente dicho") y se las segrega en programas de estudios étnicos, latinos, indígenas y afro-americanos donde son ignoradas por completo o incorporadas. La política de citaciones de la academia feminista hegemónica blanca tolera la presencia de los trabajos de las mujeres de color, pero distorsiona el contenido de sus ideas, falsifica sus genealogías, anula sus contribuciones a la teoría feminista y re-subyuga sus conocimientos (Alexander-Floyd, 2012: 9), mientras que los trabajos escritos por feministas del "Tercer mundo" —es decir, fuera de Estados Unidos— ni siquiera son considerados dignos de ser traducidos; lo cual conduce a que lleguen a conocerse ya mediados o reinterpretados por investigadoras del "Primer mundo".

Desde una perspectiva feminista anticolonial, las teorías de las mujeres de color están siendo sometidas a un proceso de recolonización, sus ideas centrales y preceptos son obligados a desaparecer lentamente o a reaparecer "blanqueados" y desprovistos de su fuerza crítica, de ahí que uno de los objetivos de los discursos feministas interseccional y descolonial en Estados Unidos sea contrarrestar este contragolpe epistémico con la recuperación del trabajo teórico de mujeres de color. El esfuerzo se enfoca en crear un lente multidimensional que sirva como base tanto para la teoría feminista descolonial como para las políticas de alianzas entre mujeres de color (Santa Cruz Feminist of Color Collective, 2014). Otros esfuerzos incluyen la recuperación de métodos y estrategias comunes de las distintas teorías de feministas de color en resistencia contra el capitalismo global y el neocolonialismo (Roshanravan, 2014).

Cuando la crítica al capitalismo y al neocolonialismo se considera crucial para el proyecto feminista anticolonial, se hace evidente que los feminismos de color de Estados Unidos no guardan parentesco con los feminismos anticoloniales, aunque sean parte importante de este proyecto. Los feminismos de color de Estados Unidos han aportado conceptos fundamentales al feminismo anticolonial, pero no son exhaustivos: sus teorías no representan un género unificado y no comparten un proyecto intelectual o político singular (Roshanravan, 2014) y, además, tampoco tienen sus argumentos epistémicos más sustantivos necesariamente un efecto descolonial. Por tanto, es muy difícil identificar lo que puede contar como feminismo anticolonial dentro y más allá del marco de la academia de las feministas de color. Hay que recordar las palabras de las feministas indígenas de Estados Unidos Eve Tuck y K. Wayne Yang (2012: 1; traducción de la autora), que nos dicen que "las aspiraciones descoloniales de blancas, no-blancas, inmigrantes y pueblos oprimidos y postcoloniales muchas veces reducen la descolonización a una metáfora de vagos anhelos de liberación y transformación social. Algunos discursos descoloniales incipientes, aún poco claros, corren el riesgo de restaurar normas coloniales, haciéndolas más fuertes en lugar de debilitarlas". La descolonización no es una metáfora para todas las críticas antirracistas, anticapitalistas ni tampoco de las críticas al eurocentrismo.

En efecto, las teorías anticoloniales se definen por criterios vinculados a proyectos políticos que conducen a la descolonización; pero las preguntas sobre qué criterios y qué proyectos políticos son los que conducen a la descolonización, qué debemos entender por *descolonización* o cuáles son las prácticas que logran efectivamente desafiar el colonialismo y la colonialidad, son motivo de un intenso debate. Algunas sugieren que la meta principal de la teoría feminista anticolonial es revelar y contrarrestar los impulsos imperialistas y colonizadores que tienen las teorías feministas hegemónicas. Otras piensan que la teoría anticolonial debe tener su mayor impacto en el terreno de la política; mientras otras centran su análisis en la relación entre raza, género y colonización o en el análisis de la intersección entre raza, género y el Estado moderno. Como vemos, la forma en que ha de situarse el análisis interseccional en los debates feministas anticoloniales alrededor de las jerarquías creadas y sostenidas por la *colonialidad del poder* aún está en disputa. A continuación, elaboro un marco teórico provisional para comprender más a fondo los proyectos teórico-políticos de los distintos feminismos anticoloniales. Trato de establecer primero la relación que tienen la teoría de la interseccionalidad, el feminismo postcolonial y descolonial con el proyecto de la descolonización, analizando sus vínculos con la corriente principal de la teoría postcolonial y descolonial, la cual está fuertemente dominada por investigadores hombres.

LA *INTERSECCIONALIDAD* Y LA TEORÍA ANTICOLONIAL

A pesar de que muchas investigadoras feministas consideran la *interseccionalidad* un concepto revolucionario que redefinió los enfoques de la teoría, la política y metodología feministas (McCall, 2005; Hancock, 2011; Cho, Crenshaw y McCall, 2013), este concepto creado por pensadoras feministas negras de Estados Unidos está soportando desde hace una década fuertes cuestionamientos. Su valor epistémico ha sido cuestionado por feministas postestructurales que lo consideran "meramente descriptivo" (Jordan-Zachaery, 2007, citada en Alexander-Floyd 2012: 5). Sus críticas han sugerido que lejos de aportar algo nuevo, el análisis interseccional reproduce exactamente los viejos problemas de las políticas de identidad, al enfocarse demasiado en categorías identitarias descontextualizadas y ocuparse excesivamente de un pequeño subconjunto de restricciones estructurales, o al exagerar el racismo que existe dentro del feminismo. Otras críticas sugieren que la *interseccionalidad* socava la coherencia filosófica y política del feminismo al cuestionar la primacía de la opresión de género, estigmatizar la categoría "mujer" o divulgar narrativas que no pueden abordar la complejidad de lo social (Zack, 2005; Gunnarson, cita en May 2014: 102).

Algunas investigadoras han intentado "corregir" estas limitaciones del análisis interseccional asociadas a su exclusivo enfoque en mujeres de color, transformándolo en un método para el estudio de todas las mujeres e incluso de todos los pueblos del mundo (Garry, 2012). Muchas teóricas feministas negras en Estados Unidos se resisten a esta hiperinflación del concepto de *interseccionalidad* porque el análisis de cualquiera de los múltiples vectores del poder (por ejemplo, la blanquitud, análisis de clase y la religión) tiene el efecto de borrar a las mujeres negras y de reconstituir así a las mujeres blancas como centro del análisis. Otras críticas del concepto han intentado corregir sus "problemas" mediante la recuperación de los análisis monocategoriales que investigan por separado las dinámicas de género o de clase, o a través de la excavación en complejos contextos socio-históricos, dinámicas locales y procesos institucionales o mediante la evasión de lógicas categoriales y asumiendo enfoques multivalentes y multiniveles (Gunnarson, May 2014: 104). Algunos de estos "remedios" no han sido más que la adopción superficial de un enfoque que opera con una lógica de añadidura la cual hace ininteligible la co-constitución de los sistemas de poder de género, raza, etnicidad, clase, sexualidad y nacionalidad, y socava la premisa fundamental de los análisis interseccionales. No sorprende por eso que muchas teóricas feministas negras en Estados Unidos perciban estas críticas displicentes, y falsas interpretaciones de la interseccionalidad, como una forma de violencia epistémica y recolonización del conocimiento feminista negro.

A diferencia del rechazo y distorsión que la *interseccionalidad* ha sufrido en la academia blanca de Estados Unidos, los estudios feministas postcoloniales y descoloniales —tanto dentro como fuera de Estados Unidos— le han dado mejor acogida. El marco analítico interseccional ha sido base para los feminismos del Tercer mundo que son críticos del colonialismo; feminismos que usualmente se conocen como "postcoloniales" (Mohanty, Russo, y Torres, 1991). Ann McClintock, una feminista postcolonial africana blanca, nacida en Zimbabwe y criada en Sudáfrica, argumentaba en su libro *Imperial Leather* (1995) que el colonialismo y el imperialismo no pueden ser entendidos sin considerar la invención de la *raza*. Para McClintock, el análisis interseccional reconoce que los sistemas de poder fundados en género, raza, clase y sexualidad no son ámbitos sociales distintos y separados, sino que son parte de un engranaje peligroso que no sólo está presente dentro del colonialismo británico, sino dentro de las luchas anticoloniales. Como ha observado el Colectivo de Feministas de Color de Santa Cruz (2014: 33), la teoría feminista anticolonial lleva el análisis interseccional más allá de las críticas de las prácticas legales del Estado, arrojando luz sobre las dinámicas "*glocales*".[4]

En las últimas décadas, las líneas que separan al feminismo postcolonial del feminismo de color de Estados Unidos han sido borrosas y materia de disputa. Varias antologías agrupan textos clásicos del feminismo negro y chicano con escritos de feministas postcoloniales, publicando sus textos clásicos a la par de escritos de feministas del Tercer mundo alineadas al Grupo de Estudios Subalternos del Sudeste Asiático y con críticas al *orientalismo* (Lewis y Mills 2003). La agrupación de estos distintos enfoques destaca la importancia que tiene el análisis interseccional para el feminismo postcolonial. Sin embargo, la homogenización de diferentes tradiciones teóricas del "feminismo de color" bajo el amplio nombre "feminismo postcolonial" conlleva también ciertos riesgos que implican sobre todo perder de vista lo que es más importante para el feminismo anticolonial. La teoría postcolonial tiene un programa teórico y político que no debe confundirse con otros enfoques teóricos. Existen importantes diferencias entre la teoría y práctica feminista negra, chicana y la postcolonial. Estos marcos teóricos se originan en distintas experiencias y periodos coloniales, y desarrollan distintos programas de investigación. Al ocupar distintos posicionamientos como sujetos dentro de los distintos marcos nacionales, globales y las instituciones de la academia, las posturas y apuestas de las autoras y activistas que contribuyen al análisis de la interseccionalidad y la colonialidad son lógicamente diversas. Precisamente porque surgen de diferentes tradiciones teóricas y parten de distintos proyectos políticos, la teoría feminista negra, chicana y postcolonial están lejos de ser uniformes. En lugar de suponer que comparten una visión común, es importante investigar si la crítica a la colonialidad o el proyecto descolonial particular requiere de análisis interseccionales específicos.

---

[4] Es decir, la articulación entre *lo global* y *local* que construyen género, raza, clase y sexualidad ya no como categorías separadas, sino como sistemas de poder mutuamente constituyentes que existen en y mediante relaciones contradictorias y conflictivas.

Como ha sido ampliamente documentado en otros lados, las raíces intelectuales del análisis interseccional se encuentran en las investigaciones que han realizado teóricas feministas negras de los Estados Unidos sobre la opresión de la mujer negra, quienes han enfatizado la compleja interrelación entre raza, clase, género y desposesión. El concepto ha sido rastreado en los discursos abolicionistas de la agitadora política Mary Stewart (1803-1880) en el siglo XIX, y más tarde, en la obra de Anna Julia Cooper (1858-1964), cuya visión del mundo estaba determinada por el sistema de esclavitud establecido y aprobado en la legislación estadounidense, así como en su lucha por abolir ese sistema. En la segunda mitad del siglo XX, la Colectiva Combahee River creó la teoría de la interseccionalidad de la sexualidad, raza, género y clase. Kimberlé Crenshaw (1989) acuñó el término "interseccionalidad" en sus estudios para referirse al fracaso de las cortes de Estados Unidos que no reconocen la discriminación basada tanto en raza como género. Patricia Hills Collins (1990, 1993) construyó la teoría sobre el punto de vista del feminismo negro como una herramienta útil para arrojar luz sobre la compleja opresión de las mujeres negras.

Dentro del contexto de Estados Unidos, la *interseccionalidad* sirvió no sólo para hacer visible las dimensiones de la opresión de la mujer negra que habían sido ocultadas dentro de la categoría unitaria "mujer" de la teoría feminista blanca, sino que también desafió los conceptos paradigmáticos de *raza* que se utilizaban dentro de la teoría crítica de raza, dominada por hombres negros. Al enfatizar los vectores multidimensionales del poder que estructuran tanto la identidad vivida y la realidad social, el concepto de *interseccionalidad* echó luz sobre los vínculos entre la ubicación epistémica y la producción del conocimiento, además ofreció estrategias analíticas que atan lo material con lo discursivo y lo estructural. Además, al demostrar lo inadecuadas que son las formas de pensar binarias y la futilidad de los esfuerzos por jerarquizar las opresiones, este concepto refleja las lecciones que las teóricas feministas negras aprendieron a través de sus experiencias en la esclavitud, el desarraigo, la desposesión, la explotación económica y reproductiva, la segregación de la era Jim Crow, la aparcería en el trabajo agrícola y doméstico, los linchamientos, violaciones, las sublevaciones racistas, la ciudadanía de segunda categoría y el racismo sistémico imperante que permanece oculto dentro la igualdad formal.

No obstante, las creadoras del concepto *interseccionalidad*, sin saberlo, lanzaron un proyecto político que permanece atado al Estado colonialista de Estados Unidos. Las historiadoras han utilizado el análisis interseccional para demostrar cómo las opresiones de género y sexual fueron esenciales para el establecimiento de la esclavitud y el sistema de plantación. Los economistas políticos han probado cómo el sistema de esclavitud y de plantación continúa como el *blueprint* de las relaciones económicas y sociales de los Estados Unidos y la manera en cómo continúa estructurando la segregación urbana y educacional, así como el complejo industrial carcelario. Teóricas sociales han descrito cómo los legados de la esclavitud y el *apartheid* legal racializado se han ceñido a los cuerpos negros de tal manera que hasta hoy determinan sus prospectos de vida, sus relaciones sexuales, la formación de sus familias, sus oportunidades económicas, sus opciones de vivienda y empleo y la forma en cómo ello forja lazos fuertes entre el pasado colonial y el contexto postcolonial actual. Dentro de este contexto histórico e intelectual, la interseccionalidad (sin quererlo) promueve demandas políticas de inclusión e igualdad de derechos, demandas para una ciudadanía completa percibida como indispensable hacia una vida en libertad.

Ciertos aspectos de la política de interseccionalidad son asimilables dentro de las políticas liberales de inclusión, lo cual debilita su potencial descolonizador. Las nociones liberales de "libertad", "igualdad" y "justicia", tomadas de la Declaración de Independencia y de la Constitución de Estados Unidos aparecen como las precondiciones del futuro de las mujeres y hombres negros estadounidenses, precisamente porque las "bendiciones de la libertad" les han sido negadas por tanto tiempo. No obstante, al asumir la inclusión liberal como proyecto político, la interseccionalidad sugiere estrategias de acción y resultados deseables que se alejan de las luchas anticoloniales fuera de Estados Unidos. Pese a su enorme influencia sobre las teorías postcoloniales y descoloniales, los objetivos políticos de las teóricas feministas negras se desvían con frecuencia de las luchas anticoloniales de otras partes del mundo. No obstante, cuando las feministas anticoloniales fuera de Estados Unidos adoptan la interseccionalidad como estrategia analítica, se identifican nuevos problemas y surgen posibilidades inesperadas dentro de la complejidad de las intersecciones de género, raza, clase y sexualidad que se dan en la condición colonial.

Los debates postcoloniales/descoloniales y la teoría feminista. El *postcolonialismo*

En los años noventa, el tema de *lo colonial* fue retomado por teorías sociales, culturales y políticas. Luego del declive del marxismo, el ascenso del postmodernismo y las teorías culturales postmarxistas, la teoría postcolonial ofreció críticas innovadoras del capitalismo, la Modernidad y el colonialismo europeo. Inspirados en filósofos franceses como Michel Foucault y Jacques Derrida, los teóricos postcoloniales cambiaron los términos con que se pensaba el colonialismo, el capitalismo y el nacionalismo. Se enfocaron en la historia del colonialismo británico y su derrumbe después de la Segunda guerra mundial e intentaron producir una historiografía alternativa que desafiara las teorías dominantes del análisis histórico en Occidente. Lo hicieron mediante el reemplazo del materialismo histórico por una "historia desde abajo" (Chibber, 2013), y con la creación de un marco teórico nuevo para estudiar la historia colonial, el cual ofrecía no sólo una explicación para entender lo propio del capitalismo colonial de la India, sino también el funcionamiento del capitalismo en otras partes del mundo colonizado. Dado que el Grupo de Estudios Subalternos del Sudeste Asiático se centró primordialmente en la colonización de la India y otras partes de Asia, sus concepciones sobre la relación entre el colonialismo y el capitalismo divergen dramáticamente de las del Grupo Modernidad/Colonialidad latinoamericano, que parte de fases más tempranas del colonialismo (español, portugués y francés) y de la descolonización. Las diferencias esenciales entre sus concepciones de *colonialidad, moderni-*

dad y *capitalismo* serán el sello distintivo que separará no sólo a estas dos corrientes de pensamiento —lo postcolonial de lo descolonial—, sino que, además, serán las mismas que diferenciarán a sus contrapartes feministas.

Los "subalternistas", considerados como el grupo nuclear de la teoría postcolonial, argumentan que el capitalismo asumió una forma radicalmente distinta en el mundo colonial. En lugar del papel "modernizante" que tuvo en Europa (al transformar sus economías agrícolas en economías industriales y alinear los intereses de la burguesía con la clase obrera para derribar a la aristocracia feudal), los efectos del capitalismo en el Sur de Asia fueron bifurcados. Según los subalternistas, ni las fuerzas progresivas ni el impulso universalizador del capitalismo se materializó en forma completa en el subcontinente debido a que las élites nacionalistas no lograron transformar el "atraso" del campesinado en el proceso de descolonización (Chibber 2013). En términos gramscianos, los colonizadores británicos y la clase capitalista nacionalista de la India fracasaron o no estuvieron dispuestos a generalizar sus intereses particulares con los de la clase subalterna a la que explotaban. Pese a los cambios superficiales en la ley, el antiguo régimen y el sistema de castas se mantuvieron en pie.

A diferencia de la experiencia europea, donde la retórica burguesa de los derechos universales consiguió reclutar a la clase obrera en su proyecto político de democracia liberal, en la India colonial la dominación capitalista involucró un gobierno sin consenso de los gobernados, es decir, sin hegemonía (Chibber, 2013: 13). Como consecuencia de la larga historia de dominación colonial británica, las ideas liberales de "igualdad", "libertad política", "secularismo" y "contractualismo" no se arraigaron en la India, lo que alteró el contexto colonial profundamente. Aun después de la Independencia, las formas pre-capitalistas de explotación y dominación quedaron intactas. Este desarrollo capitalista "anormal" partió a la sociedad postcolonial en dos campos de dominio político que obedecen a dos distintas lógicas contradictorias: mientras la clase capitalista funciona de acuerdo con la búsqueda racional del interés individual, el subalterno quedaba atrapado en formas políticas pre-modernas, preocupado por asuntos religiosos, de casta, etnicidad y comunidad. Esta configuración de clase singular, según los subalternistas, distingue la modernidad colonial y el capitalismo en la India, y hace que no tenga ninguna semejanza con el capitalismo y modernidad europeos. La ausencia de hegemonía hizo que las élites nacionalistas de la colonia construyeran una forma de Estado nacional postcolonial ficticia, basada en una legitimidad espuria (Chibber, 2013: 17). Precisamente porque el modelo de desarrollo capitalista de la India se diferenciaba tanto del europeo, ellos argumentaron que las categorías de análisis occidentales, y la teoría marxista en particular, eran inadecuadas para comprender el capitalismo colonial del Este.

Influenciados por las críticas postestructuralistas a las teorías totalizantes, como, por ejemplo, al determinismo económico de Marx, los Estudios Subalternos ofrecieron una narrativa alternativa del capitalismo que evitaba recurrir a "metarrelatos". Muy atentos al poder del discurso, sus investigaciones se apoyaron cada vez más en análisis textuales de la marginalidad y la subalternidad para así concebir críticas al colonialismo y al capitalismo complementarias a las discusiones sobre explotación y dominación (Chibber, 2013: 8). Haciendo eco de la crítica a la Modernidad postestructuralista, la crítica del eurocentrismo de los subalternistas rechazaba las pretensiones universalizantes de sus reclamos, al darle énfasis a la diferencia y lo local. Destacaron la especificidad del "Este" y utilizaron el análisis cultural e histórico para teorizar el "subalterno" en cuestionamiento de su voz y acción. De acuerdo con Vivek Chibber (2013: 8), Gayatri Chakravorty Spivak, la teórica feminista postcolonial más reconocida, fue la responsable indirecta de estas características de la crítica postcolonial.

Feminismo postcolonial

A veces reconocida como fundadora, y otras excluida del Grupo de Estudios Subalternos, Spivak se describe a sí misma como "una feminista marxista, deconstructivista, práctica y provocadora" (Leitch *et al.*, 2010, 2110). Poniendo en escarmiento a los subalternistas que ignoran el género y la sexualidad en sus escritos, Spivak analiza el papel del género en la división social del trabajo en el capitalismo, critica el eurocentrismo en la literatura occidental, cuestiona los límites epistémicos y políticos impuestos por el capitalismo neoliberal global y realiza críticas incisivas al pensamiento feminista liberal y radical occidental. Spivak ha sido reconocida por sus sofisticadas críticas a las teorías postestructurales, postcoloniales y feministas, así como por sus análisis del capitalismo colonial y la política postcolonial.

En su ensayo "¿Puede hablar el subalterno?" [(1985) 1988], Spivak estableció los parámetros de la crítica feminista postcolonial al conceptualizar la *violencia epistémica* como intrínseca a la producción del conocimiento occidental. Spivak demostró cómo la producción discursiva del subalterno, particularmente de "la mujer pobre del Tercer mundo", tuvo el efecto de silenciar a las mujeres del Sur Global mediante una especie de ventriloquía. Con el pretexto de darle voz a los oprimidos, los discursos de académicos y activistas de Occidente substituyeron las versiones orientalistas de las mujeres del Tercer mundo para hacerlas pasar como las realidades vividas del subalterno. Spivak sugirió que cada intento de representación de la mujer subalterna es una manera de asegurar la superioridad de Occidente sobre el no Occidente. Al suponer siempre que la "civilización" (occidental) se opone a la "barbarie" del "Este", los académicos y activistas colonizaron la experiencia subalterna, a la vez que reconstituyeron la superioridad del conocimiento occidental. Al ubicar la *violencia epistémica* en la dinámica misma de la representación, Spivak admitió la posibilidad de que la mujer subalterna nunca pudiera conocerse en sus propios términos. Con esto, también pone en cuestión la validez de los discursos teóricos del Grupo de Estudios Subalternos. Más aún, advierte que los teóricos postcoloniales que se reconocen como conocedores y voceros del subalterno han violado las premisas fundamentales de la crítica postcolonial: no sólo no lograron proveernos con una alternativa al orientalismo de las teorías occidentales, sino que reprodujeron el orientalismo al concebir al subalterno perennemente como pasivo, irremediablemente oprimido y esencialmente el *otro* de los sujetos occidentales.

En su trabajo titulado "Bajo los ojos de Occidente", Chandra Talpade Mohanty deja caer todo el peso de la crítica feminista postcolonial sobre la academia feminista occidental. Mohanty (1991: 56) demostró cómo las construcciones binarias que distinguían entre mujeres del Primer y el Tercer mundo homogenizaron a las mujeres de ambos lados del binario con las consecuencias más negativas sobre las mujeres del Tercer mundo, quienes son imaginadas como notables "ignorantes, pobres, sin educación, tradicionales, domesticadas, orientadas a la familia y victimizadas"; mientras que las mujeres blancas fueron construidas uniformemente como "educadas, modernas, con control sobre sus cuerpos y sexualidad y la libertad de hacer sus propias decisiones". Estos discursos oposicionales no eran sólo eurocéntricos, sino que, como observaba Leela Gandhi (1998), fortalecían una imagen redentora de la supuesta plenitud ideológica y política del feminismo occidental. En una parafrasis a la denuncia que hace Spivak contra los metarrelatos de los hombres blancos occidentales que suelen representar sus actos colonialistas como "misiones de rescate benevolentes", Mohanty reprende a las feministas occidentales a quienes ve imaginándose como "mujeres blancas salvando a mujeres de color café de hombres color café". Aunque muchas autoras han criticado a Mohanty por homogenizar al feminismo occidental, su análisis anticipó de muchas maneras los discursos que se harían circular después del 9/11 no sólo por lideresas feministas de los Estados Unidos, sino también por el gobierno, los medios occidentales y organizaciones de defensores de derechos humanos (Abu-Lughod, 2013).

Mohanty también expandió su concepción de las mujeres del Tercer mundo más allá de la cartografía establecida por el Grupo de Estudios Subalternos. En su análisis del capitalismo global, vio paralelos entre los heteropatriarcados capitalistas de Occidente y el no Occidente que tenían la función de maximizar la explotación del trabajo de las mujeres del "Tercer mundo" sin importar si trabajaban en el Sur o el Norte global. Con el afán de maximizar sus ganancias al promover el consumo y proveer a los consumidores más ricos con bienes de consumo baratos, Mohanty sugirió que las corporaciones multinacionales empeoraron la precariedad de la vida, al reducir los salarios de las mujeres y multiplicar los talleres clandestinos en las ciudades globales tanto en el Norte como en el Sur e incrementar el desempleo en el Norte global. Al crear un "contexto común de luchas" y generar "intereses comunes" basados en explotación extrema, el capitalismo global formó la base para una solidaridad transnacional entre mujeres del Tercer mundo.

A pesar de sus contribuciones a la teoría feminista postcolonial y al feminismo transnacional, Mohanty no logra resolver las relaciones de poder entre mujeres del Primer y Tercer mundo que ella tan hábilmente había analizado en "Bajo los ojos de Occidente" (Mendoza, 2002). Aunque concibe a las mujeres del Tercer mundo como sujetos revolucionarios, no dice nada sobre cómo los intereses comunes de las mujeres del Tercer mundo que viven en la colonia o en los centros metropolitanos pueden ser transformados en luchas políticas colectivas contra la destructividad del capitalismo global. Su énfasis en una potencial solidaridad transnacional entre mujeres del Tercer mundo subestima la dificultad que existe para movilizar la unión de las mujeres del Primer y del Tercer mundo o entre las mujeres blancas y las de color. Al sugerir que los proyectos de transformación surgen de la experiencia de opresión sistémica, Mohanty hace eco de la izquierda tradicional de Occidente que se imagina que la revolución comienza siempre con los más marginados, y coloca así toda la carga de responsabilidad en la mujer subalterna. Al centrarse en las opresiones comunes que trascienden las fronteras nacionales y la geopolítica del Norte/Sur, Mohanty se distancia también de las posiciones del Grupo de Estudios Subalternos, quienes ven la acción política del subalterno motivada por una serie de demandas radicalmente contrapuestas a las de Occidente. En lugar de ocuparse de la alteridad del subalterno, la orientación del feminismo transnacional de Mohanty la acerca más a los marxistas convencionales que aclaman la solidaridad transnacional de la clase obrera como base de la transformación social.

En sus esfuerzos por desenmascarar el eurocentrismo y racismo dentro del feminismo occidental, las teóricas feministas postcoloniales han podido cautivarnos con sus análisis sobre la cultura popular, el cine, los medios, así como con sus potentes críticas al racismo y la racialización de los nacionalistas y el excepcionalismo estadounidense, los sionistas y las élites nacionalistas del mundo postcolonial (Shohat y Stam, 2006; Fernandes, 2013). Sus estudios de la intersección de género, raza, clase, sexualidad y nacionalidad nos han proporcionado conocimientos profundos sobre la dinámica que opera en distintos contextos coloniales (McClintock, 1995; Stoler, 2002). Al investigar los sistemas raciales construidos en ciertos contextos postcoloniales, han abierto la posibilidad para el diálogo con otras corrientes que investigan el colonialismo español y portugués y no sólo el británico y francés o el imperialismo *yankee* (Stam y Shohat 2012). La erudición y la riqueza de la investigación feminista postcolonial es innegable.

Sin embargo, el feminismo postcolonial tiene las mismas limitaciones que se asocian con las corrientes principales de la teoría postcolonial y postestructural. Su desarrollo teórico ha sido acusado de determinismo cultural e historicismo. El proyecto político de las feministas postcoloniales es también difícil de comprender. Aunque han puesto énfasis en el rol del subalterno y el transnacionalismo en las luchas contra el capitalismo global, y pese a que muestran poca esperanza en el potencial emancipatorio de Occidente, las teóricas feministas postcoloniales también han expresado preocupación sobre la capacidad del subalterno para transformar su condición colonial, particularmente en la actual configuración del capitalismo neoliberal global. Como ha anotado Spivak (citada en Paudyal, 2011) recientemente en una conferencia en Katmandú, Nepal, el subalterno ha sido "hegemonizado para aceptar su miseria como normal". Si esto fuera cierto, ¿qué sucede con el proyecto del intelectual postcolonial de "entrenar la imaginación" del subalterno para ayudarle a recuperar el *compás moral* que el neoliberalismo le ha hecho perder? La idea de que el subalterno se ha resignado a su miseria revela la distancia social que separa a la investigadora postcolonial del subalterno. También señala el abandono de las máximas de Foucault, que afirman que el intelectual está irremediablemente implicado en las redes del poder/conocimiento. Ya sea que las teóricas feministas acepten la premisa de Foucault de que no se puede crear un programa político representando al subalterno, o se acojan a la noción de Gramsci del *intelectual orgánico* que puede hablar por el subalterno, ni la posición del subalterno ni la del intelectual postcolonial en la lucha anticolonial queda clara. La misma pregunta que se le planteó al subalterno puede planteársele al crítico postcolonial: ¿ocupa el intelectual una posición privilegiada en la lucha por la descolonización o está condenado al silencio?

Teoría descolonial

A pesar de que la teoría descolonial es considerada por algunos como la más reciente encarnación de la teoría anticolonial, este enfoque tiene una visión histórica del colonialismo mucho más larga que las de sus predecesores. Los teóricos descoloniales fundan sus análisis en el colonialismo español y portugués que empezó en el siglo xvi y "terminó" en el xix. El pensamiento descolonial pone atención a la larga historia del colonialismo español y portugués que había sido ignorada en los debates postcoloniales que se centraban exclusivamente en el colonialismo británico o francés. En las fases más tempranas de la expansión colonial europea, fueron fundadas las primeras universidades coloniales en Santo Domingo, Lima y Ciudad México, ya por los años de 1538 y 1551. En estos centros de estudio se llevaron a cabo grandes debates sobre epistemología e historiografía eurocéntrica. En éstos, los intelectuales de la élite criolla, de los mestizos e indígenas intentaron demostrar que el conocimiento europeo no podía reconocer, mucho menos comprender, las diferencias culturales y las formas de gobierno de los derrotados incas (Mendoza, 2014). Más de cuatro siglos antes del surgimiento del Grupo de Estudios Subalternos del Sur de Asia, eruditos de las universidades españolas, tales como la Universidad de Salamanca y el Colegio San Gregorio, habían cuestionado la justeza del imperio y la colonización.

En los famosos debates de Valladolid (1550-1551), Bartolomé de las Casas y Ginés de Sepúlveda debatieron la humanidad del amerindio, y desafiaban así los efectos deshumanizadores de la colonización, además de la retórica salvacionista de los misioneros españoles (Mendoza, 2006). Felipe Guamán Poma de Ayala, un noble inca, escribió las primeras crónicas en defensa de los amerindios y argumentó que los españoles no tenían derecho a controlar los asuntos internos de los Andes. Por otra parte, el Inca Garcilaso de la Vega, también de origen noble, trató de recuperar las voces y preservar la memoria histórica de los amerindios en el preciso momento en que eran sujetos del genocidio. En un artículo muy sugerente con el título "Sí, el subalterno puede hablar: un análisis breve de la *Nueva crónica y buen gobierno* de Felipe Guamán Poma de Ayala y en los *Comentarios Reales* del Inca Garcilaso de la Vega", Lipi Biswas Sen, profesor de la Universidad de Nehru, en la India, observa que estos relatos teóricos del subalterno del siglo XVI anticiparon los argumentos centrales del Grupo de Estudios Subalternos del Sudeste Asiático. De acuerdo con Guamán Poma de Ayala y Garcilaso de la Vega, los amerindios resistieron el pensamiento binario de los europeos con el rechazo a la idea de "colonización" como un proceso "civilizatorio". Los amerindios invirtieron la lógica de la colonización e identificaron a los europeos como los bárbaros que destruían las civilizaciones establecidas hace mucho tiempo por los pueblos indígenas.

A diferencia de la teoría del subalterno de los sudasiáticos que describen al subalterno con una psicología política incompatible con las formas de conocimiento de Occidente, Guamán Poma de Ayala y Garcilaso de la Vega insistieron en que el subalterno había dominado la lengua española y utilizaba las herramientas del "amo", tales como el alfabeto escrito, para subvertir desde adentro los discursos coloniales de los europeos (Biswas Sen, 2009). En efecto, la certeza de que el subalterno puede hablar es una de las características que distingue a la teoría descolonial; pero sus teóricos difieren de muchas otras maneras con la teoría postcolonial/subalterna y del feminismo postcolonial. El Grupo Modernidad/Colonialidad insiste que el capitalismo es concomitante con el colonialismo; que no es un sistema autónomo importado a las américas. Con base en una postura que contradice a los que arguyen que el capitalismo existía en Europa antes de la colonización, los teóricos descoloniales aseveran que el colonialismo es lo que hizo posible el capitalismo. A diferencia de aquellos que aseguran que el capitalismo fracasó en la Colonia debido a las condiciones internas de la sociedad indígena, el Grupo Modernidad/Colonialidad sostiene que el capitalismo requiere las condiciones internas de la colonia para su realización.

Los teóricos descoloniales ven al colonialismo como el lado oscuro de la Modernidad. Descartan la asociación de la Modernidad con los desarrollos emancipatorios de Europa, tales como la Reforma, la Ilustración y la Revolución francesa, y sugieren en su lugar relaciones causales bastante más complicadas entre colonialismo, la era de la *razón* y las revoluciones. Los pensadores descoloniales sugieren que la esclavitud, el trabajo forzado y la privación de derechos a los pueblos colonizados hacen posibles las nociones liberales de "libertad", "igualdad" y "justicia". La colonia es tanto la condición de posibilidad como el laboratorio del Estado-nación occidental y de la figura del ciudadano de derechos que se ata a propietarios hombres. En otras palabras: la libertad del europeo y el colonizador depende de la privación de libertad del colonizado. Precisamente porque la libertad de unos presupone la subordinación de otros, la descolonización es siempre un proyecto no acabado. Pese a que el colonialismo ha cesado de existir en casi todas partes del mundo, la *colonialidad del poder* aún define las relaciones entre Occidente y el resto del mundo.

Aníbal Quijano concibió la *colonialidad del poder* como un proceso de racialización intrínseco de la colonización (2010, 2008). Empezando con la conquista de América en 1492, los conquistadores europeos se autodenominaron "señores del mundo", los líderes "naturales" de los pueblos "inferiores". Y si tomamos la Conquista como prueba de su superioridad, se adjudicaron el derecho de clasificar a pueblos enteros de acuerdo con jerarquías fundadas en doctrinas religiosas, fisionomías, mitos sobre mandatos de pureza de sangre y la Divina Providencia que los obligaba a difundir la palabra de Dios y los medios de salvación. Los conquistados, violentamente fueron condenados a vivir en la zona del *no ser*, desprovistos de humanidad, derechos y autodeterminación.

Según Quijano, la idea de "raza" impuesta en la Colonia se originó en los debates que se realizaron durante la Inquisición española y la Reconquista. El principio de la "pureza de sangre" fue introducido para distinguir a los "verdaderos" cristianos de los judíos y musulmanes conversos. Mediante la invención de nociones engañosas que privilegiaban a los católicos, la Iglesia española le otorgó a la Monarquía fundamentos para expulsar a los moros y judíos de España. Aunque el principio de la pureza de sangre fue invocado al comienzo para legitimar una jerarquía religiosa, con él se sentaron nociones de superioridad biológica que tuvieron repercusiones culturales profundas, las cuales resultaron particularmente útiles para la empresa de la conquista del "Nuevo Mundo", que vino después. Importada a América, la idea de una raza naturalmente superior e identificable por sus creencias y acciones se convirtió en una herramienta eficaz para diferenciar a los colonizadores de los amerindios y los esclavos traídos de África. Una vez marcados como inferiores, los pueblos conquistados y esclavizados no sólo fueron sujetos a los edictos de la monarquía católica española, sino que también a misiones civilizatorias, esfuerzos "salvacionistas" y explotación brutal de la sexualidad y el trabajo.

La idea de "raza", implícita en los debates alrededor de la "pureza de sangre", permitió la construcción de jerarquías que reestructuraron la organización social, así como las instituciones públicas y privadas del "Nuevo Mundo". Al vincular nociones de inferioridad biológica y cultural, la "raza" proveyó un sustrato versátil a la *colonialidad del poder* que justificaba un sistema social jerárquico que le daba a los colonizadores control absoluto sobre los recursos humanos y materiales. Según Quijano, el concepto *raza* reordenó todos los aspectos de la sociedad indígena, incluidas las relaciones de género, trabajo, la autoridad colectiva, la subjetividad y la intersubjetividad. La raza designaba quién sería esclavo, forzado a la servidumbre, o trabajador libre asalariado. Durante la Colonia, la raza determinó el estatus político y luego dictaría quién tendría acceso a una ciudadanía plena dentro del Estado-nación. Como fundamento del eurocentrismo, la *raza* definió lo que contaba como historia y conocimiento, y permitió condenar a los colonizados a vivir como pueblos sin historia, sin "derechos del hombre" y sin derechos humanos. Dado que la producción del conocimiento europeo se acreditó como la del único conocimiento válido, las epistemologías indígenas fueron reducidas al estatus de superstición primitiva o fueron destruidas. El eurocentrismo congeló las relaciones intersubjetivas entre europeos y no europeos en un marco temporal que posiciona al europeo siempre como más avanzado. Sin importar si la oposición binaria enfrenta la civilización contra la barbarie, o el trabajo asalariado contra la esclavitud, el desarrollo contra el subdesarrollo, la superioridad del europeo permanece incuestionable (Quijano, 2008).

Con Aníbal Quijano como punto de partida, los pensadores descoloniales han desarrollado una serie de conceptos que derivan de la *colonialidad del poder*. Como Quijano, los teóricos descoloniales hacen una diferencia entre *colonialidad* y *colonización*. A diferencia de los hechos históricos de la *colonización*, en donde una nación impone su soberanía a otra, la *colonialidad* se refiere a viejos patrones de poder que surgen en el contexto del colonialismo y redefinen la cultura, el trabajo, las relaciones intersubjetivas, las aspiraciones del ser, el sentido común y la producción del conocimiento, de forma que la superioridad del europeo queda establecida. La colonialidad se mantiene viva mucho tiempo después de que el colonialismo ha sido erradicado, y cala profundamente en la conciencia y las relaciones sociales de la vida contemporánea. Edgardo Lander (2000) ha reflexionado sobre la *colonialidad del saber*, y ha examinado las diversas prácticas que silenciaron y erradicaron el conocimiento no occidental y que continúan sucediendo en la actualidad. Con cierta similitud a la noción de *violencia epistémica* de Spivak, Lander estudia la exterminación física de los productores de conocimiento no occidental y las diversas tecnologías del genocidio intelectual. Con un préstamo de Walter Mignolo, Nelson Maldonado-Torres (2008) reinterpreta los conceptos centrales de la fenomenología existencialista como una manifestación de la *colonialidad del ser*, y reconstruye el modo en el que la conciencia del colonizador estructura el *cogito* occidental, de manera que los descendientes de los europeos todavía rechazan la humanidad plena de los pueblos no europeos.

Feminismo descolonial

El feminismo descolonial es atribuido muchas veces al trabajo de las indígenas de Norteamérica, las feministas chicanas a la teoría feminista anticolonial africana que se publicó en los años sesenta y setenta, pero su mayor desarrollo es más reciente. El libro de Gloria Anzaldúa *Borderlands/La Frontera* (1987) se suele citar como el texto fundacional de la teoría feminista descolonial. Su concepto de la *conciencia de la mestiza* y el *pensamiento fronterizo* teorizó el carácter subversivo de los conocimientos subyugados fracturando las lenguas coloniales y las epistemologías, de manera que cambió los términos del debate. En 1999, Emma Pérez publicó *The Decolonial Imaginary* con el propósito de desafiar el *imaginario colonial* que persistía en la historiografía nacionalista y patriarcal de los chicanos. Las investigadoras indígenas norteamericanas como Paula Gunn Allen (1986) y las teóricas africanas anticoloniales como Oyèrónké Oyěwùmi (1997) analizaron también el impacto que tuvo el colonialismo sobre las mujeres y los discursos colonialistas del feminismo occidental.

En el presente, el feminismo descolonial se difunde en varios contextos culturales y nacionales. Catherine Walsh (2010) ha estudiado la interculturalidad, saberes subyugados y descolonialidad en Ecuador. Su concepto de la *interculturalidad* es particularmente importante para la teoría descolonial porque se aleja de conceptos tales como *multiculturalismo* y *pluriculturalismo* promovidos por el Banco Mundial para apoyar su agenda neoliberal. Para Walsh, la *interculturalidad crítica* no se refiere a inclusión ni a "llevarse bien", se trata más bien de un proyecto político, ético y epistémico de la población indígena de los Andes que busca crear una nueva racionalidad y humanidad para dar marcha atrás al eurocentrismo y la colonialidad del saber. Fuera de Estados Unidos, Madina Tlostanova, una investigadora feminista originaria de Kabardino-Balkaria, una república de la Federación Rusa, ahora radicada en Moscú, utiliza un marco descolonial para analizar el espacio y la subjetividad de la era post-soviética. Tlostanova toma prestado de Mignolo el concepto de la *diferencia imperial* para dilucidar el lugar de la Unión Soviética en las narrativas sobre imperios de Occidente. En éstas, el imperio soviético no sólo se origina fuera de la Modernidad y ocupa la posición de un imperio subalterno, sino que su exterioridad a la Modernidad y al imaginario europeo permite que la *diferencia imperial* se transmute en una *diferencia colonial*. Ello determina los tipos de feminismo que emergen en el espacio post-soviético, que si bien definidos en términos de colonialidad, difícilmente pueden ser entendidos como "feminismos de color". Buena parte de su trabajo sobre género y descolonialidad, sin embargo, aún no ha sido traducido. Dentro de la crítica cultural alemana, Freya Schiwy también utiliza un lente descolonial para estudiar género, la subjetividad y la colonialidad dentro de los estudios culturales de los Andes (Schiwy, 2010).

La teoría descolonial ha tenido un fuerte impacto en América Latina y el Caribe, aunque algunas investigadoras feministas han cuestionado sus planteamientos, su origen geográfico y su falta de perspectiva de género. Dentro de los círculos feministas, la teoría descolonial ha entrado en un diálogo con teóricas de la interseccionalidad, feministas indígenas, afrolatinoamericanas y mestizas que han desarrollado sus propias teorías al margen de la opción descolonial. Rita Segato (2001, 2011), una antropóloga argentina radicada en Brasil, integra algunos elementos de la teoría descolonial en su trabajo, pero critica la noción de *colonialidad de género de Lugones* porque no cree que las jerarquías de género fuesen desconocidas en las sociedades indígenas como Lugones lo ha sugerido. Silvia Rivera Cusicanqui, una socióloga feminista de origen aymara y activista de Bolivia —conocida por su trabajo en el Taller de historia oral andina (THOA)— ha denunciado la teoría descolonial como un discurso colonialista proveniente de universidades en Estados Unidos, que no sólo no tiene nada que ver con las luchas locales de los pueblos indígenas de América Latina, sino que además se apropia indebidamente y desconoce el trabajo sobre la colonización y descolonización que se desarrolla en la región desde hace décadas (Rivera Cusicanqui 2010, 58). La teoría descolonial en América Latina también ha sido sujeta a una doble crítica feminista. Una de ellas, en particular de Quijano y Dussel, se centra en la falta de atención a la dimensión de género o en su inadecuada concepción de *género* (Lugones, 2007; Mendoza, 2010).

La teoría descolonial también ha ganado adeptos en la academia feminista de Estados Unidos, aunque no tuvo el éxito instantáneo de la teoría postcolonial en los años noventa. En dos de sus más recientes publicaciones, "Heterosexualism and the Colonial Modern Gender System" (2007) y "Towards a Decolonial Feminism" (2010), Lugones introdujo la teoría descolonial al público académico feminista en los Estados Unidos, al mismo tiempo que expandió sus parámetros al incorporar la *colonialidad de género* y *sexualidad*. En su ensayo del 2007, Lugones combina la *interseccionalidad* con la *colonialidad del poder* de Quijano para desarrollar su propia concepción de la *colonialidad de género*. Critica la idea de "género" de Quijano por varias razones: sigue enclaustrada en el determinismo biológico; presupone el dimorfismo sexual donde no existía; naturaliza la heteronormatividad en culturas donde no veían la homosexualidad ni como una transgresión sexual o social, y da por sentado una distribución del poder patriarcal en sociedades donde predominaban relaciones sociales más igualitarias entre hombres y mujeres. Desde la perspectiva de Lugones, la comprensión de *género* de Quijano es, en realidad eurocéntrica. Luego, con base en la investigación feminista de indígenas de Norteamérica y el trabajo de Oyěwùmi sobre los yoruba, para corregir la errónea concepción de Quijano, Lugones argumenta que las sociedades indígenas no conocían el "género" antes de la intrusión europea. El género no existía como un principio ordenador del poder antes del proceso de colonización. En lugar de pensar que "género" es una característica perpetua de la organización social, Lugones argumenta que debe ser entendido como un constructo colonial, tal como la *raza* fue una imposición europea. En el proceso de colonización, tanto las mujeres como los hombres de la Colonia fueron racializados y sexualizados cuando el género fue utilizado como una herramienta poderosa para destruir las relaciones sociales entre colonizados, causando profundas divisiones y antagonismos entre ellos. Las construcciones de género europeas crearon jerarquías internas que rompieron con la solidaridad que imperaba entre hombres y mujeres, destruyendo sus lazos previos basados en la complementariedad y la reciprocidad. En lugar de fomentar la colaboración armónica, los colonizadores pusieron a hombres y mujeres en posiciones antagónicas. Mediante violencia sexual, explotación y sistemas de concubinato, los colonizadores usaron *género* para quebrar la voluntad de los hombres y mujeres indígenas e imponer nuevas jerarquías que fueron institucionalizadas con el colonialismo. Los cuerpos de las mujeres se convirtieron en el terreno de negociación que los hombres indígenas utilizaron para su sobrevivencia bajo el nuevo orden colonial. La única manera de sobrevivir culturalmente fue perversamente sacrificar a las mujeres a la lujuria del conquistador. Lugones le llama a esta violencia sexual sistémica *el lado oscuro del sistema moderno/colonial de género*.

Julieta Paredes (2008), una activista feminista aymara de Bolivia, critica el concepto de *colonialidad de género* de Lugones al señalar que no permite ver la centralidad que el género tenía en las sociedades patriarcales indígenas antes de la colonización europea, y le da más importancia a otros procesos coloniales antes de la llegada de los europeos. Pero Lugones profundiza su análisis de la *colonialidad de género* en su ensayo "Towards a Decolonial Feminism", en el que sostiene que el sistema de género impuesto a los colonizados por los europeos difiere sustancialmente del que se impuso a las mujeres europeas. Este sistema de género multifacético subordinaba a las mujeres europeas, pero deshumanizaba a los indígenas, esclavos africanos y a las mujeres y hombres mestizos. A partir de la premisa central de la *colonialidad* —la separación entre lo humano y lo no humano es concomitante con la *colonización*—, Lugones sugiere que la racialización de los no europeos como bestias de carga tuvo profundas consecuencias para el desarrollo de complejos sistemas de género y sexo. Las dicotomías jerárquicas que distinguen lo humano civilizado de lo natural primitivo, y la cultura de la naturaleza, estructuraron no sólo las relaciones entre colonizadores y colonizados, sino que también legitimaron la jerarquía que eleva a los hombres europeos por encima de las mujeres europeas. El sentido de lo humano se vio bifurcado: como criaturas más cercanas a la naturaleza, más emocionales que racionales, atadas a la función animal de la reproducción, las mujeres europeas ocuparon una posición inferior a los hombres en la gran *cadena del ser*; no obstante, conservaron su estatus de humanas marcadas por la cultura.

El género civilizado involucró una jerarquía que subordinaba a las mujeres europeas a los hombres europeos, pero dejaba abierto un enorme abismo entre colonizadores y colonizados. Como salvajes, los colonizados manifestaban diferencias biológicas (sexo), pero carecían de un sistema de género. Las relaciones igualitarias entre hombres y mujeres indígenas eran para los europeos evidencia de su barbarie. Para Lugones, la *jerarquía de género* definió el estatus de "civilizados" para los hombres y mujeres europeos; su ausencia marcó lo no humano, la "racialidad", "naturalidad" de los no europeos, que son seres sexuados, pero carentes de género. Vistos ya sea como animales hipersexuados o como bestias de carga, los pueblos indígenas y los esclavos africanos fueron percibidos como una amenaza al orden de género europeo. Como seres sub-humanos, los colonizados eran aptos para la reproducción y sujetos a formas crueles de trabajo, explotación y masacre (Lugones, 2012: 206). La *colonialidad de género* deja claro que *género* le otorga un estatus civilizado únicamente a aquellos hombres y mujeres que habitan el campo de *lo humano*; aquellos que carecen de género están sujetos a la explotación cruel y al genocidio simple y llanamente. De esta forma, la concepción de la *colonialidad de género* de Lugones, como práctica deshumanizante que sobrevive la colonización, sirve para comprender problemas contemporáneos como el feminicidio, la trata de mujeres y el aumento de la violencia contra las mujeres no europeas.

En América Latina y el Caribe, el análisis de Lugones de la *colonialidad de género* ha tenido una recepción ambigua. Su trabajo abrió un nuevo archivo feminista del pensamiento descolonial y ha producido un grupo de seguidoras considerable.[5] Sin embargo, sus argumentos específicos *de la colonialidad del género* son controversiales para algunas feministas hegemónicas, indígenas o investigadoras que analizan la colonización y la descolonización desde

---

[5] Véanse los trabajos de las integrantes del Grupo Latinoamericano de Estudios, Formación y Acción Feminista (GLEFAS), disponibles en [glefas.org].

otros marcos teóricos (Mendoza, 2014). Algunas críticas cuestionan la validez empírica del trabajo etnográfico sobre el cual se basa Lugones. La antropóloga argentina Rita Segato (2001), por ejemplo, utiliza su propia investigación de los yoruba en América Latina para cuestionar las tesis de Oyèwùmi sobre la no existencia de género entre ellos. A pesar de que reconoce que el sistema de género yoruba es complejo y distinto al *género* europeo, y que su forma de patriarcado era de muchas maneras menos intensa que la versión europea, Segato nos presenta con suficiente evidencia que los dos demuestran la existencia de una forma "género" que servía para establecer un estatus opresivo y jerárquico entre los yoruba. Segato sugiere que los patriarcados de baja intensidad se hicieron más jerárquicos cuando fueron sujetos a la lógica de género de la colonización, y que tuvieron consecuencias graves para las mujeres indígenas. En la medida que las esferas públicas y privadas fueron separadas por género, las mujeres indígenas fueron domesticadas y privatizadas haciéndoles perder el poder que tenían en sus comunidades. Aunque los hombres indígenas conservaron autoridad comunal, fueron humillados y emasculados simbólicamente en el cruento proceso de colonización. Forzados a aceptar la lógica de género de los europeos, los hombres indígenas retornaron a sus comunidades suplementando su viejo léxico de poder con nuevos códigos jerárquicos (Segato, 2011).

Rivera Cusicanqui (2004) ofrece críticas similares basadas en las experiencias de las sociedades andinas. A pesar de que las relaciones de género indígenas eran más igualitarias tanto en la esfera privada como pública, el sistema de género andino estaba organizado alrededor de la pareja heterosexual dentro de un sistema de complementariedad. Los sistemas de parentesco eran bilaterales, y les daban tanto a hombres como a mujeres derechos hereditarios. Mujeres y hombres alcanzaban personería social una vez que formaban la pareja y ambos ganaban prestigio al convertirse en adultos. Rivera Cusicanqui observa que estas prácticas no fueron debilitadas o destruidas totalmente durante la Colonia, sino más bien fueron los sistemas de gobierno republicanos, la modernización y el desarrollismo los que acabaron con ellas. El papel de las mujeres en la comunidad fue debilitado en una época mucho más reciente de la que Lugones sugiere en su relato de la *colonialidad del género* (Cusicanqui, 2004). Según Rivera Cusicanqui, las relaciones de género basadas en la complementariedad sobrevivieron por mucho más tiempo de lo que se suponía previamente; fueron destruidas en el proceso gradual de patriarcalización que ha acompañado a la modernización y la infiltración del Estado moderno en las comunidades andinas.

En Bolivia, desde la elección de Evo Morales, y en México, en las luchas revolucionarias de los zapatistas, los debates sobre la no existencia del género antes de la colonización han sido muy importantes y de gran influencia en las teorías de la revolución y las propuestas feministas para políticas públicas, leyes e imaginarios políticos. Fuera de estas luchas políticas, es muy probable que la cuestión sobre si *género* es un constructo colonial o una práctica ancestral sea un falso dilema. El concepto de la *colonialidad del género* de Lugones, la idea de Segato de que los patriarcados de baja intensidad precoloniales fueron exacerbados por la colonización, y la teoría sobre la patriarcalización que acompaña la formación del Estado-nación de Rivera Cusicanqui no deben ser interpretados como contradictorios. Las tres autoras están de acuerdo en que la imposición del sistema de género europeo tuvo efectos profundos sobre las relaciones entre hombres y mujeres en la Colonia, pues desató fuerzas letales contra las mujeres indígenas, las esclavas africanas y las mestizas pobres que deben considerarse genocidas. La conceptualización de la *colonialidad del género* de Lugones es útil porque precisamente sitúa el *género* en relación con la razón genocida de la *colonialidad del poder*. La lógica racializante que los europeos impusieron a los colonizados les despojó no sólo su estatus de humanos, sino que también su estatus como seres con género. Es *género* lo que en últimas cuentas provee humanidad y estatus social. Desprovistos de humanidad y de género, los no europeos quedaron para siempre explotables y eliminables. La teoría de Lugones guarda mucha similitud con las teorías de las indígenas de Norteamérica que desde hace mucho tiempo dicen que el Estado moderno/colonial opera con una lógica de eliminación que ha permitido la casi completa desaparición física y simbólica de los amerindios.

Sin importar si nos sostenemos en Lugones, en las teóricas feministas indígenas de Norte y Sudamérica o en teóricas feministas latinoamericanas, el pensamiento descolonial ofrece lecciones valiosas. La lógica racializante que se introdujo en América en 1492 hizo más que estructurar las relaciones entre colonizadores y colonizados; estableció formas de pensar y modalidades de poder que continúan dándole forma a las relaciones sociales y políticas que permean todos los aspectos de la vida en el planeta. Es imprescindible reconocer la profunda influencia que la racialización y la generización han tenido para comprender el pasado, para los esfuerzos de transformar el presente y para visualizar las estrategias de un futuro diferente.

Bibliografía

Abu-Lughod, L., "Do Muslim Women Need Saving?", President and Fellows of Harvard College, 2013.

Alexander-Floyd, N. G., "Disappearing Acts: Reclaiming Intersectionality in the Social Sciences in a Post-Black Feminist Era", *Feminist Formations* 24, 1 (2012), pp. 1-24. 2012.

Césaire, A., *Discourse on Colonialism*, New York, Monthly Review Press, 2000.

Chibber, V., *Postcolonial Theory and the Specter of Capital*, Londres, Verso, 2013.

Cho, S., K. Crenshaw y L. McCall, "Intersectionality: Theorizin Power, Empowering Theory", *Signs: Journal of Women in Culture and Society* 38, 4 (2013), pp. 785–810.

Crenshaw, K., "Demarginalizing the Intersection of Race and Sex: A Black Feminist Critique of Antidiscrimination Doctrine, Feminist Theory and Antiracist Politics", *University of Chicago Legal Forum* 140 (1989), pp. 139 –167.

Du Bois, W. E. B., *The Souls of Black Folks: Essays and Sketches*, Cutchogue, New York, Buccaneer Books, 1976.

Dussel, E., *Philosophy of Liberation*, Maryknoll, Nueva York, Orbis Books, 1985.

Fanon, F., *The Wretched of the Earth*, Nueva York, Grove Press, 2004.

Fernandes, L., *Transnational Feminism in the United States*, Nueva York, New York University Press, 2013.

Gandhi, L., *Postcolonial Theory*, Nueva York, Columbia University Press, 1998.

Garcilaso de la Vega, I., *Comentarios Reales*, En Diferencia, Barcelona, Linkgua, 2008.

Garry, A., "Who Is Included? Intersectionality, Metaphors, and the Multiplicity of Gender" en Sh. L. Crasnow y A. M. Superson (eds.), *Out From the Shadows: Analytical Feminist Contributions to Traditional Philosophy*, Nueva York, Oxford University Press, 2012, pp. 493-530.

Grosfoguel, R., 2010. "The Epistemic Decolonial Turn: Beyond Political Economy Paradigms" en W. D. Mignolo y A. Escobar, *Globalization and the Decolonial Option*, Londres, Routledge, 2010, pp. 65-77.

Guamán, Poma de Ayala, *Nueva Corónica y Buen Gobierno*, París, Institut d'Ethnologie, 1936.

Gunn Allen, P., *The Sacred Hoop: Recovering the Feminine in American Indian Traditions*, Boston, Beacon Press, 1986.

Gunnarson, L., "A Defense of the category 'women'", *Feminist Theory* 12, 1 (2011), pp. 23-27.

Hancock, A. M., *Beyond the Oppression Olympics: A Politics of Solidarity for the 21st Century*, Nueva York, Palgrave Macmillan, 2011.

Hill Collins, P., "Toward a New Vision: Race, Class, and Gender as Categories of Analysis and Connection", *Race, Gender and Class* 1, 1 (otoño, 1993), pp. 25-45.

Kontopoulos, K., *The Logic of Social Structures*, Cambridge, Cambridge University Press, 1993.

Lander, E., *La colonialidad del saber: eurocentrismo y ciencias sociales*, Perspectivas Latinoamericanas, Buenos Aires, Clacso, 2000.

Leitch, V. B., W. E. Cain, L. A. Finke y B. E. Johnson (eds.), *The Norton Anthology of Theory and Criticism*, Nueva York, W. W. Norton, 2010.

Lewis, R., y S. Mills, *Feminist Postcolonial Theory*, Nueva York, Routledge, 2003.

Lugones, M., "Heterosexualism and the Colonial Modern Gender System", *Hypatia* 22, 1 (invierno, 2007), pp. 186–209.

Lugones, M. "Towards a Descolonial Feminism" *Hypatia* 25, 4 (otoño, 2010), pp. 742-759.

Maldonado-Torres, N., *Against War: Views from the Underside of Modernity*, Durham, Duke University Press Books, 2008.

Mariátegui, J. C., *Siete ensayos de interpretación de la realidad peruana*, In Diferencia, Barcelona, Linkgua Ediciones, 2009.

May, V. M., "'Speaking into the Void'? Intersectionality Critiques and Epistemic Backlash", *Hypatia* 29, 1, (invierno, 2014), pp. 94-112.

McCall, L., "The Complexity of Intersectionality", *Signs: Journal of Women in Culture and Society* 30, 3 (2005), pp. 1771-1800.

McClintock, A., *Imperial Leather*, Nueva York, Routledge, 1995.

Mendoza, B., "Transnational Feminisms in Question", *Feminist Theory* 3, 3 (2002), pp. 295-314.

—, "The Undemocratic Foundations of Democracy: An Enunciation from Postoccidental Latin America", *Signs: Journal of Women in Culture and Society* 31, 4 (verano, 2006), pp. 932-939.

—, "La epistemología del sur, la colonialidad de género y el feminismo latinoamericano", Y. Espinosa Miñoso (ed.), *Aproximaciones críticas a las prácticas teórico-políticas del feminismo latinoamericano*, vol. 1 (2010), pp. 19-36.

—, *Ensayos de crítica feminista en Nuestra América*, México, Herder, 2014.

—, "La cuestión de la colonialidad de género" en B. Mendoza, *Ensayos de crítica feminista en Nuestra América*, México, Herder, 2014, pp. 45-71.

Mignolo, W., *The Darker Side of the Rennaissance: Literacy, Territoriality, and Colonization*, Ann Arbor, University of Michigan Press, 1995.

—, *Local Histories/Global Designs. Coloniality, Subaltern Knowledges, and Border Thinking*, Princeton, Nueva Jersey, Princeton University Press, 2000.

Mohanty, Ch. T., "Under Western Eyes: Feminist Scholarship and Colonial Discourses", *Third World Women and the Politics of Feminism*, Bloomington, Indiana University Press, 1991, pp. 51-80.

—, Ann Russo, y Lourdes Torres, *Third World Women and the Politics of Feminism*, Bloomington, Indiana University Press, 1991.

Nkrumah, K., *Consciencism*, New York, Monthly Review Press, 1964.

Ortega, M., "Being Lovingly, Knowingly Ignorant: White Feminism and Women of Color", *Hypatia* 21, 3 (verano, 2006), pp. 56-74.

Paredes, J., *Hilando fino desde el feminismo comunitario*, La Paz, Bolivia, Comunidad Mujeres Creando Comunidad (cedec), Asociación Centro de Defensa de la Cultura, 2008.

Paudyal, M. [http://kathmandupost.ekantipur.com/news/2011-12-24/the-dream-of-a-borderless-world.html].

Quijano, A., "Coloniality of Power, Eurocentrism, and Social Classification", en M. Moraña *et al.* (eds.), *Coloniality at Large*, Durham, NC, Duke University Press, 2008, pp. 181-224.

—, "Coloniality and Modernity/Rationality" en W. D. Mignolo y A. Escobar (eds.), *Globalization and the Decolonial Option*, Londres, Routledge, 22-32.

Rivera Cusicanqui, S., "La noción de 'derecho' o las paradojas de la modernidad postcolonial: indígenas y mujeres en Bolivia", *Aportes Andinos* 1, 9 (2004).

—, *Ch'ixinakax Utxiwa. Una reflexión sobre prácticas y discursos descolonizadores*, Buenos Aires, Tinta Limón y Retazos, 2010.

Roshanravan, Sh., "Motivating Coalition: Women of Color and Epistemic Disobedience", *Hypatia* 29, 1 (invierno, 2014), pp. 41-58.

Santa Cruz Feminist of Color Collective, "'Building on Edge of Each Other's Battles': A Feminist of Color Multidimensional Lens", *Hypatia* 29, 1 (invierno, 2014), pp. 23-40.

Schiwy, F., "Decolonization and the Question of Subjectivity: Gender, Race, and Binary Thinking" en W. D. Mignolo y A. Escobar (eds.), *Globalization and the Decolonial Option*, Londres y Nueva York, Routledge, 2010, pp. 125-148.

Segato, R., "The Factor of Gender in the Yoruba Transnational Religious World", Brasilia, 2001. Disponible en [http://www.scribd.com/doc/47347417/THE-FACTOR-OF-GENDER-INTHE-YORUBATRANSNATIONAL-RELIGIOUS-WORLD].

—, "Género y colonialidad: en busca de claves de lectura y de un vocabulario estratégico descolonial" en K. Bidaseca y V. Vázquez Laba, *Feminismos y poscolonialidad. Descolonizando el feminismo desde y en América Latina*, Buenos Aires, Godot, 2011, pp. 17-48.

Sen, L. B., "Sí, el subalterno puede hablar: un análisis breve de la *Nueva crónica y buen gobierno* de Felipe Guamán Poma de Ayala y los *Comentarios reales* del Inca Garcilaso de la Vega", Alicante, Biblioteca Virtual Miguel de Cervantes, 2009, pp. 475–502.

Shohat, E. y R. Stam, *Flagging Patriotism*, New York, Routledge, 2006.

Spivak, G. Ch., "Can the Subaltern Speak?" en C. Nelson y L. Grossber, *Marxism and the Interpretation of Culture*, Londres, Macmillan, 1988, pp. 271–313.

Stam, R. y E. Shohat, *Race in Translation*, Nueva York, New York University Press, 2012.

Stoler, A. L., *Carnal Knowledge and Imperial Power: Race and the Intimate in Colonial Rule*, Berkeley, University of California Press, 2002.

Tuck, E. y K. Wayne Yang, "Decolonization Is Not a Metaphor", *Decolonization: Indigeneity, Education & Society* 1, 1 (2012), pp. 1–40.

Walsh, C., "Shifting the Geopolitics of Critical Knowledge: Decolonial Thought and Cultural Studies 'Others' in the Andes" en W. D. Mignolo y A. Escobar (eds.), *Globalization and the Decolonial Option*, Londres, Routledge, 2010, pp. 78–93.

Zack, N., *Inclusive feminism: a third wave theory of women's commonality*, Lanham, MD, Rowman & Littlefield, 2005.

CAPÍTULO II

Cosmovisión maya y patriarcado: una aproximación en clave crítica[1]

AURA CUMES[2]

Debido al título de este trabajo, inicialmente centraré mi análisis en un texto antiguo llamado *Popol Wuj* en idioma kiche', que traducido al castellano sería *Libro del consejo*, y en una segunda parte analizaré someramente la forma en que se construyen progresivamente las relaciones entre mujeres y hombres mayas en un contexto de colonización. Debo reconocer que solamente analizar el *Popol Wuj* es ambicioso y llevaría mucho tiempo, por esto debo aclarar que no es mi intención hablar del *Popol Wuj* en sí mismo, sino hacer un ensayo de interpretación acotado sobre cómo en este libro se entienden las interrelaciones entre hombres y mujeres, y entre lo femenino y lo masculino, y, si puede hablarse de un patriarcado, cuáles serían sus características.

PATRIARCADO

Patriarcado puede ser definido como un sistema de dominio en el que, mediante un conjunto de relaciones sociales, los hombres

---

[1] Texto leído en la conferencia ofrecida en el Centro Interdisciplinario de Estudios de Género de la Universidad de Chile, el 6 de noviembre de 2014.
[2] Aura Cumes. Maya- kaqchikel. Doctora en Antropología social por el Centro de Investigaciones y Estudios Superiores en Antropología Social (CIESAS), Ciudad de México. Ha sido investigadora y docente del Área de Estudios Étnicos y del Programa de Género de la Facultad Latinoamericana de Ciencias Sociales (Flacso) Guatemala. Co-fundadora de la Comunidad de Estudios Mayas en Guatemala, es coeditora de *La encrucijada de las identidades. Mujeres, feminismos y mayanismos en diálogo* (2006) y de la colección Mayanización y vida cotidiana. La ideología multicultural en la sociedad guatemalteca (2007). Es autora de múltiples artículos publicados en distintas revistas nacionales e internacionales. Correo electrónico: aecumess@yahoo.com.

asumen el control político, económico y cultural de una sociedad. En este sistema, los hombres se benefician de la dominación sobre las mujeres al acceder con privilegios a bienes, recursos y servicios producidos en la sociedad (Palencia, 1999). El *patriarcado* como noción analítica ha venido del feminismo, y el feminismo ha nacido en las sociedades definidas como "occidentales", a partir de hacer una crítica a estas mismas sociedades. ¿Si esto es así, el *patriarcado* puede ser un sistema de dominio universal? ¿Las sociedades definidas como no occidentales también son patriarcales? Para responder a esto, podemos observar al menos tres posturas, las cuales pueden considerarse como complementarias.

Rita Segato (2014)[3] asegura que en el tiempo que lleva analizando la situación y condición de las mujeres en distintas sociedades, ha encontrado que todos los mitos de origen subordinan a las mujeres. Y todas las sociedades tienen un relato de origen. Esto no es una cosa menor, pues el relato de fundación llega muchas veces a sacralizarse, por eso es importante preguntarse quiénes hacen ese relato y cómo aparecen las mujeres y los hombres en esa concepción del mundo y de la vida. Si partimos de esta idea de Segato, podríamos decir que todas las sociedades son patriarcales, a menos que demostremos lo contrario. Pero esta idea tan contundente nos lleva a otras preguntas, tales como ¿son los patriarcados todos iguales? ¿No hay acaso temporalización en los patriarcados? ¿El dominio sobre las mujeres ha sido igual en todas las épocas? Y aquí las ideas de Silvia Federici (2013) ayudan a relativizar las generalizaciones. Ella dice que el patriarcado es una construcción histórica; es decir, no es atemporal. En su libro *Calibán y la bruja* muestra que el patriarcado en las sociedades occidentales no siempre ha sido el mismo. En las sociedades primitivas las mujeres tenían un mayor control sobre sus recursos, sus cuerpos y sus vidas, pero el feudalismo, como antecedente del capitalismo, necesitó destruir el poder de las mujeres. El surgimiento del capitalismo requirió de un ataque genocida contra las mujeres a través de la caza de brujas durante los siglos XV y XVI. El sometimiento de las mujeres fue crucial para la implementación de la acumulación

---

[3] Comunicación personal.

capitalista, al colocarlas en el ámbito del trabajo reproductivo, no valorado, pero imprescindible para el trabajo productivo.

La idea que quiero retomar de Federici (2013) es la necesidad de historizar el patriarcado, de comprenderlo en sus temporalidades. Esto me sirve para el caso de las sociedades mayas.

Cosmovisión maya

Luego de haber definido *patriarcado*, ahora quisiera dibujar someramente qué entendemos por *cosmovisión*. Éste es un término contemporáneo usado para definir la concepción del Universo, de la vida y de la muerte y de la interrelación entre seres humanos, naturaleza, animales y seres no definidos como humanos. El término "cosmovisión" fue acuñado por intelectuales mayas y ha tenido una gran capacidad para extenderse; sin embargo, sucede que otras personas indígenas podemos hablar de lo mismo, pero sin utilizarlo, tal es mi caso. No obstante, lo que hago aquí es usar este concepto y darle un contenido analítico. Aunque personalmente no recurro a él, tampoco ataco su uso mientras éste no sea dogmático. Pienso que la potencia de este término radica en que ha sido capaz de desafiar a la visión colonialista que quiso borrar la historia y la memoria larga de las sociedades indígenas. Es decir, recuerda de forma contundente que la vida de las sociedades indígenas no empieza en el siglo XVI, con la invasión castellana.

Ahora, entraré a hablar del *Popol Wuj*. Entre 1554-1558, es decir veinticinco años después del inicio de la colonización, tres hombres pertenecientes a tres de los cuatro linajes fundadores del pueblo kiche' transcribieron el *Popol Wuj* al alfabeto latino. En castellano, como dije antes, *Popol Wuj* significa "Libro del consejo". Éste contiene el relato de origen del pueblo kiche' hasta la llegada de los invasores. El relato que contiene es a la vez mitología e historia. De acuerdo con el antropólogo kiche' Enrique Sam Colop (2011), la versión original debió ser una representación jeroglífica o pictográfica. Los transcriptores anónimos refieren escribir el texto en medio de la persecución de la cristiandad, y lo hacen para que no se olvide la historia de la gente antigua que les dio origen.

A pesar de las múltiples traducciones del *Popol Wuj* y de la cantidad de formas en las que se ha dado su interpretación, el punto que me interesa tratar es muy poco tocado. Dentro de estas excepciones, Dora Luz Cobián publicó un libro llamado *Génesis y evolución de la figura femenina en el Popol Vuj* (1999). En este punto, es fascinante observar cómo las interpretaciones de este libro están influidas por quien lo lee. De esta manera, las interpretaciones varían. Sucede lo mismo que con la Biblia. Por ejemplo, hay una lectura distinta entre quien no problematiza el género y quien sí lo hace, y así podríamos hablar de otros temas más allá del género. Con excepciones, desde la religión cristiana este libro ha sido satanizado. Se le denomina peyorativamente como un texto lleno de mitos irrelevantes. De esta manera, el *Popol Wuj* como texto ha sido alejado de la gente a quien le pertenece.

¿Por qué hablar del *Popol Wuj*? Insisto en que lo hago para desafiar las lecturas colonialistas que entienden a los pueblos indígenas como masas sin pasado y sin historias dignas. No obstante, mucha de la visión del mundo que este libro recoge aún se vive o está presente en las formas de vida de los mayas y en el contenido de varios de los idiomas de estos pueblos. Su vinculación con la realidad actual le da vigencia y, por ello, puede constituirse en una inspiración importante como horizonte político. Sin embargo, mi modo de entender este texto tiene que ver con la forma en que analizo la realidad de los pueblos indígenas, no como sociedades idealizadas, sino como sociedades humanas y políticas constituidas en un proceso histórico, como cualquier otra. De allí que no tengo temor al problematizar las relaciones de poder que cruzan su conformación como sociedad pero, a la par de ello, necesito comprender a qué responden las dinámicas de poder en cada etapa de la historia.

Relaciones hombres/mujeres, femenino/masculino y patriarcado en el *Popol Wuj*

El primer punto que me interesa rescatar del *Popol Wuj* es la noción de *persona* que presenta. Quizás pueda ser insignificante para muchos, pero para mí es potente como cuestionamiento del androcentrismo del mundo occidental que rige nuestras vidas. Me refiero a la expresión *winaq*, que significa "persona" o "gente", y es una idea que tiene actualidad. En castellano, el "hombre", literalmente, es la medida de lo humano, pero en ciertos idiomas mayas, la noción de *persona* no tiene género, es decir, hace referencia a la existencia de mujeres y hombres, de niñas y niños, de ancianas y ancianos. Es también una noción que no deja por fuera la diversidad sexual o la anulación de los cuerpos generizados o sexuados. En efecto, quien no se define como mujer u hombre también es *winaq*; por lo tanto, parece ser una representación del *ser persona* asentada en una idea mucho más plural de la existencia.

Sin embargo, he visto varias traducciones del *Popol Wuj* en donde *winaq* no se traslada como "persona", sino como "hombre". De esta manera, la influencia del androcentrismo de la lengua castellana termina por cambiar de sentido esta pluralidad a la que hago referencia. Por eso, una lectura a partir de la problematización de los géneros es sumamente importante.

El segundo punto al que quiero referirme es el modo en el que se plantea el "mito de origen" de esta sociedad antigua. En la Biblia, Eva fue formada de una costilla de Adán, y ambos fueron creados por un Dios varón. Esta idea del Dios varón también es cuestionada actualmente por las teólogas feministas, pero en gran medida es un pensamiento muy aceptado socialmente. En cambio, el mito de origen kiche' es distinto. La gente o *ri winaq* fue pensada, en principio, por once parejas de deidades y, en su mayoría (no siempre), estas parejas representan lo femenino y lo masculino. La concepción de *pares interrelacionados* es sumamente importante en el pensamiento maya, en contraposición a la idea de un individuo hombre todopoderoso por sí mismo. Estas once parejas hicieron cuatro intentos por crear a la gente, y es hasta la cuarta vez donde "la obra sale bien". Las primeras gentes creadas fueron animales, pero en vista de que no pudieron desarrollar el lenguaje para comunicarse con las deidades, les fue dicho que su habitación serían los bosques, los barrancos y los cerros. En el segundo esfuerzo se intentó con barro; sólo se hizo "una persona", no se dice si fue hombre o mujer. Sin embargo, esta persona no pudo sostenerse por sí misma, no pudo hablar. Entonces las deidades la destruyeron. En el tercer intento las deidades dispusieron dejar la creación en manos de Xpiyakok e Ixmukané, también llamados "deidad del amanecer", "deidad del anochecer", "abuela del sol", "abuela de la claridad", "dos veces concebidora", "dos veces engendrador". Xpiyakok e Ixmukané, simbolizados como hombre y mujer, formaron seres de madera. Éstos hablaron, se multiplicaron, tuvieron hijas e hijos y vivieron por largo tiempo, pero fueron destruidos porque no tenían pensamiento, ni tampoco espíritu, y tuvieron un comportamiento arrogante con todo lo que les rodeaba.

En el cuarto intento de creación fueron convocados, de nuevo, Xpiyakok e Ixmukané, pero Xpiyakok desaparece de la escena y queda Ixmukané, la deidad femenina que crea a los seres de maíz. Nueve molidas dio Ixmukané a las mazorcas amarillas y a las mazorcas blancas. De allí surgen los cuatro primeros hombres. Posteriormente Ixmukané, mediante el mismo procedimiento, creó a las cuatro primeras mujeres, que serán las parejas de los primeros hombres. Un asunto importante aquí es que el *Popol Wuj* otorga un espacio grande para la explicación de la creación de los hombres, mientras dedica pocos trozos a la creación de las mujeres. Con todo, hombres y mujeres han sido creados y formados de la misma manera y con el mismo material: mazorcas blancas y amarillas. Las mujeres no nacen de los hombres. Ambos fueron creados con la idea de complementarse mutuamente (Palencia, 1999).

Estos cuatro hombres y estas cuatro mujeres serán las y los fundadores de los linajes y las *Casas Grandes* o linajes de los kiche'. Las cuatro parejas ocupan las cuatro esquinas: oriente, poniente, sur y norte. Son estas parejas "las que dieron origen a la gente de los pueblos pequeños, de los pueblos grandes". Sin embargo, la última pareja no tuvo descendencia, por lo tanto, quienes escriben el *Popol Wuj* en el alfabeto latino son los representantes de las parejas que sí tuvieron descendencia.

Otro aspecto importante de hacer notar es la centralidad de la interrelación de las diferencias. Nada podría funcionar si las diferencias no se complementan. Los primeros en pensar el origen de lo que existe fueron *Uk'u'x Kaj-Uk'u'x Ulew, corazón del cielo-corazón de la tierra*. Los hombres que escriben el *Popol Wuj* se definen a sí mismos como "madres y padres de la palabra". Hay una suerte de paridad en horizontalidad, por ello se arguye la existencia de la dualidad, la complementariedad y el equilibrio como principios rectores del pensamiento y de la vida de los pueblos mayas. No sólo de las relaciones entre mujeres y hombres, sino de la vida en general. En el idioma kiche', y el kaqchikel actuales, por mencionar dos, esta paridad sigue notándose. En las ceremonias de agradecimiento, por ejemplo, cuando se invoca a nuestros antepasados, se les nombra en paridad, y en donde lo femenino antecede a lo masculino, se dice:

> *Matiox che q'atit-qamama'* / Gracias a nuestras abuelas-abuelos.
> *Matiox che q'ate'-qatata'* / Gracias a nuestras madres-padres.

A pesar de que los pares son el fundamento de la existencia desde las deidades creadoras hasta las gentes creadas, tal parece que las mujeres tienen mayor centralidad como deidades y pasan a un segundo plano cuando son transformadas en seres de carne y hueso (Cobián, 1999). Como humanas, las mujeres siguen presentes y son importantes en la conformación de las *Casas Grandes*, pero la figura política y guerrera de los hombres tiene preponderancia sobre ellas (Cobián, 1999). Así, podría enumerar otras presencias femeninas relatadas en el *Popol Wuj*; no obstante, para no extenderme demasiado, diré que lo que se observa es que se establece paulatinamente una dominación masculina sobre las mujeres que daría lugar a la conformación de un patriarcado. Pero estas dinámicas sociales son interrumpidas abruptamente por el proceso de colonización.

El colonialismo, los pueblos indígenas y las mujeres

La colonización truncó la deliberación interna de las sociedades indígenas (Segato, 2008). Según la arqueóloga Eugenia Gutiérrez (2012), las mujeres en la época "prehispánica" estaban presentes en todos los ámbitos de la sociedad: había reinas, gobernantas, sacerdotisas, escribanas, comadronas, médicas, músicas, etc. Como en las demás sociedades en que había clases sociales, la mayoría de mujeres del pueblo estaban dedicadas a la agricultura, al comercio, a toda actividad importante para la vida de aquel entonces. Aunque los hombres tenían una participación más importante en los distintos ámbitos de la vida, las mujeres no tenían una existencia ligada a la reproducción solamente, sino una participación política que les permitía el cuestionamiento de las jerarquías. Un ejemplo notable es que las mujeres buscaron escribir la historia al igual que lo hacían los hombres. Eugenia Gutiérrez afirma que hay vasijas y escrituras firmadas por mujeres.

Pero la colonización fue un evento que debilitó a las sociedades mayas debido a que construyó una división radicalmente jerarquizada entre mujeres y hombres. Si antes la vida no se podía concebir sin la interrelación de mujeres y hombres, ahora la vida social indígena se construiría no sólo material, sino ideológicamente, en la subordinación de las mujeres respecto de los hombres. Y ¿cómo se produciría este cambio? Mediante tres mecanismos: la violencia, la ley y la religión. Las mujeres fueron sometidas sistemáticamente así: a) De acuerdo con la ley colonial, no podían ser propietarias de bienes ni de sus propias vidas, solamente eran reconocidas bajo la figura del varón, padre o esposo. b) Quedaron anuladas del ejercicio político cuando la ley colonial únicamente reconoció a los hombres indígenas como representantes legítimos de los pueblos de indios. c) Se devaluó su trabajo cuando la ley colonial instauró la figura del "indio tributario", mientras en realidad el tributo colonial era recolectado por las mujeres y los hombres, por las niñas y los niños, es decir, mediante un mecanismo de despojo de la familia indígena en su conjunto. d) Mediante el uso de la religión se buscó eliminar su poder espiritual y material, al perseguir y criminalizar como "brujas" a las mujeres que tuviesen saberes considerados peligrosos para los colonizadores. Es decir, fueron trasladadas a estas tierras las formas de persecución política de las mujeres en Europa. e) Se las redujo al trabajo doméstico y reproductivo para garantizar la vida de los colonizadores.

Así, las mujeres indígenas quedaron transformadas socialmente como sirvientas, y los hombres indígenas como mozos; no por pobres, sino por indígenas. El modo de dominación colonial precisó de organizar y acomodar los cuerpos al utilizar criterios de sexo, raza y posición social para asignarles funciones de privilegios o de servidumbre. De esta manera, el orden colonial, para funcionar en el tiempo, fabricó sistemáticamente "razas de patrones" y "razas de sirvientes". Esta forma de organizar el privilegio y la servidumbre no se tejió entre individuos, sino entre sociedades. Los indios fueron sometidos no como personas individuales sino como colectivos, y fueron reconfigurados bajo una identidad de masa-sirvientes o colectivo-sirvientes como base de la economía política colonial. Para esto fue preciso eliminar sus formas de autogobierno. La identidad y la condición social de sirvientas que las mujeres indígenas adquieren con la colonización fueron refuncionalizadas en la etapa republicana mediante las nuevas lógicas del trabajo forzado.

Por todo esto, es evidente que el sistema de dominio colonial es a la vez un dominio patriarcal. El que se instaura con la colonización no es un patriarcado cualquiera, es aquel cuyo centro y eje es el hombre blanco propietario, figura y materialización de la autoridad. Es verdad que a ciertas élites indígenas se les concedieron determinados privilegios, y hubo hombres indígenas con autoridad sobre muchos otros, pero la gran mayoría de familias indígenas, hombres, mujeres, niñas y niños, fueron sometidos como sirvientes. Así, el patriarca hombre blanco no era solamente dueño de las mujeres blancas, sino también dueño de hombres indígenas, de mujeres, niñas y de niños. Mecanismos como la *encomienda* y el *repartimiento* convertían a las familias indígenas en propiedad de los colonizadores, quienes las administraban a su conveniencia. La casa patronal o casa del colonizador era un centro importante de colonización.

Mi preocupación por comprender esta forma de patriarcado colonial radica en que no podemos pensar que el patriarcado colonial y el patriarcado indígena sencillamente son dos sistemas que se encuentran y se combinan de forma ahistórica. El patriarcado colonial despojó sistemáticamente a las familias indígenas y a los pueblos mismos mientras instauraba un estilo de vida, en donde no era posible la paridad mujeres-hombres. Sin embargo, este patriarcado, en tanto contiene una naturaleza jerarquizada, concedió a los hombres indígenas un poder por sobre las mujeres indígenas y sus hijas e hijos. Quizás fue el único poder que les otorgaba autoridad. Esta autoridad, en gran medida, fue construida alimentando en los hombres el miedo y la desconfianza por el poder de las mujeres.

La colonización de *LO FEMENINO* y *LO MASCULINO* indígena

Puesto que la colonización trajo consigo el patriarcado, a través del cual se ha colonizado el cuerpo de las mujeres "blancas", este mismo sistema colonizó *lo femenino* y *lo masculino* indígenas. *Lo femenino* indígena se coloniza desde el momento en que se supedita a las mujeres indígenas respecto de los hombres en el campo de lo político o lo público. Cuando *lo colonial* se impone, modifica las relaciones sociales, ya que interviene directamente en la estructura de las relaciones de poder, las cuales captura y reorganiza desde adentro, con lo cual se transforman los sentidos. Así, podemos observar que en las estructuras de los idiomas mayas (por ejemplo, en el kaqchikel) se reflejan relaciones entre mujeres-hombres con una lógica horizontal y equivalente (*q'atit-q'ma; q'ate- q'atat*), distinta a la que llegó con la colonización, pero ello no necesariamente rige las relaciones cotidianas actuales entre hombres y mujeres. Es decir, el vocabulario permanece, pero es reinterpretado a la luz de un nuevo orden de poder. De esta forma, el patriarcado colonial no solamente es una condición material, sino un estatuto epistémico violento que ha sido capaz de afectar el sentido de la vida y las relaciones entre mujeres y hombres en el nuevo orden colonial (Segato, 2010) que heredamos hasta la actualidad.

La colonización, entonces, no sólo aleja a los hombres de las mujeres; a la vez resta autoridad paterna y familiar a los hombres indígenas, al igual que a los negros en la esclavitud. Esto también puede entenderse como una forma de castrar simbólicamente a los hombres al privarles de la masculinidad de la que los blancos sí gozaban (Hall, 2010). Puede ser que este proceso violento los haya oprimido en el mundo público, pero los empoderó en el mundo privado, puesto que obligó a los hombres indígenas —como pasó con los negros— a reproducir y exhibir la capacidad de control inherente a la posición de *sujeto masculino* para afirmar su virilidad puesta en entredicho por otros hombres. Ésta ha sido otra manera en que se ha colonizado *lo masculino indígena*. Fanon (1973) y Hall (2010), críticos de la colonización, han hablado sobre ello.

Con esto, lo que menos me interesa es culpar a los hombres indígenas, sino entender los mecanismos mediante los cuales actuamos como sujetos frente al poder, ya que lo mismo opera para las mujeres blancas con respecto de las mujeres negras e indígenas. Gerna Lerner, en *La creación del patriarcado* (1986), plantea que las mujeres blancas mantienen un pacto con los hombres blancos debido a que, si bien los distancian las diferencias de género, los une el privilegio de la *raza*. El pacto no necesariamente es explícito, pero se hace notorio cuando se defienden privilegios raciales. Así, la identidad de género impuesta a las mujeres indígenas se establece no sólo en su relación con los hombres y *lo masculino*, sino frente a la subordinación que mantienen con las mujeres "blancas". De allí que la emancipación de las mujeres blancas esté ligada a la subordinación o esclavitud de las mujeres negras e indígenas, como ya se ha teorizado desde el feminismo negro y los feminismos indígenas.

Con base en este contexto, desde una visión influida por el racismo y el etnocentrismo, el "atraso" de los indígenas conlleva inevitablemente a que "su cultura" sea "más machista", por ser "menos civilizada". Éstas son percepciones que circulan cotidianamente, y dan paso a que las evidencias sobre la problemática de la vida de las mujeres indígenas sean explicadas como el resultado de las relaciones sociales y culturales "entre indígenas", sin observar su vínculo con la forma colonial-patriarcal en cuya base se ha organizado la sociedad guatemalteca. De esa cuenta, ser mujer u hombre indígena, ser mujer u hombre no indígena no es en absoluto ajeno a la configuración colonial de este país. En otras palabras, ha habido una colonización de la masculinidad y la feminidad tanto en mayas como entre quienes no son indígenas, y ésta ha sido una experiencia construida en relaciones sociales y de poder.

Los límites de las visiones culturalistas y esencialistas en la problematización del patriarcado colonial

Cuando a finales del siglo xx los movimientos indígenas lograron articularse como una manifestación con voz propia, surgió la idea de que los pueblos tienen una cosmovisión que los distingue. Esto pone en cuestionamiento las ideas que ubican a los indígenas como colectivos con pensamientos simples producto del colonialismo, la ruralidad y el aislamiento, como se sostuvo frecuentemente con el pensamiento occidental colonialista. Pero el humillante y violento lenguaje colonial (Said, 2001) tuvo como efecto que ciertas dirigencias indígenas, para ser escuchadas, usaran los mismos términos del lenguaje colonial. Trataron de definir a los pueblos indígenas como sociedades armónicas en las que no habría relaciones de poder entre mujeres y hombres.

Negar la existencia de relaciones de poder entre mujeres y hombres en los pueblos indígenas, si bien fue y es una postura defendida en gran medida por los hombres, también ha sido defendida por mujeres, para quienes dar una imagen de cohesión es muy importante. Sin embargo, ha habido otras mujeres cuyo interés y posición política ha sido criticar las jerarquías en la relación hombres-mujeres. Es decir que no se posicionan en ninguna de las tendencias extremas; problematizan la condición de las mujeres indígenas y las relaciones de poder entre mujeres y hombres.

En estas visiones de problematización se ubica mi postura. Me parece que como "estrategia" el esencialismo defensivo tiene la desventaja de promover la demagogia en vez de estimular el conocimiento y la observación constante de la realidad (Said, 2001). El esencialismo, que podría comprenderse como temporal, necesario y estratégico, tiene el perjuicio de presentarse en función de los dominantes. Se construyen imágenes indígenas a costa de sacrificar la realidad. No hay garantía de que de un esencialismo que haya sido abrazado como temporal no termine por convertirse en una especie de verdad absoluta. Aquí, la historización fina de los procesos sociales será fundamental para no quedar atrapados en estrategias defensivas (Mamdani y Said, 2001). En un proceso de descolonización, la historia es un ejercicio de crítica para evitar reproducir los objetos, las ideologías y los argumentos colonialistas (Said, 2001). Esto ayudaría a evitar las ironías de la historia cuando, en lugar de transformar el ámbito político creado por el colonialismo, las luchas indígenas lo confirman voluntaria o involuntariamente (Mamdani, 2003).

Paradójicamente, los esencialismos defensivos indígenas no surgen solamente en respuesta a los discursos hegemónicos coloniales de derecha, también son provocados por las visiones —académicas y políticas— dogmáticas y fundamentalistas de izquierda y feministas anti-indígenas. Allí se esconde un esfuerzo por "integrar y 'civilizar' a los indígenas no muy diferenciado de las matrices ideológicas que el marxismo combatía —el nacionalismo y el liberalismo—, con las cuales comparte una visión evolucionista del devenir histórico, colocando a las sociedades indígenas en idéntico papel de objetos de una misión civilizadora externa" (Rivera Cusicanqui, 2010: 14-15). Desde la ideología de la modernidad colonialista se piensa que *libertad*, *ciudadanía*, *derechos* o *democracia* son propios de Occidente, mientras que *crueldad*, *autoritarismo*, *tiranía* y *machismo* son "naturalmente" no occidentales. De esta manera, la modernidad colonialista es binaria, esencialista, fundamentalista y, por lo tanto, ahistórica.

Todo esto ha generado una actitud de defensa de la cosmovisión y la cultura, como asuntos sagrados. Pero asumir una noción de "cultura" fuera de las relaciones de poder y de la historia acarrearía el riesgo de sublimar incluso aquello que ha ocasionado nuestra subordinación. Por ello, el ejercicio intelectual es importantísimo, pero no suficiente. Es necesario desafiar los privilegios y las opresiones que sustentan nuestra existencia.

Como dice Judith Butler (2001), en todo ser humano el sometimiento es paradójico. Una de las formas en que nos es más familiar entender el poder consiste en ser dominados por un poder externo a uno mismo. Descubrir, sin embargo, que nuestra propia formación —como sujeta— depende de algún modo de ese poder, es algo muy distinto. Estamos acostumbrados a concebir el poder como algo que ejerce presión sobre el sujeto desde afuera, algo que subordina y relega a un orden inferior. Pero, si entendemos el poder como algo que también forma al sujeto, que le proporciona la misma condición de su existencia y la trayectoria de su deseo, entonces, el poder no es solamente algo a lo que nos oponemos, sino también, de manera muy marcada, es algo de lo que dependemos para nuestra existencia y que abrigamos y preservamos en los seres que somos. En otras palabras, el poder nos es impuesto y, debilitados por su fuerza, acabamos por internalizarlo o aceptar sus condiciones. Y sólo terminamos por aceptar sus condiciones cuando dependemos de él para nuestra existencia. Así, el sometimiento consiste en la dependencia a un poder que no hemos elegido, pero que paradójicamente sustenta nuestra potencia.

¿A qué sociedad aspiramos? Pensar la *descolonización* y *despatriarcalización*

Los pueblos indígenas tienen pasado, historia y memoria con los cuales es necesario dialogar para construir lo que queremos ser. La noción de *winaq*, que representa la *pluralidad* y se explica por la interrelación con todo lo que le rodea, es decir, con las ideas de paridad y de interconexión entre mujeres y hombres y de todo lo que es diferente contenidas en el *Popol Wuj*, pueden constituirse en un horizonte político inspirador. Las sociedades indígenas pueden repensarse en un dialogo íntimo con el pasado. Esto significa que la *cosmovisión* y la *cultura* pueden y deben repensarse contemporáneamente con el concurso de todas y de todos.

Concuerdo también con Hall (2010), para quien no es suficiente contentarnos con las indagaciones sobre el pasado de un pueblo para encontrar elementos coherentes que contrarresten las agresiones del colonialismo, empecinado en negar nuestra existencia digna. Un proceso de liberación no es folklor, ni una alabanza al pueblo, ni un populismo abstracto que cree que puede descubrir la verdadera naturaleza de un pueblo. Un proceso de liberación pasa por un conjunto de esfuerzos hechos por un pueblo, en la esfera del pensamiento, con el fin de describir, justificar y elogiar la acción a través de la cual ese pueblo ha creado y se ha mantenido vivo. Comparto con Segato que no es la repetición de un pasado lo que hace a un pueblo, sino la deliberación constante sobre su devenir.

Si algo nos arrebató la colonización, fue la posibilidad de que mujeres y hombres indígenas fuésemos sujetos deliberantes. Me parece que, como estrategia de descolonización, una acción fundamental sería recuperar la capacidad usurpada de tejer los hilos de la historia mediante la deliberación de lo queremos ser (Segato, 2008). En tanto las mujeres indígenas se ubican en el último estribo de la cadena colonial-patriarcal, su lugar es privilegiado para observar las maneras en que se estructuran y operan las formas de dominación. Es decir, su posición asignada por la historia, su experiencia y sus propuestas pueden ofrecer una epistemología renovada que supere las formas fraccionadas de leer la realidad. Las mujeres indígenas tienen una experiencia que reta directamente la estructura social. Su voz es importante, pues no es lo mismo cuestionar el poder desde un lugar de dominación y de lucha que desde múltiples lugares. Estas voces nos dan contribuciones fundamentales sobre cómo leer el poder en su complejidad.

Bibliografía

Cobián, D. L., *Génesis y evolución de la figura femenina en el Popol Vuh*, 1999. Disponible en: [http://books.google.com.gt/books?id=q66PP6yB7d8C&pg=PP1&lpg=PP1&dq=Dora+Luz+Cobi%C3%A1n:+G%C3%A9nesis+y+evoluci%C3%B3n+de+la+figura+femenina+en+el+Popol+Vuh.&source=bl&ots=FcNtmQaF-I&sig=QJomkYt4Vpd--Rk1Ic4FFS9q-gE&hl=en&sa=X&ei=PwQTVMfbB8HkoASFmYL4Bg&redir_esc=y#v=onepage&q=Dora%20Luz%20Cobi%C3%A1n%3A%20G%C3%A9nesis%20y%20evoluci%C3%B3n%20de%20

la%20figura%20femenina%20en%20el%20Popol%20Vuh.&f=false].

Colop, E. S., *Popol Wuj*, Biblioteca Guatemala, Guatemala, F&G, 2011.

Butler, J., *Mecanismos psíquicos del poder. Teorías sobre la sujeción*, Valencia, Cátedra-Universitat de Valencia, Instituto de la Mujer, 2001.

Falla, R., *Popol Wuj. Una interpretación para el día de hoy*, Guatemala, Asociación para el Avance de las Ciencias Sociales en Guatemala (Avancso), 2013.

Fanon, F., *Los condenados de la tierra*, México, Fondo de Cultura Económica (fce), 1973.

Federici, S., *Calibán y la bruja. Mujeres, cuerpo y acumulación originaria*, México, Pez en el árbol / Tinta Limón, 2013.

Gutiérrez, E., "Mujeres mayas en textos jeroglíficos prehispánicos" (conferencia), Red de Feminismos Descoloniales, Centro de Investigaciones y Estudios Superiores en Antropología, 2012.

Hall, S., *Sin Garantías. Trayectorias y problemáticas en estudios culturales*, E. Restrepo, C. Walsh y V. Vich (eds.), Universidad Andina Simón Bolívar Sede Ecuador - Instituto de Estudios Sociales y Culturales Pensar - Pontificia Universidad Javeriana - Instituto de Estudios Peruanos - Envión Editores, 2010.

Mamdani, M., "Darle sentido histórico a la violencia política en el África poscolonial", *Istor Revista de Historia Internacional* 14, 4 (2003).

Mohanty, Ch. T., "De vuelta a *Bajo los ojos de Occidente*: la solidaridad feminista a través de las luchas anticapitalistas" en L. Suárez Návaz y R. A. Hernández (eds.), *Descolonizando el feminismo. Teorías y prácticas desde los márgenes*, Madrid, Cátedra - Universitat de Valencia, Instituto de la Mujer, 2008.

Palencia, T., *Género y cosmovisión maya*, Guatemala, Proyecto de Desarrollo Santiago (Prodessa) - Editorial Saqij Tzij, 1999.

Rivera Cusicanqui, S., *Ch'ixinakax utxiwa. Una reflexión sobre prácticas y discursos descolonizadores*, Buenos Aires, Retazos - Tinta Limón, 2010.

—, "El potencial epistemológico y teórico de la historia oral: de la lógica instrumental a la descolonización de la historia", *Voces recordadas. Revista de Historia oral* 21, 8 (2000).

Said, E. W., *Representaciones del intelectual*, España, Debate, 2007.
—, *Humanismo y crítica democrática. La responsabilidad pública de los escritores intelectuales*, Barcelona, Debate, 2006.
—, *Cultura e imperialismo*, col. Argumentos, Barcelona, Anagrama, 2001.
Segato, R. L., "Género y colonialidad: en busca de claves de lectura y de un vocabulario estratégico descolonial", de próxima aparición en A. Quijano y J. Mejía Navarrete (eds.), *La cuestión descolonial*, Lima, Universidad Ricardo Palma - Cátedra América Latina y la colonialidad del poder, 2010.
—, "Que cada Pueblo teja los hilos de su historia: El argumento del Pluralismo Jurídico en diálogo didáctico con legisladores", ponencia presentada en el Congreso de Antropología Jurídica, Bogotá, 2008.

Genealogía de un discurso racista: mujeres aymaras y opresiones múltiples[1]

ANDREA ÁLVAREZ DÍAZ[2]

Introducción

Este trabajo presenta un análisis de discursos producidos en Chile por diferentes actores sociales, el cual permite comprender la forma en que se han configurado percepciones discriminatorias con respecto de las mujeres aymaras. En particular, el trabajo examina la manera en que dichas percepciones reposan sobre un discurso racista que diferentes actores e instituciones nacionales reproducen en torno del pueblo aymara. Este discurso, a través de la historia, se ha manifestado de diferentes maneras, ya sea con la negación del *sujeto indígena* en su totalidad o de las mujeres indígenas tras el colectivo, o mediante la invisibilización del sector indígena al interior del conjunto de las mujeres. En otros casos, las expresiones de discriminación racista y sexista se evidencian

---

[1] Agradezco al Convenio de Desempeño de la Universidad de Tarapacá (UTA) - Ministerio de Educación, Desarrollo Estratégico de las Humanidades, Ciencias Sociales y Artes en la UTA, por el apoyo y patrocinio a la presente publicación. Agradezco los comentarios a este capítulo del Dr. Gerardo Álvarez, profesor de Lingüística discursiva y textual de la Universidad de Concepción.

[2] Académica de la Universidad de Tarapacá, Departamento de Ciencias Sociales, Iquique, Chile. Doctora en Antropología Social por la Universidad Nacional Autónoma de México (UNAM), magister en Desarrollo Rural por la Universidad Católica de Temuco y psicóloga por la Universidad Diego Portales. Algunas de sus publicaciones son: "Nuevos escenarios de género entre los aymaras del norte chileno" (2017), "Violencia de género y otras violencias: relatos de mujeres mayas en Guatemala" (2016), "Poderes discursos y migraciones en comunidades mayas" (2010), "Práctica complementaria en salud y recuperación del conocimiento tradicional mapuche" (2007), junto con los libros: *Mujeres y Pueblos originarios. Luchas y resistencias hacia la descolonización* (2016), de la editorial Pehuén, y *Caminando juntas hacia la recuperación del* kume mogen *y del* Azmapu (2015), editado por la Universidad de Chile.

en los discursos de manera interseccional, con lo cual se multiplican las formas de opresión hacia las mujeres aymaras.

La selección del corpus discursivo se enmarca en el repaso de información secundaria de una investigación de mayor envergadura, centrada en la realidad social de las mujeres aymaras en la región de Tarapacá.[3] En efecto, es lícito afirmar que el telón de fondo de los escenarios en los que cotidianamente se desenvuelven las mujeres aymaras es el de relaciones inter-étnicas cruzadas por la dominación de clase y de etnia que las sitúa en una cuádruple opresión: la de género, por ser mujeres; de etnia, por ser portadoras de la cultura aymara; la de clase, por ser parte de sectores marginalizados de la economía nacional, y la opresión de la racialización, por llevar en sus cuerpos las marcas fenotípicas, en las que reposa el racismo que persiste en la sociedad chilena contemporánea.

Como señala Yuderkys Espinosa:

> Ya no podemos seguir asumiendo la hermandad e igualdad en la opresión entre mujeres. Ya no podemos concluir, luego de admitir las diferencias, que al final *We are all women*. Continuar haciéndolo, tiene consecuencias políticas para muchas de nosotras, en la medida que sigue ocultando que la opresión que sufrimos no es de un tipo específico, por ser mujeres, si no por ser mujeres racializadas dentro de un tiempo de colonialidad (Espinosa, 2014: 2).

Efectivamente, ya no basta con afirmar que "somos todas mujeres". En el caso de las mujeres aymaras, a estas múltiples discriminaciones que señala Espinosa debe añadirse la situación de *outsiders* (Gavilán, 2005) del pueblo aymara residente en Chile, incorporado por el Estado chileno —junto con su territorio— tras la Guerra del Pacífico (1879-1883). "Ajenos", "extraños", en este nuevo país de pertenencia, mientras que la mayor población aymara habita en territorio boliviano y peruano.

---

[3] Proyecto Fondecyt post-doctorado No. 3130507, "Nuevos escenarios de género entre los aymaras del norte chileno, región de Tarapacá" (2012-2015).

El presente texto desarrolla las siguientes ideas-fuerza: se revisan las variaciones históricas de un discurso racista hacia los y las aymaras, reproducido por instituciones y actores sociales de las regiones de Tarapacá y de Arica, en donde históricamente habita la mayor parte de la población aymara. A modo de genealogía, el documento rastrea la producción sostenida, de diferente manera, de un discurso racista. Se articula esta genealogía con la propuesta de feministas descoloniales y los aportes de las intelectuales afrodescendientes para ayudar a comprender, en nuestra realidad nacional, las formas en las que se reproduce y transforma el discurso racista, imbricado —a ratos— con el discurso sexista, bajo la consideración de que ambos ejercen opresiones que se constituyen en epistemes centrales de la modernidad occidental (Curiel, 2014). Como lo señala Aura Cumes, "el patrioterismo criollo y anti-indígena nos ha dicho insistentemente que la colonización es una etapa superada, algo que debe quedar como un viejo y lejano recuerdo" (2014: 62). El silenciamiento que se logra ante la mantención y reproducción de lógicas coloniales, aún en el presente, como neocolonialismo, permite y sustenta cierta "impunidad en que la colonización es presentada como misión civilizatoria" (Rivera Cusicanqui, 2010, citada por Cumes, 2014: 62).

En una primera sección se revisan discursos producidos respecto de los "indígenas" y los mecanismos discursivos que sustentan la racialización social en Chile. Allí las mujeres aymaras son invisibilizadas, como mujeres, tras el colectivo "indio", "aymara", y son, de esa manera, objeto de una discriminación racial y étnica indiferenciada en términos de género.

Posteriormente, entre el *corpus discursivo* se incluye la discusión parlamentaria desarrollada entre 1945 y 1948, con los argumentos que sustentaron la aprobación del derecho a voto de las mujeres chilenas. Nos parece que se devela aquí la construcción de un imaginario social respecto de la "mujer chilena" como un sector homogéneo, que no hace mayores distinciones de clase ni de etnia; un discurso que tiende a la hegemonía y que, en su producción argumentativa, no considera la diversidad de realidades sociales de las mujeres, y es coadyuvante, entonces —como dispositivo discursivo—, en la invisibilización de sectores subalternos de la sociedad chilena.

En términos históricos, el periodo analizado se cierra con la argumentación discursiva y el debate desarrollado en instancias judiciales entre 2010 y 2012, suscitado por el juicio a una mujer aymara, pastora, debido a la muerte accidental de su hijo de 4 años. Se elige este hito como cierre por su característica emblemática de abuso y etnocentrismo de la justicia chilena, que da cuenta de la persistencia de la mirada colonial, patriarcal y racista hacia las mujeres aymaras en la actualidad.

De los discursos analizados: *La pureza de la sangre y la discriminación explícita*

Investigaciones sobre la formación histórica de los grupos dominantes en Latinoamérica, como la desarrollada por Marta Elena Casaús (2007), han permitido comprender las modalidades de vinculación de las élites con el poder político colonial y postcolonial hasta nuestros días, a través del establecimiento de alianzas matrimoniales endogámicas. A estas élites coloniales y coloniales-republicanas debemos la configuración racializada y etnizada, de manera jerárquica, de nuestras sociedades latinoamericanas hasta la actualidad.

En este sentido, llama la atención en la obra de Marull Bermúdez, *Historia de la antigua provincia de Tarapacá*, que este autor describa la conformación de la localidad de Pica, en 1538, con realce en la pureza de la raza española, presente por cuatro siglos en ese pueblo del norte chileno (en ese entonces, parte del territorio del Corregimiento de Arica, del Virreinato del Perú):

> Lo verdaderamente extraordinario y digno de mención es que este fértil oasis haya sido el lugar de asentamiento indemne de un núcleo humano de esclarecida estirpe, formado exclusivamente por descendientes de españoles. Este grupo de familias se mantuvo sin mezclas de otras razas o grupos étnicos durante cuatro siglos. Las principales familias "terratenientes", de esa pequeña pero selecta so-

ciedad española de Pica, solamente se emparentaron entre sí. Los apellidos De la Fuente, Lecaros, Bustamante, Loayza, Almonte, Olcay, Bustos, Zamudio, Figueroa, García, Quiroga y otros, mantuvieron su linaje y pureza étnica durante generaciones agregándose a ellos, excepcionalmente algún extranjero, tales como el inglés Billinghurst o el alemán Sloman. Hoy esa pureza étnica ya no existe (Marull Bermúdez, 1969: 86 y 87. Énfasis del autor).

Este discurso de "la pureza étnica" —obsérvese— concibe la presencia de poblaciones de otro origen étnico como un daño, un perjuicio, del que esta población estaría "indemne". Al no haberse mezclado, este grupo humano de "esclarecida estirpe" pudo mantener inmaculado "su linaje" hispánico.

Es común a estas élites, además, inventarse una condición de nobleza que viene a confirmar la pureza de sangre (Casaús, 2007). En este caso se inventa un supuesto título de marqués otorgado al Sr. Miguel de Loayza, fundador de la familia de ese nombre, afirmación en la que el propio historiador ha de reconocer la carencia de fundamento histórico: "Algunos afirman que jamás fue concedido a la familia Loayza, y otros afirman que el 'Marquesado de Pica' se ha motivado en la existencia de una familia de apellido Marquezado, que vivió en el pueblo y poseyó importantes propiedades" (Marull, 1969: 87). De este modo, "en tanto las élites coloniales han sido artífices de las instituciones y las ideologías, su sistema de pensamiento y de mundo ha logrado constituirse como dominante en estas sociedades"[4] (Cumes, 2014: 63).

Si avanzamos en la historia del territorio de Tarapacá, posterior a su anexión por parte de Chile, y nos situamos en el periodo de auge del Ciclo salitrero, observamos que, en los campamentos, dentro de la población obrera hubo una diferenciación social y

---

[4] Una interesante investigación sobre linajes familiares en Pica y alrededores describe la presencia de españoles, "indios" y afrodescendientes en los fundadores del pueblo, y el importante grado de mestizaje y los procesos de hibridación que se produjeron. Para profundizar, se sugiere revisar el libro: J. Alflorino, *Familias fundadoras de Matilla y Pica*, Arica, Universidad de Tarapacá, 2018.

física, por procedencia étnica y/o de nacionalidad de los sujetos.[5] La Comisión Parlamentaria, que visitó la zona salitrera en 1913, identificó al indígena boliviano al interior de los campamentos salitreros con el prejuicio de rigor, y señaló:

> La zona norte de Tarapacá está poblada por trabajadores bolivianos, que forman la mayoría del elemento obrero en esa región, y tiene también los peores campamentos, los más viejos, estrechos y desaseados. Se ve en ellos que las basuras y los desperdicios se recogen de tarde en tarde y sólo para amontonarse a corta distancia de las habitaciones. Los chiqueros y porquerizas (donde se crían los puercos, los chanchos) están en común con éstas, y el mal olor es casi siempre insoportable para quienes no sean sus habituales pobladores. [...] El trabajador boliviano es casi siempre un indígena en estado de semi-barbarie: vive en común con los animales, duerme con ellos, y cuando en algunas oficinas se han hecho porquerizas y corrales especiales, algo distantes de los campamentos para evitar el desaseo, [pues] ese trabajador burla la vigilancia de los guardianes nocturnos del campamento y va al corral y substrae sus cabros y cerdos para hacerlos dormir en su propia habitación (Comisión Parlamentaria 1913, citado en González 2002a: 42).

En este discurso se identifica a los trabajadores "indígenas" del norte de Tarapacá como "bolivianos" —"la mayoría del elemento obrero de esa región"—. Es decir, se les identifica con un concepto que condensa ciudadanía nacional y origen étnico, homologando "boliviano" con "indígena". No es posible hoy verificar lo que vio dicha Comisión en 1913, pero es posible presumir que son en parte trabajadores aymaras que habitan el territorio chileno,[6] y en parte, trabajadores de nacionalidad boliviana, migrantes, obreros

---

[5] Para el análisis en detalle de la presencia trinacional (peruana, boliviana y chilena) en la entonces Provincia de Tarapacá, véase S. González, *(Pay) Pampa: La presencia boliviana e indígena en la sociedad del salitre*, 2017.

[6] Los pueblos aymaras ubicados entre 30 a 50 km de distancia de las salitreras más próximas liberaron alrededor de un 40% de su población como mano de obra para las faenas salitreras (González, 2017).

en las salitreras. Sea como fuere, lo esencial es que se argumenta que "el indígena [...] vive en un estado de semi-barbarie", "en común con los animales", lo que conforma la dicotomía racista que impone la visión "blanco-civilizado" vs. "indígena-bárbaro".

Con el paso del tiempo, el discurso racista dejó de ser monopolio de las élites para expandirse a todos los campos de la vida social. En el año 1933, durante el periodo de declive de la extracción salitrera, que coincidió con el inicio del periodo de alfabetización y escolarización de la población aymara, la directora de la Escuela de Poroma sostenía con respecto de algunas enfermedades en el Altiplano chileno:

> Estas epidemias han sido importadas desde Bolivia, haciéndose ya endémicas en estos pueblos [del Altiplano] donde la falta absoluta de higiene y el estado tan primitivo en que se vive, juntamente con el vicio tan tradicional de la coca [hoja de coca] y la pésima alimentación de que disponen, han sido y son factores para el incremento de ellas, habiendo continuos casos de idiotez y muchos de tuberculosis que han exterminado familias enteras. El espíritu de estas gentes es indolente y rudimentario, supersticioso, y muy poca evolución han tenido física y moralmente ni tan siquiera en sus costumbres, conservando las tradicionales creencias y fatalismo del indio aborigen y primitivo (citado en González, 2002a: 251).

En este tipo de discursos, se ha convertido en sentido común la visión del "indio aborigen" como un ser "primitivo", y se expone el modo en el que la modernidad occidental se organizó —progresivamente— en un orden social establecido entre "colonizadores civilizados" e "indios incivilizados", el cual legitimó e institucionalizó el derecho de los "civilizados" a despojar, esclavizar, controlar y dominar, a matar a los "incivilizados". Así lo confirma el discurso institucional de la policía respecto de su relación con el pueblo aymara, durante los años treinta, al apropiarse del imaginario civilizatorio:

> En aquellos sectores del interior [de Tarapacá], donde todos sus habitantes los constituyen indios sin las más rudimentarias nociones

de civilización, los carabineros, tanto con la palabra como con el ejemplo, están constantemente introduciendo en dicha gente hábitos de higiene y de cultura en general (Carabineros de Chile, Prefectura de Tarapacá No. 1, 1936, citado en González 2002a: 58).

El derecho a sufragio femenino: el discurso de la igualdad

El año 1949 inaugura para las mujeres chilenas su participación cívica, a través del derecho a sufragio, que hasta entonces estaba restringido a las elecciones municipales. La campaña por el derecho a voto de las mujeres representa, en efecto, un hito importante en la lucha por los derechos de la mujer en Chile. Con todo, es lícito preguntarse hasta dónde y de qué manera este hito significa realmente un cambio en la ciudadanía de las mujeres aymaras, y si esta demanda de derechos cívicos se restringe solamente a sectores de la sociedad chilena que gozan de privilegios de clase y etnia.

En 1945, la población del país superaba los cinco millones de habitantes. Sin embargo, "en las elecciones presidenciales de ese año, sólo votaron 419,930 varones (es decir, 70% de los inscritos en los Registros Electorales), cifra que equivale al 8.4% de la población" (Gaviola *et al.*, 1986: 68). Los y las excluido/as de los sufragios de 1945 fueron: la totalidad de la población femenina y el porcentaje de hombres que no supiera leer y escribir.

El derecho a voto para las mujeres en las elecciones municipales había sido introducido en 1931, mediante el Decreto Ley que Carlos Ibáñez del Campo creó, en el que regían las restricciones de edad (21 años) y de acceso a la educación formal. En 1934, durante el gobierno de Arturo Alessandri, se dictó la Ley 5.357, que otorga a las mujeres el derecho a elegir y a ser elegidas en los comicios municipales (Pardo, 2001).

El proyecto de reforma constitucional que finalmente consagrará el derecho a voto de la mujer en las elecciones a nivel nacional se presentó en 1945, pero no será aprobado sino hasta 1949. En la discusión general de esta última reforma, gran parte de los parlamentarios señalaron que la exigencia de "saber leer y escribir" constituía una "injusticia que debía ser reparada". No obstante, observamos que la mayor parte de la argumentación se refiere al derecho a voto de las mujeres, en su condición de género. Más de alguno señaló que ese derecho ya estaba consagrado (y que por lo tanto no era necesaria ninguna reforma): "Ya se otorgó a la mujer chilena el voto comunal y, seguramente, casi todas las mujeres capaces de sufragar están ya inscritas en los registros municipales" (Senador José Maza, 1946).[7] Para ahondar en la construcción de un discurso excluyente, en función de la clase y la etnia, presentaremos algunos elementos del discurso político de los parlamentarios, a favor del derecho a voto de las mujeres.

El proyecto inicial que se discutió fue redactado por las dirigentes del Movimiento Pro Emancipación de la Mujer Chilena (MEMCH), Elena Caffarena y Flor Heredia,[8] y sufriría posteriormente varias modificaciones. Uno de los primeros elementos que se destaca en el discurso histórico en favor del voto femenino es la evidente influencia de la Ilustración en los procesos de estratificación socio-raciales (Castro-Gómez y Grosfoguel, 2007), que reposa de manera significativa en lo que Quijano denomina *lógica de la razón imperial* (Quijano, 2000):

> El sufragio universal impondrá el imperio de la razón sobre la universal inequidad que oprime al presente a la mujer, y la igualdad se hará a despecho de los privilegiados que pretendan aún dominarla.

---

[7] Todas las intervenciones de los parlamentarios fueron extraídas del archivo de la Biblioteca del Congreso Nacional de Chile, del documento "Historia de la Ley 9.292. Modifica la Ley General sobre Inscripciones Electorales en su texto refundido en la forma que señala (Concede voto político a la mujer)". Para facilitar la revisión histórica, las citas en este artículo mencionan el nombre del parlamentario y el año, más que la repetición de este mismo documento.

[8] Para un análisis del movimiento de mujeres en torno al derecho a voto femenino, véanse los textos de J. Kirkwood, *Ser política en Chile*, 2010 [1982]; Gaviola *et al.*, *Queremos votar en las próximas elecciones. Historia del movimiento feminista chileno 1913-1952*, 1986; D. Eltit, *Crónica del sufragio femenino en Chile*, 1994; J. Errázuriz Tagle *et al.*, "Discursos en torno al sufragio femenino 1865-1949", entre otras autoras.

Los aluviones de la industria asegurarán un día el bienestar de todos; la ciencia tardía de la equitativa distribución de la riqueza señalará a la mujer una remuneración apropiada a sus facultades y a sus esfuerzos que garantice su cabal independencia (Senador Martínez Montt, citando la convención del Partido Democrático de Chile de 1889).

Obsérvese que a este "discurso de la razón" se agrega el "discurso del progreso (económico)": "los aluviones de la industria", "la equitativa repartición de la riqueza", "una remuneración apropiada" que garantice "su cabal independencia". La "mujer" (entidad indivisa), en tanto beneficiaria del progreso económico, obtendrá su identidad socioeconómica y, por lo tanto, su identidad cívica. Discurso de fines del siglo xix del que están ausentes, sin duda, los clivajes de clase: no todas las mujeres acceden en la misma proporción a la "distribución de la riqueza" y a sus consecuentes beneficios materiales y simbólicos (cultura, educación, alfabetización).

Este sesgo ideológico sigue presente en la discusión parlamentaria de 1947. En efecto, la mayor parte del debate se refiere a "las mujeres", a "la mujer chilena", o "al 51% de la población nacional". Sin embargo, en los hechos, se hace referencia a un sector de la población femenina: aquel que tenía acceso a la lectura y escritura; en el que evidentemente las mujeres aymaras, en esos años, no estaban incluidas.

Negación por ausencia, la mujer indígena está excluida de esta discusión. La segmentación de clase, aunque no sea nombrada como tal, está presente en estos discursos: se habla de una mujer que logra igualdad económica con el varón, que participa en la actividad cultural del país; pero "el tema indígena" no existe. Ni la segmentación étnica ni la distinción de etnia son aún temas presentes en las producciones discursivas de ese momento histórico. Como diría Michel Foucault (1971), para que una proposición sea aceptable dentro del discurso autorizado, tiene que formar parte del universo discursivo de la época, entrar en el horizonte teórico de ese momento histórico. En este sentido, la discusión política plantea reiteradamente la idea evolucionista del "progreso iluminado" de la mujer como medio para estar a la par del varón:

Desde que se concedieron a la mujer posibilidades para su cultivo espiritual se han titulado 7,950 mujeres en toda clase de actividades, ya sea en el campo de las profesiones liberales o de las profesiones sub universitarias. Esta especie de escala ascendente en el orden de la perfección cultural ha culminado con algo que es honra para los chilenos: tener una mujer como Gabriela Mistral (Senador Jirón, 1946. Discusión en sala del proyecto de Ley).

Sin expresarlo de manera directa, es evidente que todo este debate se apoya en una distinción basada en la categoría de "clase". No sólo "la mujer" ha ascendido en el orden de "la perfección cultural", sino que ha logrado superar a muchos hombres incultos con derecho a voto. Desde los sectores más conservadores de las butacas de la Cámara Alta surgieron argumentos que expresaron una clara discriminación social, con el fin de justificar la obligación "lógica" de ceder a las presiones de cierta "equidad de género":

> No somos entusiastas del sufragio universal. Creemos, como Napoleón III, que es una necedad que dará la vuelta al mundo, según sus proféticas palabras. Colocados en la imposibilidad de aplicar los correctivos necesarios al sufragio universal, nos vemos estrechados, por la lógica estricta, a concederlo al sexo femenino. No es posible darlo al hombre inculto que solamente dibuja una firma y que carece totalmente de ideas sobre el gobierno de los pueblos y, al mismo tiempo, negarlo a la mujer instruida y educada que cumple en la sociedad con su rol fundamental de formar hombres en todos sus aspectos (Senador Correa Letelier 1946: 209).

Marginalmente, son los senadores socialistas y comunistas los que explicitan, en sus intervenciones, la condición de clase que excluye a las "analfabetas" del derecho a voto que la ley en discusión establecerá:

> Al amparo de este artículo se cometen abusos en contra de los obreros y se les impide ejercer su legítimo derecho a inscribirse en los Registros Electorales. ¿Por qué continuar manteniendo nosotros esta especie de examen inquisitorial respecto a los candidatos a ins-

cribirse? Creo que basta el hecho de que sepan firmar para que tengan derecho a opinar como ciudadanos, y más aún en el caso de las mujeres (Senador Torres, 1946: 108).

Paradójicamente, aunque un senador recurre en su argumentación a los derechos concedidos en países del Norte a los pueblos indígenas, no se menciona en ningún momento de la discusión parlamentaria a los indígenas chilenos, y menos a las mujeres indígenas del país:

> En una república democrática, como la nuestra, todos los ciudadanos mayores de veintiún años, sepan leer o no, debieran tener derecho a voto. ¿Qué culpa tiene aquí una mujer o un hombre de ser analfabeto, cuando sabemos muy bien que ahora mismo no hay escuelas suficientes para que se eduquen? En países más adelantados que el nuestro, no ya en cuestiones electorales, sino en cualquier campo de actividades, se acepta como firma la impresión dígito pulgar. He visto en Estados Unidos, por ejemplo, que los indígenas descendientes de los "pieles rojas", que ni siquiera hablan bien el idioma inglés, realizan transacciones de miles de animales, y estas operaciones las formalizan mediante una simple impresión digital en el documento respectivo. ¿Qué tiene que ver, por lo demás, la conciencia de un hombre o de una mujer, su capacidad para votar por un candidato, con que sepa o no leer y escribir? (Senador Grove, 1945: 108-109).

Nótese que este parlamentario señala que existen, en otros países, pueblos indígenas con derecho a voto, aunque muchos de ellos ni siquiera hablen el idioma oficial; pero no hace la menor alusión a la similar existencia de "pueblos indígenas" —que hablan otras lenguas— en su propio país. Una vez más, este hecho subraya que la dimensión étnica está invisibilizada en el "universo conceptual" del Chile de mediados del siglo XIX.

En este mismo sentido, cabe destacar la intervención de un parlamentario socialista que, al impugnar a un parlamentario de derecha con respecto a una alusión al voto femenino en Guatemala, demuestra su desconocimiento de la discriminación que en ese país se ejerció con el acceso universal al voto sobre la población maya femenina (Álvarez, 2012):

> Quiero decirle a Su Señoría que en la Constitución Política de ese país (Guatemala) de 1945, que es una de las más avanzadas del Comité, se reconoce el derecho de sufragio universal a los hombres y mujeres, alfabetos o analfabetos, e indígenas inclusive (Senador Godoy, 1946: 211-212).

En efecto, lo que el senador socialista Godoy omite, y muy probablemente no sabía, es que la Constitución de Guatemala de 1945 otorgó el derecho a voto a los "varones analfabetas" y a las mujeres "alfabetas". Lo que significa que "las mujeres analfabetas quedaron legalmente fuera del derecho a sufragio, en una época en la que el 96% de las mujeres mayas no sabían leer ni escribir, lo que evidencia la construcción jurídica de sujeto discriminado, de manera diferencial según clase, género y etnia" (Álvarez 2012: 70-71).

Sin embargo, el argumento de parlamentarios socialistas y comunistas para aprobar la ley de sufragio —sólo para la mujer alfabetizada— fue el no demorar el despacho de la misma en consideración a que ya existía acuerdo en las dos Cámaras. Habría sido necesario en ese momento realizar una modificación constitucional para derogar la restricción de voto para mujeres y hombres que no sabían leer ni escribir. Así, no fue sino hasta el gobierno de la Unidad Popular (UP), de Salvador Allende Gossens, que se logró ampliar la ley de sufragio a la población analfabeta, con lo cual fueron incluidos hombres y mujeres, y se favoreció principalmente a las mujeres indígenas que mantenían niveles significativos de analfabetismo. Efectivamente, según el censo de 1970, un 10.8% del total de las mujeres chilenas era analfabeta (respecto de un 9.5% de la población masculina en las mismas condiciones), pero, en sectores rurales, la cifra de analfabetas de sexo femenino alcanzaba un 24.7%.

En 1949, al ser promulgada la Ley No. 9.292, las mujeres aymaras de la región de Tarapacá habitaban mayoritariamente en la Cordillera y Precordillera, y eran monolingües del idioma aymara. No fue sino hasta la década de los cincuenta que irrumpió la figura de la escuela pública en las comunidades de la Alta Cordillera, con la llegada —a lomo de mula— de los primeros maestros fiscales (de lengua castellana). Lo anterior no significa, por supuesto, como lo indica González (2002a), que la comunidad andina recién comenzara en esa década a tener una relación permanente con la costa urbana. Efectivamente, se ha documentado que entre finales del siglo XIX y comienzos del XX, "los aymara regularizaron sus propiedades de valles y altiplano, bajando a pie desde los poblados como Isluga y Cariquima (ubicados a más de 3,000 msnm) hasta el Puerto de Pisagua para inscribir sus tierras, y reinscribirlas; rol asumido principalmente por los varones aymaras" (González, 2002a: 22).

Lo que se quiere enfatizar aquí es la relación desigual y desventajosa en la que se encuentran las mujeres aymaras con respecto de las demás mujeres chilenas para ejercer su derecho a voto y el conjunto de sus derechos ciudadanos, como el acceso a la justicia cuando éste es condicionado por la adquisición de habilidades de lectoescritura, en lo que era para ellas un segundo idioma.[9]

El discurso pedagógico

Otro eje relevante para el análisis de la genealogía del racismo hacia los/as aymaras, lo constituye el discurso de los y las maestras, que no escapó a esta norma excluyente que hemos presentado, aunque con otros matices.

El discurso pedagógico como violencia social emerge en Tarapacá con los y las maestros/as desde la misma anexión de la Provincia a Chile. La mirada "civilizatoria" de los maestros pretendió erigirse como una "salvación" del estado de barbarie en que vivirían los pobladores de la provincia de origen peruano, estado del

---

[9] Para un análisis del contexto normativo constitucional chileno y la exclusión del derecho de sufragio, véase: A. Álvarez y H. Vilches, "Desigualdad jurídica y exclusiones étnicas y derecho de sufragio: Estudio normativo y socio-cultural con mujeres aymaras de Tarapacá", INTERCIENCIA 44, 3 (2019).

cual el nacionalismo chileno, junto a sus aparatos estatales (en especial la escuela) lograrían redimir al sujeto tarapaqueño no chileno (González, 2002b). A fines de los años 1950, un inspector del distrito de Cancosa se refería a su labor "civilizatoria" a través de la enseñanza del castellano, que legitimaba el desarraigo del idioma aymara:

> El aymara se ha generalizado, y la población infantil el año pasado viajaba a Bolivia para recibir instrucción primaria. [...] Desistimos de eso, por razón que sentimos vergüenza, ya que parecíamos implorando educación ante un país extranjero, cuyas autoridades frecuentemente llegan hasta Cancosa y se imponen del inconfortable espectáculo que presenta una población donde el (idioma) aymara se ha generalizado (Diario *El Tarapacá* 1958 citado en González, 2002a: 88).

Para este inspector, "la generalización de la lengua aymara" constituye "un inconfortable espectáculo", ya que la "aymarofonía" se presenta como lo "no chileno", y por lo tanto, caracteriza a una población que debe viajar al país vecino para recibir educación en su lengua. La erradicación de la lengua aymara se inscribe así en un ideal civilizatorio anclado principalmente en términos lingüísticos, como lo ratifica un maestro normalista:

> Había un concepto, que había que castellanizar, ésa era la norma en ese tiempo, como que había que erradicar el aymara y hacer que todos hablaran castellano para que se entendiesen con las autoridades de Tarapacá. Era una política errada en ese aspecto, ésa era la norma de ese tiempo. Pero sí se conservaban las tradiciones; nosotros aprendimos las ceremonias, respetamos todos esos asuntos, de las bendiciones, de las supersticiones que tenían (citado en González, 2002a: 255).

Existe un relativo consenso sobre el impacto negativo de la Escuela Fiscal entre las comunidades andinas debido a los contenidos positivistas y modernizantes de los programas y acciones pedagógicas. El paradigma normalista modernizante que se aplicó en el norte del país tenía una clara misión "chilenizadora", por cuanto, la población aymara era poseedora de una deuda histórica debido a su cercanía cultural con Bolivia. Ahora bien, la acción de la escuela pública, como agencia reproductora del mandato del Estado nacional, se aplicó en el norte, con la población aymara, utilizando violencia física, pero sobre todo violencia simbólica. No hay que olvidar que la acción de *chilenización*[10] fue parte de una política de Estado orientada a instalar entre la población los valores patrios, lo cual significó un énfasis por borrar aquellos elementos culturales que pudieran identificar a las personas aymaras con los países vecinos: Perú o Bolivia, territorio de importante presencia aymara y quechua. Los objetivos de la política pública en educación, en ese territorio, eran: alfabetizar a la población y consolidar la soberanía del territorio.

> Esa lengua, el aymara, no era chilena; eso era boliviano. Por lo tanto, había que despojarse de ella. Y no solamente de eso, sino de todas sus formas de costumbres: su música, su vestimenta, su comida... Todavía había que despojarse de eso porque eso era boliviano, era "un delito"... No había ningún papá que decía "Pucha hijo, tienes que aprender esto...". Ninguno. Yo no sé hablar aymara porque a mi mamá no le enseñaron precisamente por eso, porque no había que hacerlo, porque eso era malo. Incluso hubo muchos colegios donde era fuerte la imposición, y a los niños, los profesores les pegaban si los encontraban hablando... No les aguantaban que hablaran una palabra en aymara, cualquier cosa, lo cacheteaban, los mandaban (entrevista a dirigente oriundo de Cancosa, febrero 2013).

Ahora bien, los efectos de la política de Estado de chilenización fueron duraderos en el sistema educacional, al punto que incluso

---

[10] *Chilenización*: Como tal, abarca el periodo entre 1907 y 1930, con presencia política y militar represiva del Estado chileno. La población, por esta combinación de coacciones e incorporaciones, cambió de manera evidente. A partir de la década de 1930, fueron aplicadas políticas de integración menos rígidas, sustentadas en la educación y castellanización de los campesinos aymaras, tampoco logradas plenamente. A este periodo se le conoce como del "Estado docente".

tiñen el contenido textual del material didáctico utilizado durante la segunda mitad del siglo xx. La antropóloga J. C. Slootweg se abocó a indagar la presencia (menciones o fotografías) de hombres y mujeres indígenas en textos escolares chilenos, y concluyó que:

> La presencia de los grupos indígenas chilenos en los textos escolares de las asignaturas de castellano, historia y geografía y ciencias sociales, en el periodo entre los años 1960 y 1990, destinados a alumnos de entre 11 y 14 años de edad, es muy escasa. Lo que revela que el currículum oculto de la enseñanza chilena en los últimos 30 años, destinado a alumnos de este grupo de edad, ha tenido y tiene enfoques etnocéntricos, promoviendo implícitamente actitudes de subestimación de los grupos indígenas chilenos y de superioridad de la cultura occidental. La presencia y contribución actual de los grupos indígenas chilenos a la sociedad constituye lo que denominamos *currículum nulo*, o invisibilizado (Slootweg, 2000, citada en González 2002b: 24).

El discurso pedagógico repercute con mayor fuerza fuera del aula, y de ese modo lo enfatiza Sergio González:

> Cada mañana de lunes, los niños escuchan y cantan el himno nacional. Cada 21 de mayo, 18 de septiembre y en cada aniversario local, las bandas de *lakitas* desfilan marcialmente frente a las autoridades. La palabra apela a la razón. Los textos de estudios argumentan la importancia de los valores nacionales y la vida citadina, pudiendo los estudiantes entenderlo, creerlo o no. Pero las rondas en los patios, los juegos, los gestos del profesor, el desfile de las autoridades, la bandera y el escudo patrio, la actitud de los adultos frente al aymara boliviano o al *chipalla*, apelan al nuevo culto: el culto de Chile. Y Chile es el Estado, es la escuela, es el retén, es la municipalidad, es la Zofri,[11] y donde hay un Chile más grande es en la ciudad (González, 2002b: 26).

Para esta concepción, Chile es la lengua española, podemos agregar. Y el Estado es monolingüe y monoétnico. Por más que la

---

[11] Zona Franca de Iquique, liberada de impuestos.

ciencia del lenguaje identifique dentro de este territorio lenguas originarias como el kawéskar, el mapudungun, el rapanui o el aymara, que cuentan con abundantes estudios científicos; por más que los diversos censos constaten la presencia constitutiva en este territorio de grupos étnicos no hispánicos, el prejuicio racial dominante tiende a invisibilizar en el material didáctico de la segunda mitad del siglo XX estos diversos constituyentes de la nación. Esta negación lingüística de un pueblo repercute luego en la negación de sus derechos como seres humanos: derechos cívicos, derechos ciudadanos, derecho a la instrucción, acceso a la justicia.

El discurso jurídico

Instalados los dispositivos de poder que han reproducido una ideología racista basada en la lógica civilizatoria con la primacía de la cultura occidental, persisten en la actualidad discursos y actos racistas que se filtran a través de los intersticios en los imaginarios sociales de actores institucionales. Esta lógica persiste a pesar de la aplicación de políticas públicas orientadas hacia la interculturalidad en el ámbito de la salud y de la educación desde los años noventa, y suele cristalizarse en casos emblemáticos como el de Gabriela Blas, una mujer aymara enjuiciada y condenada a prisión por 12 años, acusada de la muerte accidental de su hijo menor de edad. Se trata de un caso extraordinario, en el que la justicia chilena condenó a una pastora aymara en un proceso sin precedentes, desamparándola de sus derechos más elementales como ciudadana.

En el año 2007, la joven aymara pastoreaba acompañada de su hijo de 4 años de edad, cuando tuvo que ir en búsqueda de dos llamos[12] que se habían extraviado a una altura de 3,900 msnm; animales por los que la pastora debía responder, pagando un monto de 30,000 pesos chilenos por cada animal a su dueño quien, por su parte, le pagaba 3,000 pesos chilenos por cuidarlos. Ella relata que dejó a su niño en el *aguayo* (tela colorida ancestral en que lo trans-

---

[12] Camélidos propios de la zona sur andina que, junto con las alpacas, han sido criados ancestralmente por los pueblos de aquella región.

portaba) y con un par de juguetes, diciéndole que iba por esas dos llamas y que no se moviera. Regresó, pero nunca más lo encontró. No hubo olvido, pero la acusaron de matar a su hijo sin probar que hubiese sido intencional. Cuando al año encontraron el cuerpo, no se pudo determinar la causa de muerte (Torres, 2012). Gabriela Blas fue detenida y encarcelada después de un breve juicio por el delito de abandono con resultado de muerte de su hijo.

Mientras Gabriela Blas estaba en prisión preventiva, es decir, antes de ser condenada, el Servicio Nacional de Menores de la Región de Arica y Parinacota (órgano dependiente de Ministerio de Justicia) hizo los trámites para que el tribunal diera en adopción internacional a su hija mayor, sin tomar contacto con la madre ni con su familia. Aunque en Chile la adopción internacional es un mecanismo utilizado luego de fracasar la búsqueda de parejas nacionales, o ante situaciones de incapacidad real de la madre o de sus familiares, en este caso no se respetaron dichas instancias previas y la niña fue entregada a un matrimonio en el extranjero. Tampoco se esperó la condena para hacer efectiva la adopción de su hija primogénita.

En septiembre de 2008, Chile ratificó el Convenio 169 de la Organización Internacional del Trabajo (OIT), lo cual permitió que, en abril del 2010, se volviera a abrir el juicio, ya que la defensa había invocado el convenio solicitando su libertad, pero esto fue rechazado. En ese entonces, la directora del Instituto Nacional de Derechos Humanos (INDH) afirmaba, sin embargo, que la sola persecución penal de Gabriela Blas por el delito de abandono evidenciaba un acto discriminatorio, por cuanto se la trataba de manera diferente al resto en su situación, sin que existiera una justificación razonable para ello (Diario *La Nación*, 2012).

Por lo demás, la argumentación que se esgrimió en contra de la pastora Gabriela Blas refleja de manera patente la imbricación de opresiones, de clase, etnia, raza y género, como lo señala en entrevista al diario *La Nación* la directora del INDH:

> La falta de acceso a la justicia que ella padeció es una muestra de una situación generalizada que afecta a las mujeres indígenas por parte de un sistema legal (judicial y administrativo) que no considera sus

específicas condiciones socio-culturales y que ha sido incapaz de revertir un modelo histórico de discriminación (*La Nación*, 2012).

Efectivamente, uno de los debates del juicio giró en torno a la pertinencia de considerar a Gabriela Blas culpable en función de su condición étnica. Sin embargo, su condición de pertenencia a un pueblo originario fue cuestionada por parte del abogado acusador, quien la homologó a "deprivación cultural":

> Gabriela Blas fue al colegio "hasta sexto año básico", trabajó nueve meses como "empacadora de tomates en Azapa", también en un restaurante en Zapahuira "donde sostuvo relaciones de pareja con los camioneros que pasaban". Hizo un reclamo en la Dirección del Trabajo por no pago de sus cotizaciones, "trámites que no podría haber efectuado una persona con deprivación cultural" (léase "no inserta en la cultura occidental, no civilizada") (Galaz, 2012).

La caricaturización que construye este argumento jurídico respecto de las mujeres indígenas es patente en la sección del fallo en el juicio en su contra, que indica:

> En su casa, la Policía de Investigaciones encontró prendas femeninas y documentación en el lugar, tales como toallas higiénicas y su carnet de previsión en salud (Fonasa), lo que refrendaría su no pertenencia al pueblo aymara (Galaz, 2012).

Como se observa, la construcción de su pertenencia étnica y de género es elaborada por el abogado querellante a partir de dos supuestos conceptuales que cosifican al sujeto femenino aymara de manera anquilosada. Por un lado, reposa en un esencialismo étnico, que reduce la condición aymara a un aislamiento total de la sociedad dominante chilena.

Sin embargo, lo que el argumento del abogado no considera es que "no se es indígena por naturaleza, sino por la acción de una historia colonial que fue etnizando y racializando las diferencias, con un propósito claro de dominación" (Cumes, 2014). Historia que, en el caso de la aymara Gabriela Blas, reifica y actualiza en su expresión neocolonial una diferencia cosificada que refuerza las jerarquías raciales y de género.

En este sentido, el argumento discursivo más tajante en contra de la pastora es el de la fiscal Javiera López, quien sostuvo que "no cumplió su rol de garante de la seguridad de su hijo", y que habría actuado "incluso contra las leyes de la naturaleza, que son roles transculturales, que van con el contenido genético y biológico de la madre" (Torres, 2012). En el mismo sentido, otro magistrado que apoyó su condena argumentó que "Gabriela Blas tuvo una conducta anómala para una madre, independiente de su origen étnico. [Para los aymaras], las conductas aceptables que se refieren al cuidado que una madre debe dar a sus hijos, en nada difieren a las de otras culturas" (*El Mercurio*, 2010).

Como puede verse, la forma de desarrollar las funciones asociadas al cuidado y protección de los hijos, es decir al rol materno, está, en este discurso analizado, vacío en cuanto a su contenido étnico, y reducido a determinaciones de orden biológico y hasta genético que portarían las "mujeres-madres", independientemente de su origen social, económico y cultural. Es precisamente por ello que podemos hablar de la actualización de un discurso racista, que se afirma y sustenta en una negación de la condición étnica de Gabriela que nos retrotrae a los inicios de la genealogía aquí desarrollada, pero ahora reproducida a principios del siglo XXI.

Una de las nociones que nos ayudaría a comprender este "anacronismo" de la justicia chilena al condenar a Gabriela Blas es la de *multiculturalismo neoliberal*, que ha sido propuesta para describir la forma diferenciada en que el reconocimiento cultural opera al beneficiar no a todos los indígenas dentro de una determinada sociedad, sino, de manera especial, a un sector pequeño a costa de la continua marginación de los demás. Así, en vez de eliminar la desigualdad racial, como promete la retórica multicultural, las reformas apoyadas en el modelo de multiculturalismo neoliberal perpetúan y tienden a agudizar las jerarquías raciales (Hale, 2005).

Conclusiones

Hemos argumentado, desde el análisis del discurso dominante (producido por algunas narrativas históricas, salubristas, policiales, políticas, educativas y legales), la forma en que se imbrican los procesos sociales y culturales con el orden de género. Hemos querido precisar la forma en que éstos se han alternado, en términos históricos y territorializados, de acuerdo con las dimensiones de estratificación socioeconómica (o de clase), a los procesos de racialización y a posicionamientos de etnicidad en la sociedad regional nortina de Tarapacá.

Una de las principales afirmaciones que nos permite la genealogía histórica del discurso racista institucional es que, por su sistematicidad, persistencia y congruencia interna, las expresiones racistas analizadas (a modo de muestra de un universo mayor y más denso) no constituyen expresiones individuales, grupales o de ciertos funcionarios públicos. La reconstrucción de una genealogía de este tipo permite más bien sostener que se trata de una ideología racista (Van Dijk, 2003) que ha perseverado desde tiempos coloniales hasta el presente, y que sostiene imaginarios sociales, actitudes y discriminaciones racistas cotidianas contemporáneas.

La postergación invisibilizada de la gran mayoría de las mujeres aymaras al derecho a voto "universal", en 1949, así como la reproducción de una ideología racista que permea las relaciones interétnicas con el pueblo aymara, realzan opresiones articuladas entre sí. En este sentido, no se trata de una sumatoria, ni de agregados de variables tales como género, clase, etnia y raza, lo que permitiría comprender algunos escenarios socio-históricos en los que las mujeres aymaras de Tarapacá se desenvuelven en su vida cotidiana. Conceptualmente, se necesitaría más bien de una perspectiva que supere la interseccionalidad (siempre compuesta por "secciones" que se intersectan) y que apueste a una matriz de entendimiento compleja, fluida y en movimiento, que sitúe estas categorías en una continuidad género/etnia/raza/clase operando de manera simultánea, favoreciendo la comprensión en otro nivel de la compleja realidad social.

Bibliografía

Alfrorino, J., *Familias fundadoras de Matilla y Pica*, Arica, Universidad de Tarapacá, 2018.

Álvarez, A., *Conflictos conyugales y violencias sociales entre los mames de Colotenango, Guatemala*, tesis para optar al grado de Doctora, Instituto de Investigaciones Antropológicas, Universidad Nacional Autónoma de México, 2012.

Biblioteca del Congreso Nacional (s/f), Historia de la Ley 9,292. Documento, Santiago.

Casaús Arzú, M. E., *Guatemala: linaje y racismo*, Guatemala, F&G Editores, 2007.

Castro-Gómez, S. y R. Grosfoguel, *El giro decolonial. Reflexiones para una diversidad epistémica más allá del capitalismo global*, Bogotá, Instituto de Estudios Sociales Contemporáneos (Iesco) - Siglo del Hombre Editores, 2007.

Cumes, A., "'Esencialismos estratégicos' y discursos de descolonización" en M. Millán (ed.), *Más allá del feminismo: caminos por andar*, México, Red de Feminismos Descoloniales, 2014, pp. 61-86.

Curiel, O., "Los aportes de las mujeres afros: de la identidad a la imbricación de opresiones. Un análisis decolonial", conferencia magistral presentada en el Ciclo de Conferencias *Reflexiones desde el Sur del mundo. Género y etnicidad*, Santiago, 2014. Disponible en [https://www.youtube.com/watch?v=lF_3ygwasHI&feature=youtu.be] (consultado el 10 de septiembre, 2014).

El Mercurio, "Jueces declaran culpable de la muerte de su hijo a la pastora aimara Gabriela Blas", 2010. Disponible en [http://diario.elmercurio.com/detalle/index.asp?id={c4e-68ca9-8e4f-48c0-a954-6ae935fc3965}] (consultado el 19 de febrero, 2015).

Espinosa Miñoso, Y., "Feministas antirracistas teorizando la trama compleja de la opresión", conferencia magistral presentada en el Ciclo de Conferencias *Reflexiones desde el Sur del mundo. Género y etnicidad*, Santiago, 2014. Disponible en [https://es.scribd.com/document/222677936/Espinosa-Yuderkys-2014-El-Feminismo-Antirracista-Teorizando-La-Multidimensionalidad-de-La-Opresion] (consultado el 24 de febrero, 2015).

Foucault, M., *El orden del discurso*, Ciudad de México, Tusquets, 1999.
Galaz, G., "La historia no contada de la pastora aymara condenada por extraviar a su hijo", Centro de investigaciones periodísticas, 2012. Disponible en [http://ciperchile.cl/2012/06/01/la-historia-no-contada-de-la-pastora-aymara-condenada-por-extraviar-a-su-hijo/] (consultado en agosto, 2013).
Gavilán, V., "Representaciones del cuerpo e identidad de género y étnica en la población indígena del norte de Chile", *Estudios Atacameños* 30 (2005), pp. 135-148.
—, "Buscando vida: Hacia una teoría aymara de la división del trabajo por género", *Chungará. Revista de Antropología chilena* 34 (2002), pp. 101-117.
Gaviola, E., X. Jiles, L. Lopresti y C. Rojas, *Queremos votar en las próximas elecciones. Historia del movimiento femenino chileno 1913-1952*, Santiago, Centro de análisis y difusión de la condición de la mujer - La Morada, Fempress - Ilet, isis, Librería Lila, Pemci - Centro de Estudios de la Mujer, Santiago, 1986.
González Miranda, S., *Chilenizando a Tunapa. La escuela pública en el Tarapacá andino. 1880-1990*, Santiago, Dirección de Bibliotecas, Archivos y Museos, 2002a.
—, "Violencia en los Andes de Tarapacá: una reflexión teórica", *Diálogo andino* 20/21 (2002b), pp. 247-272.
—, *(Pay)Pampa: La presencia boliviana e indígena en la sociedad del salitre*, Santiago, ril, 2016.
Hale, Ch., "El protagonismo indígena, las políticas estatales y el nuevo racismo en la época del 'indio permitido'" en *Paz y democracia en Guatemala: desafíos pendientes. Lucha contra la discriminación y el racismo*, Memoria del Congreso Internacional de Minagua "Construyendo la paz, Guatemala desde un enfoque comparado", 27, 28 y 29 de octubre de 2004, 2005, pp: 51-66.
Hernández Castillo, A., "Descentrando el feminismo. Lecciones aprendidas de las luchas de las mujeres indígenas en Guatemala y Diálogos e identidades políticas: génesis de los procesos organizativos de mujeres indígenas en México, Guatemala y Colombia" en A. Hernández (ed.), *Etnografías e historias de resistencia. Mujeres indígenas, procesos organizativos y*

nuevas identidades políticas, México, Centro de Investigación y Estudios Superiores en Antropología Social (CIESAS) – Universidad Nacional Autónoma de México (UNAM) - Programa Universitario de Estudios de Género (PUEG), pp. 15-126.

La Nación, "Organizaciones de DDHH esperaban indulto total para mujer aymara", 30 de mayo, 2012. Disponible en [http://www.lanacion.cl/organizaciones-de-ddhh-esperaban-indulto-total-para-mujer-aymara/noticias/2012-05-30/194353.html] (consultado el 8 de julio, 2014).

MARULL BERMÚDEZ, F., *Historia de la antigua provincia de Tarapacá*, Santiago, 1969.

PARDO, A., "Historia de la mujer en Chile. La conquista de sus derechos políticos en el siglo XX (1900-1952)", *Revista latinoamericana de ensayo*, año XIX (2001). Disponible en [http://critica.cl/historia/historia-de-la-mujer-en-chile-la-conquista-los-derechos-politicos-en-el-siglo-xx-1900-1952] (consultado el 24 de febrero, 2015).

QUIJANO, A., "Colonialidad del poder y clasificación social", *Journal of World-System Research* VI (2000), pp. 342-386.

TORRES, O., "David Cameron y Gabriela Blas" (2012). Disponible en [http://www.uchile.cl/portal/noticias/noticias-por-unidad/facultad-de-ciencias- sociales/departamento-de--antropologia/82570/david-cameron-y-gabriela-blas] (consultado en diciembre, 2015).

VAN DIJK, T. A., *Racismo y discurso de las élites*, Barcelona, Gedisa, 2003.

CAPÍTULO III

Espiritualidad indígena y feminismos descoloniales

SYLVIA MARCOS[1]

Para desestabilizar las certezas de un pensamiento instalado en el llamado *racismo cognitivo* que impera en varias prácticas sociales, políticas y de género, se impulsan nuevos campos de análisis. En este artículo, proponemos revisar el concepto de *espiritualidad* y sus relaciones ambiguas (y a veces contradictorias) con todo aquello que se ha denominado *religión* o "prácticas religiosas". En América Latina, y particularmente en México, este concepto de *religión* está prominentemente identificado con las creencias y devociones del catolicismo.

En ese sentido, es imprescindible emprender una revisión para incursionar en caminos analíticos que permitan ampliar, con rigor sistemático, nuestros criterios sobre lo que se puede o debe denominar "religión", "religiones", "religiosidad" y "espiritualidad". La pregunta clave se podría formular así: ¿Cómo desenmarañar la "espiritualidad indígena" como se vive hoy, del concepto general de "religión"?

Esta temática no puede estar más al día. Hoy, las más de 500 comunidades del Congreso Nacional Indígena (CNI) que reciben

---

[1] Sylvia Marcos es una académica, profesora e investigadora universitaria comprometida con los movimientos indígenas de las américas. Con posdoctorado en Sociología y Antropología de las Religiones por la Universidad de Harvard, es impulsora de la revisión en el campo de la epistemología feminista, la hermenéutica feminista descolonial, las religiones mesoamericanas y del papel de las mujeres en los movimientos indígenas, y del seminario permanente Género y Antropología, Instituto de Investigaciones Antropológicas (IIA), UNAM. Ha publicado ampliamente sus investigaciones en revistas especializadas, y entre sus libros se encuentran: *Tomado de los labios: género y eros en Mesoamérica*; *Cruzando fronteras, mujeres indígenas y feminismos abajo y a la izquierda*; *Religión y género: Enciclopedia Iberoamericana de Religiones*; *Gender/Bodies/Religions*; *Indigenous Voices in the Sustainability Discourse*.

y forman parte del Concejo Indígena de Gobierno (CIG), del cual María de Jesús Patricio es la vocera, nos comunican sus formas propias de espiritualidad, de ceremonialidad y ritualidad, imbricadas en sus relaciones espirituales y materiales con la tierra y el territorio. El universo de lo sagrado aparece estrechamente vinculado y fusionado con la tierra/territorio y presenta fusiones y atribuciones genéricas poco estudiadas o comprendidas. Todo esto impacta de forma profunda las luchas que emprenden las comunidades y los pueblos en la defensa de sus territorios desde sus colectividades.

¿Cómo entender esta espiritualidad? y ¿qué tiene que ver con las posturas de los feminismos descoloniales? Por años, he sido profesora visitante en varios institutos de posgrado en universidades de Estados Unidos, Canadá, América Latina. En los departamentos de Estudios de las Religiones (*Religious Studies*) de estos institutos, había un interés sociológico y antropológico por comprender y sistematizar las formas de concebir la religiosidad de los pueblos. En un seminario reciente con la teóloga feminista Marilú Rojas Salazar, escuché algo insólito: ella discurrió explicando cómo el concepto de *Dios* en los varios cristianismos es un concepto colonial. ¿Qué nos quería decir? Sería quizás un desvío discursivo ahora, y no es el tema de este artículo, pero ella presentó un análisis profundo fincado en su sabiduría bíblica, filosófica y crítica. Su provocación configura uno de esos temas pendientes por revisar exhaustivamente a futuro.

Trataré de concretar la ruptura epistemológica que nos concierne ahora entre dos mundos referenciales:

1. Lo que general o convencionalmente se denomina *religión*, con la conceptualización frecuentemente implícita de un Dios antropomórfico, varón todopoderoso y dominante, y
2. el mundo al que nos convoca la ritualidad encarnada indígena hoy, que es lo que denominamos aquí como "espiritualidad".

En una de las declaraciones finales de la Primera Cumbre de Mujeres Indígenas de América, celebrada en Oaxaca en 2002, leemos: "para los pueblos indígenas, su espiritualidad y sus manifestaciones no se consideran una religión" (2002: 143), "la espiritualidad es una de las herramientas fundamentales en la sobrevivencia de nuestros pueblos" (2002: 123) y la *espiritualidad* es "la visión cósmica de la vida" (2002: 147).

Y en la región de los rarámuris en Chihuahua, Ricardo Robles [reportado por la experta en derechos indígenas Magdalena Gómez (*La Jornada*, octubre 2008)] cita las voces que disienten contra el espectáculo turístico impuesto por el poder del Estado-gobierno en su territorio, declarando: "para nosotros, la danza no es para divertir a la gente, la danza de matachines es *como* rezar. Nosotros rezamos cuando danzamos". Semejante afirmación la he escuchado hace unos días de Doña Magdalena Durán García, mazahua y concejala del CIG.

Además de precisar muy sistemáticamente los pasos, los ritmos y la concatenación de los signos corpóreos, ella afirma, se reza bailando y se baila para rezar. ¡Qué universos de sentido, abismos conceptuales hay que salvar para poder acercarnos a esta espiritualidad! Y ¿qué quiere decir "rezar", una expresión vocal de la devoción vivida con palabras y gestos corporales? Sirvan estas citas como introducción al análisis epistémico que trataré de presentar. ¿Qué quiere decir que "bailando se reza"? Y ¿qué nos dice el que la *espiritualidad* no sea una religión, sino una visión cósmica de la vida?

En varios trabajos anteriores, me he dedicado a descifrar esos mundos espirituales que no son religiosos de manera estricta (Marcos, 2012). Para *desencastrar* la espiritualidad de los pueblos del concepto católico de "religión" específicamente, podríamos apelar, en un primer momento, a su ausencia de mediadores privilegiados, como son los sacerdotes, que necesariamente son sólo varones. Se une a lo anterior su concepto de un Dios trascendente que, además, es representación masculina y dominante a quien obedecer calladamente y de quien aceptar todo "porque Él así lo quiso".

Ya en los inicios de la invasión de América, soldados, conquistadores y cronistas extendieron el uso del término "religión" en sus escritos al detallar ejemplos no cristianos, es decir, cuando describieron las civilizaciones de Mesoamérica (Smith, 1995:

702-703). Es evidente que la complejidad ritual y el espesor simbólico de ritos y ceremonias, en esta parte del mundo antiguo, los indujo a referirse a ellos como una "religión".

Sin embargo, en mi descripción y análisis del *pensamiento encarnado* (Marcos, 1998), he procedido a desenmarañar lo que significa una *espiritualidad encarnada* de lo que se entiende como una "serie de creencias y prácticas de las religiones" cristianas —católicas, específicamente—. En éstas, la materia y el espíritu, el cuerpo y la mente, el ser y el hacer, pertenecen a universos no sólo opuestos, sino frecuentemente antagónicos.

Desde un análisis filosófico

Uno de los ejes para explicar filosóficamente estas particularidades de la "espiritualidad", desde un punto de referencia descolonizante, consiste en comenzar por desbancar los *referentes naturalizados* al fondo de las estructuras mediante las cuales percibimos, conocemos y ordenamos el mundo. Es imprescindible iniciar con unas referencias básicas al bagaje filosófico inscrito (*ingrained*) en nuestro modo de conocer, ver y saber. La *colonialidad del saber* pervive en nuestras formas de percibir y ordenar nuestro entorno, y se invisibiliza ante el carácter axiomático de las "evidencias" propias de nuestro medio.

En contraste, se ha llamado "epistemologías del Sur" (Boaventura de Sousa Santos, 2011) a aquellas que buscan rescatar los conocimientos producidos del lado donde prevalece la exclusión colonial. Estos conocimientos hasta ahora invisibilizados, suprimidos y frecuentemente ridiculizados ofrecen la fuente de nuevos caminos para transformar al mundo. No en vano, estos conocimientos aparecen en los reclamos de las organizaciones indígenas como demandas de "derechos" (Memoria, "Primera Cumbre de Mujeres indígenas de América", 2003). Es en ellos que los sentidos más profundos de la *espiritualidad* se pueden encontrar: "los pueblos originarios [...] son quienes más oportunidad tienen de sobrevivir la tormenta y los únicos con la capacidad de crear 'otra cosa'" (sci Galeano, 2016).

El dualismo naturaleza-sociedad (tanto como otros dualismos en nuestro pensar), que postula que la "humanidad" es algo totalmente independiente de la naturaleza y que ésta es, a su vez, igualmente independiente de la sociedad, ha conformado nuestra manera de pensar el mundo y nuestra inserción en él, por lo que pensar de modo alternativo es casi imposible. Esto tiene fundamento en una de las dicotomías cartesianas que, a su vez, tiene una concepción fundamentada en la dicotomía naturaleza-sociedad o naturaleza-humanidad. El predominio de la separación absoluta entre naturaleza y sociedad ha tomado el carácter de evidencia en el ámbito científico y filosófico.

Hoy está demostrado que esta separación, por absurda que pueda parecer, fue la condición necesaria para la expansión del capitalismo. Sin tal concepción, no habría sido posible conferir legitimidad a los principios de explotación y apropiación sin fin que guían la empresa capitalista desde el principio. Sólo en la economía, el crecimiento sin fin es el objetivo, en otros ámbitos, como la biología, se le denomina "cáncer". Esto permitió, por un lado, que la naturaleza se transformara en un recurso natural incondicionalmente disponible para la apropiación y explotación por el ser humano y en su beneficio exclusivo. Por otro, todo lo que se considerara "naturaleza" (particularmente las mujeres) podría ser objeto de apropiación en los mismos términos. Es decir, la naturaleza, en sentido amplio, abarcaba seres que por estar tan cerca del mundo natural (por ejemplo, por el hecho de dar la vida), no podrían considerarse plenamente capaces y humanos. La "inferioridad natural de las mujeres" emerge de este postulado.

Podemos así concluir que la comprensión cartesiana del mundo, con su dualismo de categorías mutuamente excluyentes y jerarquizadas, estaba implicada hasta la médula en la transformación capitalista, colonialista y patriarcal del mundo. No es posible imaginar una práctica transformadora que resuelva estos problemas sin otra comprensión del mundo, libre de las certidumbres basadas en los dualismos dicotómicos cartesianos.

Esa otra comprensión debe rescatar el sentido común de mutua interdependencia entre humanidad, sociedad y naturaleza, tierra, territorio, y las relaciones entre la naturaleza humana y todas las otras "naturalezas", tales como la animal, la vegetal, la pétrea, la cósmica. La humanidad es inherente a la naturaleza y a la tierra. En palabras de un maestro de la Escuelita Zapatista, en el Centro Indígena de Capacitación Integral - Universidad de la Tierra Chiapas (Cideci-Unitierra, 2013): "La tierra, ella es la vida, no es la tierra la que nos pertenece, sino que nosotros le pertenecemos a ella".

Los conocimientos producidos por los pueblos indígenas son ajenos al dualismo cartesiano y, por el contrario, conciben formas de comprensión del mundo —como explicaría el Subcomandante Moisés: "Como lo pensamos al mundo", durante la reunión "El pensamiento crítico frente a la Hidra capitalista" (EZLN, 2015)— que hacen posibles prácticas de transformación que logren liberar conjuntamente al mundo "humano" y al "no humano". Es en esta dimensión que se coloca uno de los sentidos profundos de la "espiritualidad" indígena:

> Hay que resistir al capitalismo desde sus premisas y principios más íntimos [afirmé, en la reunión zapatista *El pensamiento crítico frente a la Hidra capitalista*]. Es decir, revisar aquello que generalmente escapa a nuestro ojo crítico porque forma parte íntima de cómo pensamos al mundo y vivimos la vida. Propongo desmontarlo desde adentro y desentrañar aquellos útiles con los que el ser humano moderno se construye y reconstruye a sí mismo desde una estructura dual y binaria (Marcos, 2016: 16).

Revisaré brevemente algunas de las particularidades de la espiritualidad indígena que revelan este más allá de los dualismos cartesianos o, mejor dicho, la prevalencia de una dualidad fluida de opuestos y complementarios como estructura básica de la percepción del mundo. Es lo que he llamado el *dispositivo perceptual Mesoamericano* (véase S. Marcos, *Mujeres, indígenas, rebeldes, zapatistas*, EON, 2013: 22-24). Según María de Jesús Patricio, vocera del Concejo Indígena de Gobierno, escuchamos:

> A todos ellos: gobierno, empresas y narcotraficantes, les estorbamos los pueblos vivos que creemos que la tierra es sagrada y el agua

nuestra vida, pues en ella está también la memoria de lo que somos y de lo que fuimos. [Y ella añade:] El gobierno piensa que no tenemos memoria, pero los que somos pueblos, naciones o tribus indígenas estamos hechos de los pasos de nuestros antepasados y así nos hemos mantenido vivos resistiendo al despojo de la tierra, a los megaproyectos, como los acueductos, la minería, o los gaseoductos, las eólicas que traen la muerte... para nuestras familias, nuestras culturas, para nuestras formas organizativas, y para nuestros pueblos (Patricio, 2018).

Una espiritualidad encarnada en la tierra sagrada

Desde la Primera Cumbre de Mujeres Indígenas de las américas, a finales del 2002, escuchamos estas clarificaciones:

> La espiritualidad de los pueblos indígenas ha sido concebida como una religión, pero para los pueblos indígenas su espiritualidad y sus manifestaciones no son consideradas una religión... [Sin embargo, en las etnografías] se encuentran muchos textos y expresiones donde se aborda la espiritualidad indígena [como si se tratara de] religiones indígenas (Memoria, 2003: 146).
>
> Estos principios y valores basados en la visión cósmica de la vida, por los ancianos y ancianas de lugares con menos influencia de la Modernidad y del cristianismo [...] han sido fundamentales para la sobrevivencia y permanencia de los pueblos indígenas a lo largo de la historia (Memoria, 2003: 147).

Siguiendo la revisión filosófica que iniciamos arriba, el dualismo cartesiano que pervive, inclusivamente implícito, como parte de las certezas del pensamiento moderno capitalista, se esconde en la mayoría de todos nuestros axiomas y referencias filosóficas, y es cuestionado y desbancado por varios de los principios clave de esta espiritualidad indígena. La llamada *colonialidad del saber* se constituye como una ceguera ante otras formas de conocer.

Podría hablarse de esta espiritualidad indígena como de *cosmovivencias* (C. Lenkersdorf, 2008) fincadas en la fluidez de los contrarios. La espiritualidad es, ante todo, un conjunto de prácticas encarnadas, con su correlato de presencias comunitarias compartidas, en el que se expresa la identidad colectiva de los pueblos. Es la fuerza comunal que retroalimenta el contacto con la tierra al afirmar éste *estar aquí* junto al agua, o en la cima de la montaña, y resurge también al interior de las cuevas sagradas. La espiritualidad indígena no es una serie de ejercicios individuales, mentales, silenciosos, meditativos en aislamiento; acontece en un cuerpo que, poroso y dúctil, engloba al cosmos fundiéndose en él.

Es una visión cósmica que vincula en fluidez los seres todos de la tierra: humanos y no humanos, y que al expresarse revive la tierra y a los colectivos que están en ella. Es lo que se siente vibrar en reuniones y celebraciones zapatistas en Oventik y en otros lugares de los espacios indígenas al momento de celebrar su ritualidad colectiva. Cada cual en su lugar en el cosmos, cada quien en su espacio compartido, inmersos en el todo colectivo. Esta ceremonialidad expresa la interdependencia del ser humano con su entorno y con cada uno de los demás celebrantes. Su inserción vital en la tierra, el firmamento (cielo), el agua, los vientos. Nada le es ajeno, y esta fusión cósmica es perceptible colectivamente y se vive en las celebraciones.

Así, hablamos de una práctica comunitaria colectiva, sonora, encarnada, móvil, gestual, a través de la cual se interconectan todos los elementos de la naturaleza, del territorio. Es en donde se fortalecen los lazos del vivir comunal y se reviven los vínculos con cada uno de los elementos de la naturaleza: tierra, sol, luna, agua, viento... Se vive esta espiritualidad terráquea, ajena a espiritualidades desencarnadas, ajena a individualismos de caminos espirituales inmateriales. Esta espiritualidad funde al ser con el cosmos y simultáneamente con el colectivo humano que lo circunda, y más allá con el mundo de los finados (*deceased*), que se presentan y se perciben siempre al lado.

Todo este amasijo de elementos propulsados forma un vórtice que es también la forma cómo se concibe el cuerpo en el pensamiento mesoamericano (López Austin, 1984). La imagen (metáfora) de un vórtice que absorbe y expele, expresa la multiplicidad en movimiento, pero centrada en lo plural de múltiples elementos que son, a la vez, unidad. La dualidad fluida entre opuestos, como referente filosófico, permite comprender esta pluralidad en la unidad como se vive en los pueblos. Esta espiritualidad está siempre oscilante entre los polos, los extremos: entre la materia y la mente (*espíritu*), entre la singularidad y la colectividad, entre lo femenino y lo masculino, entre lo cósmico lejano (el *sol* y el *firmamento*) y el *aquí* encarnado del *yo* en colectivo, entre los tiempos del ayer con los *ancestros* (finados) y el hoy con todo el pueblo vivo.

Es la expresión de *cosmovivencias* (Lenkersdorf, 2008) que se encuentran también en los ritos de las asambleas comunitarias cuando se logra el "acuerdo". "Hay acuerdo", nos dicen, y lo expresan con reverencia, casi como estar frente a la personificación de un ente sagrado. Y ese acuerdo del colectivo es la señal formal de la existencia de una comunalidad espiritual encarnada. Nos remite históricamente al "Dios del cerca y del lejos" que Miguel León-Portilla descifró en sus estudios sobre filosofía nahua (León-Portilla, 1999; 1993: 44-46). Por su parte, Marilú Rojas considera inapropiado recurrir al concepto europeo de *Dios* o de *Diosa* en el contexto de la espiritualidad mesoamericana. Ella propone que ni Dios ni Diosa, sino "una entidad sagrada colectiva". La colectividad danzante reza de esta forma.

La espiritualidad forja dimensiones políticas

La espiritualidad crea el *núcleo básico colectivo organizado* que está en los cimientos de la *política desde abajo*. Aunque la espiritualidad forje demandas políticas es, en sí, una propuesta "política". No existe sin la organización colectiva. La serie de reuniones en donde Marichuy se presentó en territorio zapatista, en los 5 caracoles, fue una expresión iluminadora. "Es la hora de las mujeres". Las mujeres llegaron como enjambre, bulliciosas y en montón circundaban a Marichuy. Muchas de ellas, como las mujeres presentes en Oventik, blandían en sus manos bastones de mando. Fueron sólo mujeres que hicieron la recepción a los participantes, y puras mujeres iniciaron las ceremonias; sólo mujeres tomaron la palabra. Era el tiempo de las mujeres. Una expresión renovada del pensamiento emancipador, diría un colega zapatista.

Fue un momento de fusión y luego de oscilación entre los opuestos —que deja espacios intermedios en su flujo permanente—. Por momentos, horas, días, prevaleció sólo uno de los polos: el femenino. Es la "hora de las mujeres" y sólo en ellas y con ellas se manifestó. La ausencia de dicotomías cartesianas en el pensamiento de quienes organizaron las etapas de este recorrido se observó todo el tiempo que duró la gira.

Aunque se detuvo prolongadamente en el polo habitado por mujeres y sólo mujeres, se escuchó también "es el tiempo de los pueblos", y esto se repetía en cada uno de los pasos por territorio zapatista. El enfoque fluía de un polo al otro, de un género al colectivo del pueblo presente, aunque prevaleciera significativamente en el de las mujeres. La simultaneidad y la fluidez de opuestos sin jerarquía se pudieron leer en las prácticas políticas de esas mujeres zapatistas, afincadas, todas estas acciones, en un pensamiento analógico diverso que escapa a las categorías mutuamente excluyentes. De nuevo, estaban presentes los polos en conjunción móvil.

La polaridad entre lo masculino y lo femenino es sólo uno de los tantos opuestos que se articulan, se encuentran y se reúnen y oscilan y se separan por momentos en ese fluir constante y en estas prácticas espirituales encarnadas. Se combinan lo colectivo y lo singular, el ser y el hacer, lo humano y la naturaleza.

Una experiencia político-espiritual

Lo político y lo espiritual se funden también en el registro ante el Instituto Nacional Electoral (INE) de la vocera. El 14 de octubre de 2017, María de Jesús Patricio se presentó ante dicho Instituto para inscribirse formalmente como aspirante a candidata independiente a la presidencia de México. Estaba acompañada por una multitud en su apoyo, de ciudadanos provenientes de sectores varios de México: luchadores sociales, artistas e intelectuales reconocidos.

¿Por qué llegó María de Jesús Patricio a registrarse ante el INE arropada en indumentaria ritual de su región nahua? Porque invocaba, "sin palabras", el referente de su hacer comunitario espiritual. No eligió llegar como candidata electoral urbana vestida de acuerdo con las expectativas citadinas; no iba a transformarse en otro más de las y los candidatos electorales, sino a tratar de cambiar ese evento secular viciado. Proponía transformarlo e infundirle la fuerza de los pueblos de los que ella es vocera.

Para ella, era una función ritual de ceremonialidad indígena. No quería participar como una más de los tantos (más de 80) aspirantes a candidaturas independientes. Para ellos, ellas del CNI, éste no era un proceso electoral simplemente, era la restitución y recuperación de los espacios y significados que tiene gobernar adentro de sus pueblos; era *mandar obedeciendo* a lo que el colectivo espera. Es éste el sentido de la ceremonialidad ritual y espiritual que reviste adentro de sus comunidades y que expresa también los símbolos que ella encarna: sobre todo esa fusión y compromiso con la colectividad.

En esta revisión somera de algunos significados de la espiritualidad indígena se revelan varias constantes del *pensamiento encarnado espiritual indígena*. El cuerpo, la carne, la materia, no están desvinculados del espíritu o la mente. Se "habla" con el cuerpo. No se considera superior al espíritu sobre la carne (religión cristiana); se reza bailando, el cuerpo esta imbricado en la tierra y, a su vez, está conectado con los cuatro rumbos del territorio/universo, la colectividad subsume los géneros en *dualidad fluida* (Marcos, S.) y la *cosmovivencia* agrupa todos los elementos de la tierra: territorio, agua, vientos, Sol y Luna, "humanos" y "no humanos" en conjunto, imbricados en esa colectividad corporizada danzando y orando! Y "La espiritualidad es la base del conocimiento", afirmaron las mujeres en la Primera Cumbre de Mujeres Indígenas de América.

Desde los feminismos descoloniales

Con estas constataciones, y desde adentro de un feminismo que se quiere descolonial y que respeta las formas propias del quehacer político y espiritual de los pueblos, buscamos apreciar y comprender estas "otras" formas. No pretendemos tratar de reducirlas haciéndolas coherentes con nuestras percepciones, conceptos y propuestas de justicia hacia las mujeres. Sólo así se hará justicia a las prácticas de género y espirituales y colectivas, y a los significados profundos del *estar en el mundo* de colectividades indígenas subalternizadas en México.

En nuestro *Manifiesto de feminismos descoloniales*, de 2014, lentamente cocinado desde el 2008 a través de muchos años de diálogos y prácticas cercanas a las mujeres indígenas de México y de otros países de América Latina, hemos debatido, con este énfasis renovado siempre, para acercarnos y aprender de esas "otras formas" que nos llegan desde las espiritualidades cósmicas indígenas. Ese respeto que buscamos, y al que tratamos de comprometernos, propone una ética política y feminista. Comparto aquí algunos extractos de ese *Manifiesto*:

> La colonialidad del saber se distingue del colonialismo porque nos remite a un ambiente, a un estado de cosas que no es fácilmente visible, en rigor, se constituye como una ceguera, ya que se invisibiliza por naturalizada (2014: 322).

Después de aceptar esta limitación que nos coloca en la colonialidad, desglosamos:

> El cuestionamiento a la colonialidad implica, en primera instancia, poner en evidencia la violencia epistémica que se genera desde el momento de la conquista y de la colonización. La subalternización de tradiciones de pensamiento distintas que paulatinamente fueron incorporadas en las formas en que el colonizador generó conocimientos sobre los colonizados y que llevó a una desarticulación, a la disociación entre saberes y conocimientos y conformó una estructura jerárquica atravesada por relaciones de poder desde donde se legitima lo que es conocimiento y lo que no lo es. [Por lo tanto apoyamos] Los saberes contenidos en las prácticas diversas de sociabilidad que caracterizan las formas de organización comunal, dan cuenta de pervivencias de esos saberes no hegemónicos, dispersos y en ciertos

casos desarticulados y cercados, pero que mantienen vínculos, forman visiones del mundo, delinean y proyectan el futuro y mantienen abierta la posibilidad de rearticular formas de sociabilidad desde otros espacios distintos a la dinámica capitalista. [Con estas perspectivas afirmamos que] La propia cultura se pone en cuestión al ser interpelada por otras. […] También reconocemos "la capacidad creativa que tienen los pueblos y los sujetos para interpretar, apropiarse y reinventar identidades, conocimientos y formas de ser y estar en el mundo" (2014: 323).

No suscribimos una interpretación de estos procesos como estáticos ni esencializados, sino en movimiento, ambiguos y a veces contradictorios:

No sólo nos abocamos a rastrear raíces epistemológicas de inspiración "indígena" o mesoamericana y de otras pertenencias comunitarias, antiguas o emergentes […]. Buscamos raíces epistémicas y filosóficas que nos permitan no sólo descubrir esos coloniajes, sino también recrear y repensar nuevas formas en el ámbito del pensamiento descolonial feminista que inspiren nuestras prácticas analíticas y aquellos compromisos de acción a los que nos convocan (2014: 323, 324).

De esta manera, afirmamos nuestro propio proceso creativo y móvil en nuestras relaciones con las raíces epistémicas como nos llegan hoy:

Para una descolonización del concepto de *género*, lo pensamos como uno de los referentes en el "dispositivo perceptual mesoamericano", donde la omnipresencia de éste es tan incluyente que abarca mucho más que el sexo-género vuelto cuerpo de hombre y de mujer, en el sentido restringido que se da en el mundo académico y ciertos feminismos urbanos. Los géneros son así la metáfora raíz del universo cosmológico (León-Portilla, 1993: 43), y sin embargo, son sólo uno de los arreglos duales y fluidos en este pluriverso (Marcos, 2013: 22-23).

Como académicas e investigadoras insertas en los ámbitos del quehacer intelectual, recordamos aquellos lugares particularmente vulnerables a la colonización del pensamiento y a la imitación acrítica de influencias universitarias del Norte geopolítico:

> Lo que nos ha convocado a reunirnos en torno a feminismos descoloniales es la necesidad de deslindarnos de aquellos feminismos que reproducen las matrices colonizadoras que se importan desde los centros de poder y nos han llegado desde las activistas y teóricas del Norte geopolítico. Imperceptibles algunas veces, estos andamiajes colonizantes se encuentran esparcidos por doquier: en las referencias, las lecturas y los métodos para la licenciaturas, maestrías y doctorados "con perspectiva de género", y de "investigación feminista", o de "estudios de las mujeres", orientando las preguntas de investigación, fijando las metodologías y demarcando los criterios de validación del conocimiento. Por lo tanto, reforzamos cuanto es posible el análisis histórico, social y político y las prácticas activistas que pueden permitirnos desmontar y descubrir esas influencias, para darnos cuenta de cómo usamos herramientas teóricas de la dominación de manera acrítica, al no percibir sus genealogías. Esto ocurre, por ejemplo, en la misma manera en la que entendemos el concepto de *género* (2014: 324).[2]

Reflexiones finales

Después de estos extractos del *Manifiesto de feminismos descoloniales* (2014), retornamos a proponer reflexiones a esta revisión crítica para deslindar la *espiritualidad indígena* de la *religión*. Las espiritualidades indígenas son frecuentemente invisibilizadas por los afanes políticos de practicantes de izquierdismos antirreligiosos; son consideradas "opio del pueblo", desechadas y ridiculizadas. Esto ocurre, a menudo, porque no se logra comprender el tejido político comunitario de lucha en el que esta espiritualidad se afinca.

---

[2] Extractos del manifiesto "Descolonizando nuestros feminismos, abriendo la mirada" (Millán, 2014: 319-327), firmado por Aida Hernández, Sylvia Marcos, Márgara Millán, Mariana Favela, Verónica López Nájera, Aura Cumes, Mariana Mora, Meztli Yoalli Rodríguez, Óscar González y Ana Valadez.

Formulamos una exigencia de respeto a la dignidad de formas "otras" subalternizadas por el poder colonial. Hablamos de las formas de interpretar el ser, el vivir y el con-vivir y luchar de los pueblos. Frecuentemente se ha pretendido reducirlas a simplismos porque se las consideraba desde los conocimientos moderno-occidental dominantes. Desde ahí, aparecían bajo la lente de una "discriminación cognitiva", reducidas a formas de "ignorancia", "superstición" o "magia".

Hemos citado discursos de mujeres indígenas que luchan. También hemos hecho análisis interpretativos o hermenéuticos de prácticas corporales que remiten a formas de *sentipensar*. En ellas se expresa el potencial político y espiritual indígena nutrido por sus fuentes locales.

Tratamos de desbancar toda interpretación que confirme las dicotomías y los dualismos cartesianos, empezando por la separación absoluta entre el ser humano y su entorno natural terráqueo. Avanzamos al reconocer los abismos de significados que presentan al ser humano imbricado en la tierra, en el territorio todo; lo que nos permite acercarnos respetuosamente para comprender la dualidad en la fluidez de género en la espiritualidad encarnada.

Si logramos aterrizar en esas particularidades y comprender y reconocer sus fundamentos filosóficos, esta espiritualidad puede inspirarnos. El desconocerla nos impediría dar paso certero para avanzar en la propuesta descolonizadora que nos impulsa.

> En voces de mujeres indígenas escuchamos:
> La espiritualidad es la base del conocimiento,
> y la política se inicia y finca en la colectividad espiritual.

Bibliografía

Gómez, M., "Ricardo Robles y la interculturalidad radical", *La Jornada*, 2008.

Lenkersdorf, C., *Aprender a escuchar: enseñanzas maya-tojolabales*, México, Plaza y Valdez, 2008.

León-Portilla, M., *Toltecáyotl: aspectos de la cultura náhuatl*, México, Fondo de Cultura Económica (fce), 1999.

—, *South and Mesoamerican Native Spirituality*, New York, Crossroads, 1993.

López Austin, A., *Cuerpo humano e ideología*, 2 vols., México, Universidad Nacional Autónoma de México (unam), 1984.

Manifiesto *"Descolonizando nuestros feminismos, abriendo la mirada"* en M. Millán (coord^a.), *Más allá del feminismo: caminos para andar*, México, Pez en el Árbol, 2014, pp. 319-327.

Marcos, S., *Cruzando fronteras: mujeres indígenas y feminismos abajo y a la izquierda*, Santiago, Quimantú, 2017.

—, "Embodied Religious Thought: Gender Categories in Mesoamerica", *Religion* 4, 28 (octubre, 1998), pp. 371-382.

—, *Mujeres, indígenas, rebeldes, zapatistas*, México, eon, 2013.

—, "La realidad no cabe en la teoría" en *El Pensamiento crítico frente a la Hidra capitalista*, III, México, México – Ejército Zapatista de Liberación Nacional (ezln), pp. 15-30.

—, *Tomado de los labios: género y eros en Mesoamérica*, Quito, Abya Yala, 2017.

Memoria. *Primera Cumbre de mujeres indígenas de América*, México, Fundación Rigoberta Menchú, 2003.

Millán, M. (coord.), *Más allá del feminismo: caminos para andar*, México, Pez en el Árbol, 2014.

Patricio, M. de J. [vocera del Concejo Indígena de Gobierno (cig)], "Discurso con la tribu Yaqui", Vícam Sonora, 11 de enero de 2018.

Rojas Salazar, M., "Algunos aportes de la teología ecofeminista latinoamericana", *Journal of EWSTR* 20 (2012), pp. 191-203.

sci Galeano, "Carta a Juan Villoro", 28 de febrero, 2017.

Smith, J. Z., *Dictionary of Religion*, San Francisco, Harper Collins–aar, 1995, pp. 702-704.

Santos, B. de S., *Una epistemología del Sur*, México, Clacso - Siglo xxi, 2009.

Méndez, G, J. López, S. Marcos y C. Osorio (eds.), *Senti-pensar el género: perspectivas desde los pueblos originarios*, Mexico, Red iinpim (Interdisciplinaria de Investigadores de los Pueblos Indios de Mexico) - Red de Feminismos Descoloniales - Taller editorial La casa del Mago, 2013.

Nos-otras. Ancestras descoloniales

María José Pérez Sián[1]

Sus rostros y nombres son desconocidos.
Las abuelas, las ancestras,
laten en el pulso de la sangre,
irrumpen en sueños,
huelen a sudor e incienso.

Introducción

En muchos contextos modernos occidentales, la lectura patriarcal de las dinámicas sociales ha desencarnado el poder y la autoridad de las mujeres. Los retratos y significados de la vida, los cuerpos, la memoria, la organización y la historia que han trascendido en el tiempo fueron construidos desde las miradas, palabras y razonamientos masculinos, pues, por lo general, quienes escriben son hombres que consultan a otros hombres, incluso acerca de las experiencias de las mujeres. Estos análisis privilegian y naturalizan la desigualdad sexo-género, entendida de manera dicotómica y estática. En el contexto maya, esto ha dado como resultado razonamientos que minimizan los aportes de mujeres, y las retratan como si quedaran al margen de toda acción o decisión dentro del espacio, lo cual niega su capacidad para la toma de decisiones y conciencia acerca de su participación, tanto en el pasado como en el presente.

---

[1] Licenciada en Antropología por la Universidad de San Carlos de Guatemala y maestra en Ciencias Sociales y Humanísticas por el Centro de Estudios Superiores de México y Centroamérica de la Universidad de Ciencias y Artes de Chiapas. Trabaja hace más de una década con mujeres sobrevivientes de delitos de lesa humanidad y genocidio en Guatemala. [sasukepikeru@gmail.com/] .

En la cosmovisión maya tz'utujil[2] el pasado, el presente y el futuro son indisociables; la participación política y organizativa se encuentra ligada a discursos y prácticas que se arraigan en la ancestralidad. Las tareas que conllevan los cargos dentro de la cofradía también son desempeñadas por mujeres que habitan cuerpos específicos y que construyen identidades concretas, cuya definición es permeada históricamente por ideologías racistas y sexistas que funcionan como pilares de sociedades coloniales. El presente artículo sintetiza algunos de los hallazgos de un trabajo antropológico más amplio, realizado durante los años 2003 a 2016,[3] y que se centra en los vínculos que las mujeres tz'utujiles que participan en el *sistema de casas principales* (conocido como *sistema de cargos* y *cofradías*)[4] anudan entre ellas y las ancestras que les precedieron.

Las ancestras, las abuelas

En el contexto guatemalteco, los vínculos de las comunidades mayas con su propio origen son fundamentales. Conocer dónde está el *muxu'x* (ombligo) remite a conocer de dónde vienen las personas o el pueblo al que pertenecen. La búsqueda y reafirmación de las raíces ubica las experiencias en un pasado ideal que traspasa el recuerdo para materializarse en procesos dinámicos de

---

[2] "El pueblo de las flores de milpa". Este articulo refiere específicamente a las dinámicas del pueblo maya tz'utujil de Tz'ikin Jaay, "Casa de pájaros", que en la nomenclatura geográfica nacional es nombrado Santiago Atitlán.

[3] Aquí se presenta parte del trabajo que dio fundamento a la tesis titulada: *Herederas de las abuelas. Los cargos de Xuo' y Texel en las casas principales de Santiago Atitlán, Guatemala*, realizada en la maestría de Ciencias Sociales, del Centro de Estudios Superiores de México y Centroamérica (cesmeca) de la Universidad de Ciencias y Artes de Chiapas (Unicach).

[4] En el presente estudio me refiero al *sistema de cargos* o de *cofradías* indígenas que se estructuró en Guatemala de acuerdo con el sistema de cofradías cristianas europeas del siglo xvi. Éste apoyó el reacomodo de la estructura política y religiosa comunitaria en el proceso de reducción de los pueblos originarios. No obstante, el *sistema de casas principales* refiere también a la organización de casas y linajes tz'utujiles que precedieron a la invasión colonial.

identidades reconstruidas, en las que se refuncionaliza continuamente lo que se considera ancestral; es decir, "[…] el proceso de reinvención de la tradición por el que costumbres, aparentemente seculares, adquieren una contemporaneidad política; o cómo a los hechos contemporáneos se los carga, estratégicamente, de ancestralidad, son expresiones de la función política de la identidad y de cómo ésta opera como estrategia consciente" (Guerrero, 2002: 121). Por lo tanto, pasado e identidad son construcciones que se reconfiguran cíclicamente y que sólo pueden ser entendidos en el presente.

Partiendo del entendimiento de la *cosmovisión* como la suma de discursos colectivos de carácter sagrado que poseen un alto contenido normativo y emocional, el cual transciende en la praxis social a través del encadenamiento de concepciones y creencias que rigen las actuaciones individuales y colectivas (Barabas, 2015: 248, 250), es posible afirmar que los abuelos y abuelas que antecedieron a los actuales tz'utujiles se han convertido en referencias éticas del ser tz'utujil que transitan de tiempo y dimensión al establecer, como sugiere Rueda, principios ancestrales que son simultáneamente formulaciones cosmológicas y preceptos normativos (2012: 436). Pero los abuelos y las abuelas no son únicamente personas, pues dentro de esta red se encuentran energías de la tierra, del aire, del agua, del fuego y humanas indistintamente, por ello muchos de los nombres de las abuelas y abuelos corresponden al de las representaciones de la naturaleza y de los conocimientos de los pueblos sobre ésta.

El universo tz'utujil se encuentra poblado de un sinnúmero de entidades y energías, cuyas presencias son convocadas por medio de cantos,[5] relatos y ceremonias. La primera y más grande de todas las que aquí nombraremos es Rilaj Maam - Yamri'y Castel-

---

[5] Linda O'Brien ha desarrollado una extensa investigación, desde la década de 1960, enfocada en las canciones tz'utujiles de Santiago Atitlán. Destacan en sus estudios las que los *aj b'iix* (autoridad de música) nombran *bix rxin nawal* o canciones de los nahuales, literalmente "de los ancianos o antepasados". Véase: O'Brien, 1984: 48-62; y 2006: 11-20.

yan,[6] quien es el abuelo/abuela principal del territorio tz'utujil, el envoltorio que contiene el cosmos, el mundo y, por lo tanto, la vida y la muerte. Su figura es hombre y también mujer. La mayoría de estudios acerca de esta abuela/abuelo rescatan su capacidad de ser joven y viejo al mismo tiempo, a lo que es necesario añadir que Rilaj Maam - Yamri'y Castelyan constituyen dos representaciones de un mismo envoltorio sagrado. La abuela/abuelo rompe con las interpretaciones dicotómicas asignadas a hombres y mujeres, pues puede materializarse y transformarse indistintamente en cualquiera de los dos, y su naturaleza es ambos al mismo tiempo. La existencia de las palabras tz'utujiles *Ya rixrueq*, "mujeres que pueden vestir, o no, ropas de hombres y cumplen tanto roles masculinos como femeninos", y *Ma rixrueq*, "hombres que pueden vestir, o no, ropas de mujeres y cumplir roles femeninos y masculinos", da cuenta de la existencia de otros géneros que no se limitan a la división de sexo-género occidental en el que la biología es destino (Oyewumi, 1997: 16). Aunque la construcción histórica y cultural de géneros en Tz'ikin Jaay ha sido fuertemente influenciada por la visión cristiana del mundo, la existencia de otros referentes para pensar la categoría *género* debe ser atendida por representar una fisura en el orden impuesto.

Algunas de las abuelas que permanecen en la memoria del pueblo tz'utujil son: Yachep Batz'bal (Josefa Hacedora de hilo), Yamri'y Batz'bal (María Hacedora de hilo), Ya'chip Batz'bal, Yamri'y Ch'oreq' (María Choreque), Yamri'y (María) Tutu', Yamri'y Sirwant (María Cervantes), Yamri'y Abaj (María Piedra), Yamri'y Chajcoy, Yamri'y Sqaj, Llalurix Ixoq, Yaxper Pop (Petate), Yamri'y Skirnay, Yamri'y Sirmuy y Ya'peska Ch'ouriek (Francisca Choreque). Su existencia no depende de su papel como parejas de los abuelos, no son sus esposas o madres; ocupan un lugar equivalente. Las fuerzas de estas mujeres son más variadas que las pertenecientes a los hombres e incluyen atributos que tienen relación con el abuelo/abuela Rilaj Maam - Yamri'y Castelyan y con ele-

---

[6] El origen del nombre Yamri'y Castelyan no ha podido profundizarse, aunque el primer segmento puede traducirse como "María", y el segundo ha sido interpretado como "Castellana".

mentos rituales utilizados en las *Armit Jaay* (casas principales) de las cofradías y cabecera, la salud, el manejo de plantas, los hilos-tejidos, el árbol de tz'ijtel, el baile y la música, el movimiento, la fuerza de vida de las piedras, las varas, la autoridad del petate y la fuerza de vida y del festejo. La presencia de estas abuelas es leída también desde una interpretación que conjuga elementos del catolicismo y espiritualidad tz'utujil, por ello la analogía con santas es muy recurrente.

Quiénes son las *Xuo'* y *Texeles*

Es común que los estudios acerca del funcionamiento de las *Armit Jaay* identifiquen los cargos de las mujeres dentro de la cofradía y la organización comunitaria sin profundizar en su significado, funcionamiento o en las divisiones y especificidades dentro de esta estructura. En este análisis, además del conocido cargo de *Texel*, se introduce la categoría *Xuo'* para designar un trabajo y responsabilidad específicos que implican superioridad con respecto del cargo-grado de *Texel*, que no ha sido precisado en estudios anteriores, aunque es ampliamente conocido y utilizado en la comunidad. Las *Xuo'* y *Texeles* son mujeres que participan en la estructura de las *Armit Jaay* (casas principales mayas tz'utujil).

Xuo' es la cabeza de las mujeres en la *Armit Jaay* —de la que es dueña—, ella es quien se ubica en la escala más alta de la pirámide organizacional; coordina las actividades de las *Texeles* y las colaboradoras y, aunque su trabajo es más evidente durante las fiestas patronales, cotidianamente es responsable del movimiento en las múltiples actividades de las *casas*. Las *Texeles* son habitualmente esposas de los cofrades, que por lo regular apoyan la *Armit Jaay* en la que inician su trabajo comunitario, aun cuando sus esposos ya no tengan cargos dentro de las mismas. Ellas son la fuerza colectiva permanente que apoya la realización de todas las actividades de mantenimiento. Por aparte, las colaboradoras son mujeres que, de manera gratuita o remunerada, apoyan en las labores cuando éstas se intensifican.

Los cargos de *Xuo'* y *Texel* son altamente valorados, pues representan simbólicamente la autoridad de las abuelas en la organización comunitaria contemporánea. Las tz'utujiles refieren, en los diálogos que dieron contenido a esta investigación, que las abuelas —de grandes dones (que tienen otro *yo* o *jalb'el*)— fueron mujeres que, al igual que ellas, sirvieron a la población en las *Armit Jaay*. La señora Xlajyu', una de las más jóvenes, ya que tiene veintiocho años (X4, 2015), refiere que fueron "mujeres que sirvieron a la población". De igual manera, las ancianas Abaj (X1, 2015), Kotz'i'j (X3, 2015), Suutz'(X6, 2016) y Top (C1, 2016), dijeron que fueron personas que, al igual que ellas, "sirvieron a las cofradías hace mucho tiempo atrás", "las que convirtieron el algodón en hilo para tejer las ropas de las imágenes de las cofradías", que "son las que realizan los trabajos principalmente con las mujeres y con los hijos", "a quienes se invoca por medio de cantos y ceremonias", "mujeres que tenían una gran sabiduría".

El sentido de continuidad entre las abuelas sabias que formaron el pueblo y las *Xuo'* y *Texeles* es dado principalmente por los diversos trabajos y dones que realizan las mujeres tz'utujiles, especialmente, las que se encuentran dentro del *sistema de casas principales*, una relación pasado–presente–futuro que no siempre es resuelta o armónica en los discursos de las mujeres. Contradicciones y vacíos que pueden explicarse si tomamos en cuenta que los diálogos que se establecen con las ancestras corresponden a una visión del mundo pluridimensional en la que el tiempo no se piensa necesariamente de acuerdo con la visión occidental. Y, además, que estos diálogos son traspasados por violencias estructurales que sistemáticamente han despojado conocimientos, cuerpos y territorios a las mujeres mayas.

SAMAJ. Trabajo

El papel de las *Xuo'* y *Texeles* es muchas veces minimizado u obviado; estudios como los de Edgar Esquit y Carlos Ochoa las nombran como "acompañantes en los actos rituales" (1995: 166), de la misma manera en que Enrique Rascón, en su estudio acerca del turismo, al describir las cofradías en San Juan La Laguna, Sololá, reduce su participación a la ornamentación del santo (2011: 326). Así, las mujeres que desempeñan estos cargos terminan por ser excluidas y retratadas como si quedaran al margen de toda acción o decisión dentro del espacio. En parte porque las actividades que desempeñan son tradicionalmente consideradas irrelevantes y propias de los oficios socialmente asignados a todas las mujeres, en una lógica que ha feminizado el servicio entendido como "servidumbre". El trabajo, sus implicaciones y lo que esto significa para las mujeres que son principales no ha sido abordado, a pesar de que se asocian directamente a los cargos de autoridad ancestral.

Desempeñar cargos de *Xuo'* o *Texel* involucra la mayor parte del tiempo y energía vital de las mujeres. Como he mencionado en este artículo, la *Xuo'* permanece la mayor parte del día en *casa*, pues si no se encuentra el alcalde es ella quien recibe a los visitantes, los mensajes, las ofrendas y aunque no hace ceremonias de fuego grandes, sí coloca las candelas y el *pom* (incienso) a las seis de la mañana, a las doce de mediodía y a las seis de la tarde. Ellas encienden las candelas y las veladoras con la misma intención con la que se hace en las ceremonias grandes: para agradecer y pedir por la vida a los abuelos y abuelas. Encender las candelas es un acto de gran valor y profundo significado: ellas mantienen encendida la luz de sus casas, que son al mismo tiempo casas comunitarias; en este sentido, simbólicamente son las que mantienen encendida y con fuerza la luz de su comunidad.

Las *Texeles* acompañan durante todos los momentos rituales, se encargan de la limpieza, la comida, la bebida. La mayoría de ellas mantiene su aportación en las mismas cofradías desde hace más de una década, principalmente porque otras mujeres no quieren asumir debido a las responsabilidades que conlleva, o el dinero y el tiempo de trabajo que es necesario invertir. Participan también en estos espacios mujeres que colaboran en el trabajo durante las fiestas, sin que esto implique asumir un cargo. Ser colaboradora es el primer trabajo que una mujer realiza dentro de las *Armit Jaay*.

Únicamente en dos *Armit Jaay* las *Xuo'* viudas han asumido el manejo por completo, lo que coincide con que se trate de dos de las mujeres con mayor edad dentro del grupo. Sólo en una ocasión la *Xuo'* consultada no era esposa del alcalde de la cofradía. Según las mujeres con las que se dialogó, en caso de no haber *Xuo'*, las *Texeles* o colaboradoras pueden seguir con sus tareas dentro de la cofradía, aunque las *Xuo'* no pueden trabajar sin *Texeles*, o en su ausencia, personas voluntarias que acepten apoyarla. Una de las *Xuo'* manifiesta: "no irías sin compañera, es vergonzoso. No se puede ir sola, es necesario contar con compañeras *Texel*" (X6, 2016). Las *Texeles* tienen mayor autonomía para asumir el cargo y para desempeñarlo. La señora Ab'aj comenta a propósito: "Las que participan, son las que han tomado sus propias decisiones en participar, en servir a las imágenes en las cofradías y con la debida aprobación de sus familiares" (X1, 2015). Otras mujeres, como Top, piensan que hay mujeres que no quieren acompañar en los cargos a sus esposos y eso no es problema, no es obligación:

> Si tengo ganas de ir, pues voy […] tenga o no tenga esposo o esposa, es un cargo que se debe cumplir. Supongamos que tú ahora, te dicen "¿aceptarías este cargo?" así sin esposo, y te dicen que cada quien hace su trabajo, no es el marido que se va encargar de hacer tu trabajo [si me preguntaran a mí] le diría a mi esposo la propuesta que me dieron y él dice "como tú quieras y desees" […]. Ahora, si estás sola no hay problema tanto en la mujer como en el hombre. Si tienes ganas de hacer el trabajo no te piden pareja. [Antes] Era igual, si una mujer es viuda antes no había problema. Ahora, si tiene marido, el hombre puede ir a recoger a su esposa al final de la celebración […]. Por ejemplo tú, puedes realizar un trabajo, pero es malo cuando el hombre te dice que no cuando tú tienes ganas […] no hay problema de estar trabajando sola. Igual si eres una pareja, los dos pueden tener trabajo, no hay problema (C1, 2016).

Lo antes expuesto es contrario a lo que sucede con las *Xuo'*. Esto se evidencia en los comentarios del señor Tijko'm, para quien el hecho de que una mujer que no sea esposa del alcalde o del cofrade ocupe este cargo es problemático, lo cual ejemplifica con el actual traslado de la cofradía de la Santa Cruz a la casa de un hombre que no tiene esposa por ser homosexual:

> Porque si tú [vas] a ser *Xuo'*, pero tu marido no quiere, hay un problema en tu casa ¿y quién sufre? La familia. Te deja tu marido, busca otra mujer o dejas tu marido […] tal vez sólo a disfrutar va la mujer, pero ya no va por hacer su trabajo […]. Ahorita a donde va el Maximón […] se va con un hombre que no tiene mujer pero tiene sus cincuenta y cinco, sesenta años, no tiene mujer porque ése no es hombre, tal vez es afeminado y es el alcalde (A3, 2016).

Esto repercute, según Tijko'm, en que si no hay una *Xuo'*, no pueden haber *Texeles*, porque no hay nadie quien coordine o convoque, y los hombres no pueden ordenar a las mujeres. Lo que expresa este alcalde muestra las restricciones para asumir el cargo de *Xuo'*, y cómo la organización sexual del trabajo determina las acciones y decisiones que cada cual puede asumir, o no, en la organización comunitaria según el género. El miedo y desprecio por la homosexualidad son mecanismos que mantienen la prohibición de la ruptura con el orden heterosexual, mismo que se encuentra en las bases del sistema de cofradías, el cual se estructura y funciona en la lógica dicotómica de pareja hombre-mujer, cuyos componentes realizan tareas interdependientes. Juicios que han sido trasladados a reivindicaciones de ancestralidad que interpretan, desde la heterosexualidad naturalizada, el concepto de *complementariedad*, obviando que esto responde a lo que María Lugones ha denominado *sistema moderno-colonial de género* (2008: 77), el cual es una imposición colonial que se caracteriza por resaltar el dimorfismo biológico y la organización heteropatriarcal de las relaciones sociales, divisiones que fracturan la empatía entre las personas y destruyen los lazos comunitarios. Al respecto, Breny Mendoza añade que la Colonia trajo para las mujeres la pérdida de sus estatus social y político, esclavización, reducción a servidumbre y una intensidad de trabajo letal, es decir, su domesticación (2010: 25).

Entendimiento del servicio comunitario desde la perspectiva de las mujeres tz'utujiles que ocupan los cargos de *Xuo'* y *Texel*

Numerosas son las causas relatadas por las *Xuo'* y *Texeles* que han hecho que otras mujeres no se involucren en los cargos. La señora Chee' habla de la ruptura cuando expresa que los padres de éstas no participaron en los cargos, "las personas jóvenes no mucho [quieren] sus padres ya no participaron en las cofradías, sólo las personas mayores están participando" (X2, 2015). Las señoras Ab'aj, Kotz'i'j, Suutz', Top y Smaal, junto con el señor Tijko'm, consideran que muchas personas ya no quieren participar. aunque sean requeridos sus servicios, porque son evangélicas, católicas o carismáticas, y desconocen las costumbres.

Tijko'm, Suutz' y Smaal, apuntan la falta de *casas grandes* como impedimento, "ellas están en sucasas [*sic*], están aparte, sólo nosotras estamos aquí [...] eso ya no existe, ahora ya no hay *casa grande* porque para ser *Xuo'* se necesita tener una casa grande donde darles espacio a todos los músicos ¿y si no hay, dónde? Por eso es que la gente también ya no quiere" (X6, 2016). La estratificación etaria es otra de las limitantes, pues se considera que las mujeres jóvenes no quieren o no pueden desempeñar los cargos. La señora Bat'z, de mediana edad, comerciante y bordadora, menciona que en los cargos de la cofradía "No permiten las jóvenes aunque quisieran, tienen que estar casadas y de edad grande [...] unas que otras tal vez quisieran, pero no joven" (M1, 2016). La señora Top estima que las jóvenes se preocupan por otras cosas y otros compromisos, y no priorizan el trabajo en las cofradías.

Las mujeres que participaron en los diálogos de este estudio comentan que dichos cargos son colectivos, y que la contribución puede ser en una o varias cofradías cuando es requerido su servicio. Estas mujeres se reconocen como parte de la corporación de cofradía, compañeras y principales. La cofradía constituye para ellas un espacio en donde pueden reunirse y crear lazos de compañerismo. Las palabras "amiga" o "amistad" no aparecen en los diálogos de las mujeres, éstas no son de uso frecuente entre las personas mayores: en tz'utujil se habla de *achb'iil* o *k'ulaaj* (compañera), y no de "amiga", aunque las nuevas generaciones utilizan la palabra con más libertad. El término utilizado para nombrar las relaciones entre *Xuo'* y *Texeles* es el de "compañerismo", y es que ser compañera es conocerse, apoyarse, consultar, cuidarse y trabajar juntas. La forma de reunión es hacer; se conversa mientras se cocina, mientras se coordina la fiesta o cuando se cambia y lava la ropa de las imágenes.

El ordenamiento de las mujeres en las *Armit Jaay* es jerárquico y se amarra con el reconocimiento a la experiencia acumulada en el servicio a la comunidad. Ser *Texel* o *Xuo'* es percibido como un honor, dado que se trata de mujeres distinguidas por trabajar de manera voluntaria para el colectivo. Por ello, son las autorizadas para portar los símbolos de identidad del pueblo en su vestimenta, usan ropas ceremoniales. La anciana Xlaa' refiere: "si eres una persona de alta categoría ante la comunidad, llevas el traje puesto […] cuando uso ese traje me visto de gala, soy una persona importante. Soy una persona importante y elegante. Así vamos juntas, elegantes e importantes ante la comunidad" (T1, 2016). La autoridad se transmite a través de la vestimenta y el comportamiento, las *Xuo'* y *Texeles* visten como grandes señoras, la forma de llevar el traje y arreglarlo es distinguida según los conceptos de ancestralidad y belleza tz'utujil.

Las *Xuo'* y *Texeles* son respetadas por la mayoría de tz'utujiles por ser guardianas de la costumbre y conocer su raíz. Como explica la señora Top: "cuando entramos, nos saludan. En el caso de las *Texeles* […] se le conoce así porque hace su trabajo y reúne a su corporación. Se vestía bien, llevaba su reboso, su tocoyal, ella es la que encabeza a las *Pixuo'* [mujeres principales], lleva sus candelas y nosotras, que somos integrantes de su corporación, le seguimos con nuestras candelas" (C1, 2016). El trabajo de *Xuo'* y *Texel* es grandemente valorado por las propias mujeres que han adquirido este compromiso. Lo hace evidente Top cuando dice que: "esto no es un juego, sino que es una práctica de los abuelos y por eso estamos en este trabajo" (C1, 2016). Así mismo refiere la señora Bat'z, al hablar de la importancia del trabajo de la señora Xlaa':

> No es fácil llegar a ese punto donde está ella. Ella viene de la raíz […] de la noche a la mañana no creo que ella cambia, sino que hasta

que se muere en esto. Las personas se alegran porque salen las procesiones, pero si esta costumbre se acaba en el mundo, ya nadie lo hará. Y si por ejemplo, ella ya no quisiera y deja a un lado esto, pues se terminará todo […] tiene mucho valor, pues para la gente no es fácil andar detrás de una procesión, llevar una candela o llevar un traje puesto. Porque hay mucho que dice a la gente o ¿por qué hacen esto? Pero ella es su religión, ella sí cree y así permanece y así está (M1, 2016).

La experiencia de ser *Xuo'* o *Texel* es la de existir en una dimensión contradictoria, en tanto es cuestionada y respetada al mismo tiempo. Las *Xuo'* y *Texeles* coinciden en que gran parte de la comunidad valora y respeta el trabajo que realizan, no obstante, consideran que en el pasado se gozaba de mayor estima, ya que todas las personas debían prestar servicio comunitario. Indican, también, que este valor y respeto se están perdiendo, que a muchas personas no les gusta, creen que estos cargos no tienen autoridad y la costumbre no sirve para nada; otras mujeres critican a quienes participan en los cargos por estar en un espacio en donde se bebe aguardiente:

> Ahora hay envidias […] especialmente cuando hay fiesta, dicen que se molestan por la bulla que hace la marimba. Nos burlan […] las personas también dicen que las cofradías de hoy son lugares de negocios, dicen que pedimos dinero a las instituciones, pero esto no es cierto (X2, 2015).

A pesar de estos señalamientos reparan en que este trabajo no puede desaparecer; se preguntan "¿Quién puede hacer estas cosas del mundo?". Si se acaban las *Xuo'* y las *Texeles* ya no habrá más. Ante lo que Suutz' reafirma: "Por eso estamos trabajando en esto, tenemos la fuerza" (X6, 2016).

La red que apoya y los sentimientos que genera en las mujeres el trabajo comunitario

El apoyo de las familias es fundamental para las *Xuo'* y *Texeles*, quienes generalmente son animadas a participar y apoyadas con las tareas que deben desempeñar. En ese sentido, se rescata lo ya dicho por las mujeres acerca de que el cargo es colectivo. En el caso de la señora Top, su legado de servicio es generacional: "En mi caso también lo practicó mi papá, realizó trabajos, también mi mamá hizo lo suyo y yo también hice un poco" (C1, 2016). Aunque la tensión entre las mujeres que participan en las cofradías y las que participan en las iglesias —principalmente la evangélica— es evidente y expresa la confrontación entre dos formas de entender la espiritualidad y las ideas en torno al comportamiento que "deben" tener las mujeres, en lo interno de las familias no ha representado una ruptura: las hijas de las *Xuo'* y *Texeles* se mantienen en apoyo a sus madres.

En cuanto a la participación de mujeres que no son originarias de la comunidad, pero que colaboran dentro de la cofradía, al asumir la identidad *Texel* y todos los símbolos y responsabilidades que esto comprende, las mujeres razonan que han sido bienvenidas debido a que las personas del pueblo cada vez aportan menos. No obstante, refieren una fuerte diferenciación con éstas, a quienes llaman "extranjeras", con lo cual limitan su participación en la coordinación de actividades o en la toma de decisiones. Top menciona que las "extranjeras" que se han convertido en *Texeles*, respetan y saludan como debe de ser, y cada vez se involucran más en las actividades, situación que no es bien vista por todos los pobladores: "Lo vemos bien cuando canta, pero hay algunas personas que dicen ¿por qué una extranjera? Pero ellas también aprecian la costumbre. A mí me parece que está bien, pero hay algunos a quienes no les parece —'¡se llevan nuestro traje!'—, así dicen. Dicen que es prohibido llevar la ropa, pero hay algunas que les gusta" (C1, 2016). Por aparte, la señora Kotz'i'j narra a partir de su experiencia:

> [Las] personas extranjeras o gringas, ellas no fueron electas como nosotras, no recibieron invitación especial. Más bien ellas llegan a ofrecerse a colaborar, pero le han dado la oportunidad de ser *Texeles*. Pero nosotras las del pueblo somos las que manejamos o coordinamos las actividades, ellas simplemente llegan en las actividades festivas. No pueden tomar decisiones debido a que no son del pueblo y no entienden bien el español (X3, 2015).

Las razones por las que las mujeres optan por convertirse en *Xuo'* y *Texeles* son fundamentalmente tres: la primera es el bienestar familiar, la segunda la salud, y la tercera es que les gustan las actividades dentro de la cofradía y se sienten bien y orgullosas al servir a los santos y a la comunidad. Cuando se acepta el cargo comunitario, se confía en que el colectivo, conformado por todo *lo tz'utujil* —en las dimensiones físicas o del mundo y energéticas—, corresponderán al trabajo que se ha realizado. De manera que el dar y recibir regalos, materiales e inmateriales, en las organizaciones sociales crea vínculos en la acción de intercambio, igual o desigual, con el fin de recibir privilegios y marcar jerarquías. Esto se suma a una serie de sentimientos positivos vinculados al desarrollo de este trabajo. A propósito, el más nombrado por las *Xuo'* y *Texeles* es la alegría; cuentan que participar las hace sentirse felices, muy contentas, no sólo ellas, sino también las personas que las acompañan. Estas mujeres describen el espacio de las *Armit Jaay* como un lugar en el que no sienten vergüenza de bailar, de comer, de platicar, de reír y celebrar. Las palabras de Xlaa' y de Top corroboran la alegría que les provoca: "Me siento muy contenta al participar [...] me gusta gozarme en la marimba en la noche, bailar en la noche" (T1, 2016):

> Yo soy muy feliz al ir con los santos [...] eso me hace muy feliz. En muchas ocasiones me dicen —'bailemos madre'—, bailo con los de la cofradía [...] a veces [mi esposo] saca a bailar a otra *Texel*, los dos bailamos sin ningún inconveniente y nos gozamos, esto es de hace tiempo, cuando nuestros hijos estaban pequeños empezamos a trabajar [...] ¡claro que sí! ¡Estoy muy feliz! Al participar voy con muchas ganas. Me divierto [...] a veces nos tomamos un trago y regresamos tranquilos (C1, 2016).

En este espacio es normal que las mujeres bailen entre ellas o con otras mujeres y hombres que participan, de igual forma en que los hombres pueden bailar con otros hombres y mujeres que no son sus esposas: "Si eres de la cofradía sacas a bailar a toda la corporación de *Texel*, al compás del son, se baila con las *Texeles*" (C1, 2016). Es costumbre que las *Xuo'* y *Texeles* de una cofradía sirvan licor a las mujeres que llegan a la fiesta o bailen con las que tienen estos cargos en otra *Armit Jaay* cuando el santo cambia de casa. Que las mujeres tomen licor no es mal visto, ya que es costumbre que hombres y mujeres reciban la comida y el trago que se les da como muestra de aprecio a quienes la ofrecen. La identidad de las *Xuo'* y *Texeles* se vincula a la fiesta, dado que en las *Armit Jaay* la fiesta es un espacio de autoridad, por esa razón las tareas que las mujeres desarrollan son altamente valoradas.

Las diversas tareas de las *Xuo'* y de las *Texeles* requieren de responsabilidad y disciplina, por ello ser trabajadora es altamente valorado. Mantener una *Armit Jaay* implica, para las mujeres, estar tiempo completo al servicio de la comunidad, pues es un espacio de encuentro al que llegan personas constantemente, a las que hay que atender, alimentar o acompañar. Si la *Xuo'* es la cabeza de la estructura organizativa de las mujeres, las *Texeles* son sus acompañantes y asesoras, en caso de que ella se olvide de algo o no sepa algún detalle de las fiestas que se realizan.

Las *Texeles* trabajan de acuerdo con las necesidades de cada *Armit Jaay*, lo que incluye múltiples tareas, entre ellas, comprar y preparar alimentos, llevar el control del número de personas que frecuentan la *Armit Jaay*, limpiar, adornar, acompañar a las procesiones, lavar ropa de los santos o santas y cambiar a las imágenes de mujeres. Actividades que no son consideradas exclusivamente como continuidad de las que realizan cotidianamente otras mujeres en sus propias casas, sino al contrario: es considerado un doble esfuerzo ya que deben atender la *Armit Jaay* pero también a su familia. Ellas entregan su tiempo y, además, colaboran económicamente cuando se acercan las fiestas. Tareas fundamentales que Linda Green considera cruciales en tanto permiten que los hombres asuman responsabilidades públicas sin mayores complicaciones, de manera que puedan negociar con la sociedad más amplia en beneficio de la colectividad (20013: 113), y que Gladys Tzul retoma como elementos que mantienen el bienestar colectivo que, a su vez, es la base de la *comunitariedad*, advirtiendo que: "Este hecho de hacer la comida, el cuidado de los niños, es la base para que lo otro se pudiera mantener, si no, no sería posible" (Muñoz Ramírez, 2013).

La tradicional división sexual del trabajo en Tz'ikin Jaay, designa que las mujeres permanezcan en las cercanías de su casa y realicen viajes continuos al mercado para proveerse de alimentos o bien, para venderlos, mientras que los hombres trabajan en sus parcelas o negocios la mayoría del tiempo. Únicamente cuando la Cofradía de Santa Cruz visita una de las *casas grandes*, los alcaldes y cofrades pueden dedicarse a estar más tiempo en la casa. Según Gayle Rubin, la división del trabajo por sexos constituye un tabú que exacerba las diferencias biológicas y crea el género (1975: 37), lo cual nos ayuda a entender cómo esta división ha establecido que las *Texeles* y *Xuo'* sean quienes deben cambiar a las santas, a las vírgenes y no a los santos, quienes son cambiados por hombres. Los hombres cambian y hablan con los hombres y las mujeres hablan y visten a otras mujeres, porque saben cómo hacerlo y su experiencia es compartida. Dicha diferenciación no tiene que ver únicamente con la desnudez intrínseca al cambio de ropa, incluye además el uso y el tiempo de la palabra en el diálogo con los antepasados o antepasadas, que ocurre cuando se desvisten y se visten las imágenes, cuando se arreglan y adornan las piedras, cuando se encienden las candelas y se quema y se mueve la esencia del *pom* (incienso), cuando oran y cantan o cuando participan en las ceremonias de fuego y convocan las energías de todas y todos los ancestro, de los volcanes, del lago, solicitando bienestar y salud por los hijos, además de agradecer por la vida.

El diálogo con las ancestras es posible, aunque las historias de las abuelas míticas tz'utujiles, sus nombres y sus acciones, son difusas o desconocidas en la memoria de las *Xuo'* y de las *Texeles;* por lo general, quienes las recuerdan son los hombres ancianos. Esto puede ser explicado por la existencia de las diferencias de género en la práctica comunicacional. Jennifer Coates anota la presencia de una competencia comunicativa diferenciada por la que "la conducta masculina y femenina en la conversación nos señalan que entre hombres y mujeres hay un entendimiento distinto" (2009: 143). La cultura determina en buena medida las estrategias comunicacionales que refuerzan las posiciones de poder asignadas según el género. Si los discursos y las imágenes se construyen y cargan de significado socialmente, las narrativas de las mujeres son distintas en cuanto han sido construidas en gran medida por la desigualdad.

¿Quién puede decir qué cosas y en qué momentos se ligan a la construcción socio-histórica de sujetos y sujetas determinados? Lo que las *Xuo'* y las *Texeles* sí tienen claro es que las abuelas de gran sabiduría, al igual que ellas, fueron mujeres que sirvieron a su comunidad. Es este sentido de continuidad el que permite a las *Xuo'* y *Texeles* afirmar que el trabajo que realizan es el mismo desde tiempos ancestrales, y reconocerse como autoridades, en tanto consideran que la autoridad es la que representa al pueblo y si ellas son representantes de las mujeres de la comunidad, entonces también son autoridades. La señora Juyu asevera: "Las *Texeles* es una clase de lideresas y representan el papel de las mujeres tz'utujiles dentro de un grupo organizado" (X5, 2015). La palabra de estas mujeres es valorada, tal como manifiesta la anciana Ab'aj: "Nosotras las *Texeles* somos parte fundamental [...] nosotras tenemos también nuestras palabras y son respetadas en la toma de decisiones, tanto de asuntos de las cofradías como asuntos del pueblo" (X1, 2015).

La joven Xlajyu' concuerda con las ancianas anteriores, pero recalca que su participación en el espacio de Cabecera no es como un grupo de mujeres, sino como corporación de la cofradía (X4, 2015). Aclaración relevante, en tanto las demandas o reivindicaciones que llevan las *Xuo'* y *Texeles* al espacio, no necesariamente son planteadas para tratar problemáticas específicas de las mujeres de o en la comunidad, sino se centran en temas que privilegian la defensa del territorio y la organización ancestral. Esto coincide con lo expuesto por Ana María Álvarez, investigadora maya k'iche', quien asegura que: "las normas del derecho maya conllevan una visión masculina, en tanto quienes imparten la justicia en su mayoría son hombres [y que] esto en particular dificulta el abordaje de la violencia sexual, que tiende a mantenerse como un problema oculto" (2014: 99). La valoración de la importancia de las problemáticas de las mujeres en la cotidianidad, especialmente dentro de las familias, y el tipo de soluciones que éstas ameritan, en el caso de la autoridad ancestral de Tz'ikin Jaay, no escapan a la desigualdad, ya que en muchos casos son considerados irrelevantes o no se atienden, por considerar que lo más importante son los sucesos que afectan a la comunidad.

Aunque cuando se les consultó acerca del trabajo que realizan como parte de sus cargos comunitarios, tan sólo dos de ellas dijeron que participar en las reuniones con los hombres principales es parte de su trabajo habitual. Sin embargo, todas coincidieron en que lo que las anima a participar es que se dé importancia a sus palabras en la toma de decisiones cuando son convocadas. Pero, dado que ellas no pueden convocar y que en la mayoría de los casos los convocados y convocantes son hombres, muchos detalles de las cuestiones que se informan y discuten acerca de problemáticas comunitarias o de participación de las autoridades ancestrales en otros espacios son desconocidos para ellas. Las reuniones a las que han asistido son principalmente las que se relacionan con la fiesta y las procesiones.

Según Kotz'i'j, las *Xuo'* y *Texeles*, en numerosas situaciones, no participan o no dan sus opiniones, porque existe un desconocimiento de lo que implica su cargo: "Las mujeres de la comunidad son trabajadoras, pero a veces, participan en los grupos organizados sin saber el objetivo de la organización o por qué están ahí" (X3, 2015). Quienes en la actualidad son *Xuo'* o *Texeles* no participan en algún otro grupo organizado fuera de los conformados por la Iglesia Católica, en los que acompañan los rezos o forman parte del Centro Cantonal, integrando los grupos de ancianas, en los que ejercen cargos como presidentas y vocales.

Hilos que se trenzan

Ser *Xuo'* o *Texel* constituye un referente comunitario, cuya permanencia no es sinónimo de estatismo; por ello, estas mujeres advierten modificaciones que han ocurrido desde que asumieron el trabajo comunitario, las cuales, consideran, han afectado especialmente el respeto y la prosperidad de la vida que proviene de la tierra: "ya no es lo mismo, ya sólo queda un poco de la esencia de antes […] antes se honraba a los santos, habían ayotes, güisquiles (chayotes), jocotes, pitayas, tunas, maíz… había de todo, pero ahora ya no […] la gente ya se olvidó de eso […] yo no olvido mis costumbres" (C1, 2016). Ellas conocen los ritmos y las actitudes necesarias para servir, por ello, al igual que otras personas en el pueblo, sienten que tanto la gente como la costumbre ya no son iguales, que no es suficiente el *Tijax* (C1, 2016), que simbolizado por la piedra de obsidiana tiene poder del trueno y del rayo para actuar, su filo puede cortar las cosas malas de la vida, pero si no se sabe usar, puede cortar tu propia mano.

Para las *Xuo'* y *Texel*, las abuelas/las ancestras actúan como referentes libres y completos, que sufren crisis y transformaciones, que pueden ser llenados, según se requiera, para legitimar la existencia, la identidad, las acciones y tareas de las mujeres que sirven a la comunidad en la actualidad, como parte de la política identitaria tz'utujil. El proceso de identificación es indeterminado en el sentido que, como afirma Stuart Hall, "siempre es posible 'ganarlo' o 'perderlo', sostenerlo o abandonarlo" (2003: 15). Aunque este proceso tiene condiciones determinadas de existencia que encierran recursos materiales simbólicos y afectivos que lo sostienen, sin que esto implique cancelar u obviar la diferencia o ser totalmente coherente. Por ello la identificación de las *Xuo'* y las *Texeles* con las abuelas es "estratégica y posicional" (Hall, 2003: 17). El diálogo con las antepasadas y antepasados, constituye una lectura desde el presente para la construcción de futuros. En este sentido, José Bengoa indica que los discursos sobre el pasado están llenos de ideas sobre el futuro, y que esto ha potenciado el surgimiento de nuevas identidades (2000: 21).

Las *casas principales* de Tz'ikin Jaay han podido adecuarse a los contextos cambiantes, y su permanencia radica en la capacidad de legitimarse comunitariamente por medio de la defensa del territorio y los derechos colectivos. En este marco es en el que las identidades-cargos *Xuo'* y *Texeles* se inscriben y normalizan. Los cargos de las mujeres en las cofradías son otorgados como reconocimiento a su trabajo y compromiso con la comunidad; las formas de participación en el *sistema de casas principales*, en la actualidad, son altamente jerarquizadas y continúan siendo valoradas a nivel comunitario, ya que representan la autoridad de las abuelas en la organización comunitaria contemporánea, aunque el prestigio correspondiente ha sido mermado por la influencia de las iglesias católica o protestante y por conflictos políticos entre cofradías y con *Rwa' tinamit* (Cabecera del pueblo).

En el sistema de casas principales, la división de tareas es asignada de acuerdo con una visión dicotómica sexo-género, producto de la colonialidad, que Lugones ha denominado "el sistema moderno-colonial de género" (2008: 77), el cual es eminentemente heteroreal y exacerba el dimorfismo biológico, así como la organización patriarcal y heterosexual de las relaciones sociales. La construcción del poder y autoridad de las *Xuo'* y *Texeles* ha sido subordinado al papel de los cofrades, la acentuación de esta desvalorización es el resultado de la perpetuación de formas generizadas y sexuadas de gobierno y consulta diferenciales. A pesar de que las mujeres han sido parte imprescindible de la construcción del pensamiento ancestral y político de las *Armit Jaay*, sus aportes se diluyen en la naturalización de los roles que desempeñan, principalmente porque éstos tienen que ver con servicios y cuidado de los otros. Incluso cuando no siempre las diversas tareas, funciones y responsabilidades que las mujeres asumen con los cargos se conciben como continuación de las que cumplen en el espacio privado de la casa, sí se encuadran dentro de las labores de cuidado y alimentación, propias de los oficios socialmente asignados a todas las mujeres.

Las tareas desempeñadas por las *Xuo'* y *Texeles* son fundamentales no sólo porque permiten que los hombres asuman responsabilidades públicas sin mayores complicaciones, de manera que éstos puedan negociar con la sociedad más amplia en beneficio de la colectividad (Green, 20013: 113), sino porque sus esfuerzos para mantener el bienestar colectivo cimientan las bases de la comunitariedad (Muñoz Ramírez, 2013; Goche, 2015). Todo lo anterior nos lleva a concluir que a través de las contradicciones, logros, aportes y sentimientos de estas mujeres tz'utujiles es posible conocer el sentido que le dan al trabajo colectivo. Queda demostrado que han sido las mujeres quienes mantienen las *casas principales*, que su participación y compromiso ha hecho posible que éstas permanezcan a través del tiempo. Además, contribuyen a pensar organizaciones nuevas que retomen la alegría, el disfrute del servicio comunitario y la autoridad de las mujeres. Por lo tanto, la búsqueda de ancestras que rompen con la norma colonial de género es imprescindible para la recreación de mitos que den sentido a universos en los que las mujeres mayas son referentes organizativos y políticos.

Bibliografía

Barabas, A. M., "Cosmovisiones, mitologías y rituales de los pueblos indígenas de Oaxaca" en A. Gámez y A. López Austin (coords.), *Cosmovisión mesoamericana*, México, El Colegio de México - Fideicomiso Historia de Las Américas - Fondo de Cultura Económica (fce) - Benemérita Universidad Autónoma de Puebla (buap).

Bengoa, J., *La emergencia indígena en América Latina*, Chile, fce, 2000.

Coates, J., *Mujeres, hombres y lenguaje. Un acercamiento sociolingüístico a las diferencias de género*, México, fce, 2009.

Esquit, Edgar y C. Ochoa (eds.), *Yiqalil q'anej kunimaaj tziij niman tzij. El respeto a la palabra. El orden jurídico del pueblo maya*, Guatemala, Centro de Estudios de la Cultura Maya, 1995.

Green, L., *El miedo como forma de vida. Viudas mayas en la Guatemala rural*, Guatemala, Ediciones del Pensativo, 2013.

Guerrero Arias, P., *La cultura: estrategias conceptuales para entender la identidad, la alteridad y la diferencia*, Quito, Abya Yala, 2002.

Hall, S., "¿Quién necesita identidad?" en S. Hall y P. Dugay (comps.), *Cuestiones de identidad cultural*, Buenos Aires, Amorrortu, 2003.

Lugones, M., "Colonialidad y género", *Tabula Rasa* 9 (2008), pp. 73-101.

Méndez, L. y A. Carrera Guerra, *Mujeres indígenas: clamor por la justicia. Violencia sexual, conflicto armado y despojo violento de tierras*, Guatemala, Equipo de Estudios Comunitarios y Acción Psicosocial, f&g, 2014.

Mendoza, B., "La epistemología del Sur, la colonialidad del género y el feminismo latinoamericano" en Y. Espinosa Miñoso (coord[a].), *Aproximaciones críticas a las prácticas teórico–políticas del feminismo latinoamericano*, Buenos Aires, En la frontera, 2010.

O'Brien-Rothe, L., "Dos canciones de *faz-de-la-Tierra*. Tradiciones de Guatemala", *Etnomusicología en Guatemala* 66, pp. 11-20.

—, "Canciones de la faz de la Tierra. Investigación sobre la música tradicional tz'utuhil", *Tradiciones de Guatemala* 23-24 (1984), pp. 55-67.

Oyěwùmí, O., *The Invention of Women: Making an African Sense of Western Gender Discourses*, Minneapolis, University of Minnesota Press, 1997.

Rascón, E., "Crecimiento y características del turismo en Guatemala: el caso de San Juan La Laguna, Sololá", en A. Cordero y P. Bodson (eds.), *¿Es posible otro turismo? Su realidad centroamericana, nueve casos de estudio*, vol. II, San José, Costa Rica, Facultad Latinoamericana de Ciencias Sociales (Flacso).

Rubin, G., "Tráfico de mujeres. Notas sobre la economía política del sexo" en M. Navarro y C. Stimpson (comps.), *¿Qué son los estudios de mujeres?*, Buenos Aires, Fondo de Cultura Económica, 1998.

Rueda Barrera, E., "Ancestralidad y práctica política. Reencantamiento para potenciar la democracia" en M. Márques Restrepo *et al.*, *El eterno retorno del populismo en América Latina y el Caribe*, Colombia, Universidad Javeriana - Consejo Latinoamericano de Ciencias Sociales (Clacso) - Instituto de Bioética - Goethe Institut - Instituto de Estudios Sociales Pensar, 2012.

Otras fuentes

Goche, F., "Gladys Tzul: Que el deseo alumbre las luchas de las mujeres indígenas", *DesInformémonos*. Disponible en [https://desinformemonos.org/gladys-tzul-que-el-deseo-alumbre-las-luchas-de-las-mujeres-indigenas-2/].

Muñoz Ramírez, G., "Ser mujer y ser indígena, un peligro en la Guatemala del despojo", Mujeres y la Sexta, abajo y a la izquierda, con todo el corazón. Disponible en: [https://mujeresylasextaorg.wordpress.com/2013/11/08/ser-mujer-y-ser-indigena-un-peligro-en-la-guatemala-del-despojo/].

O'tanil: corazón
Una sabiduría y práctica de sentir, pensar, entender, explicar y vivir el mundo desde los mayas tseltales de Bachajón, Chiapas, México

María Patricia Pérez Moreno

Introducción

En este artículo se da a conocer una parte de la sabiduría del pueblo tseltal de Bachajón, Chiapas, México, en torno al significado diverso y amplio del *o'tanil* (corazón) presente en la comunicación oral en tseltal, como una apuesta política, ética y epistemológica por la visibilización, el entendimiento, reconocimiento y fortalecimiento de este conocimiento que late con fuerza, a pesar de que el poder del capitalismo y/o la Modernidad *(colonialidad del poder)* han y siguen buscando exterminarlo y ocultarlo para imponer una sola manera de ver y entender el mundo.

Cuando referimos al *o'tanil* (corazón) en nuestra comunicación oral en tseltal, estamos a la vez comunicando una filosofía diferente de estar-sentir-vivir-pensar y actuar en el mundo, ya que el *o'tanil* alude no sólo al órgano fisiológico, sino a una *stalel* (forma de sentir-pensar-hacer-vivir-decir) de los tseltales con respecto de lo que les rodea (personas, animales, plantas, fuerzas naturales, cosmos), de igual modo, remite a cualidades o características que dan identidad a estos seres, a una ética *(deber ser)* de los individuos en la sociedad, a una sabiduría, a la honestidad y la fuerza de la palabra, fortaleza espiritual y a un discurso sagrado.

Colonialismo y conocimiento hegemónico occidental

Los siglos xv y xvi significaron para los pueblos del Abya Yala el inicio de su exterminio, dominación, sujeción, invisibilización y negación, por parte de Occidente, de su existencia, *sentimien-*

to-pensamiento y sabiduría como individuos y colectivos. Aunque México se haya independizado del poder colonial español en el siglo XIX, y vivido una Revolución social en 1910, seguimos colonizados, oprimidos, discriminados y marginados por la *colonialidad del poder* (Quijano, 2001). Por ello, estamos y nos mantendremos en lucha por la descolonialidad y reconocimiento del ser, hacer, sentir y pensar de los pueblos y culturas que vivimos la dominación de ese poder hegemónico de Occidente. No sólo se busca transformar:

> [...] las dimensiones estructurales, materiales del poder y de sus instituciones y aparatos de dominación como buscaba la descolonización; sino que [la descolonialidad] busca..., sobre todo, enfrentar la colonialidad del saber y del ser y transformar radicalmente las subjetividades, los imaginarios, las sensibilidades, por eso hace de la existencia su horizonte, la recuperación de la humanidad y de la dignidad negadas por la colonialidad (Guerrero, 2010b: 2).

Respecto a la *colonialidad del saber*, explica Guerrero (2010a), se sustentó en la hegemonía de la ciencia, la técnica, y en la frialdad de la *razón*. Así, el conocimiento se volvió *disciplinador*, alejado de toda forma de afectividad, a fin de servir como instrumento de dominación; entonces, la "verdad" de la ciencia "se erigió como único discurso de verdad, para subalternizar, silenciar y desconocer otras formas de tejer conocimiento" (Guerrero, 2010a: 16). Como consecuencia de esto, se niega, subordina, desvaloriza, margina, invisibiliza e intenta desaparecer los saberes, conocimientos y las sabidurías de los pueblos colonizados. Este modelo global de racionalidad científica, al someter o desconocer paulatinamente las demás formas de conocimiento porque difieren de sus principios epistemológicos y metodológicos, se convierte en un modelo totalitario de conocimiento, ya que se considera como el único válido (Santos, 2012: 21). A pesar de esto, muchos conocimientos de nuestros pueblos persisten y resisten morir o ser exterminados, aunque, lamentablemente, están fragmentados y dispersos. Por ello, descolonizar implica romper con los discursos de verdad científica para empezar a tejer y aprender de otras pedagogías (Guerrero, 2010b) presentes en nuestros pueblos y culturas.

> [...] la descolonización como proyecto intelectual tiene que reconocer la variedad de historias coloniales, su diversidad histórica y epistémica. Así, la *diversalidad* o la diversidad como proyecto universal no sólo desmonta el eurocentrismo, sino que monta variados puntos de creación y transformación epistémica, ética y política (Mignolo, 2001: 41).

De acuerdo con Mignolo, en el siglo XIX comenzó a emerger un tipo de "pensamiento en y desde la diferencia colonial que postula la diversidad (la diversidad epistémica como un proyecto universal) y no ya la búsqueda de nuevos universales abstractos de derecha o de izquierda" (2001: 18). Los enunciados o pensamientos que tienen lugar en la diferencia colonial, explica Mignolo, son aquellos que son proferidos en distintos lugares de enunciación y referidos a distintos terrenos histórica y geopolíticamente constituidos desde el interior mismo de la Modernidad y de la expansión colonial e imperial; es decir, que se dan al margen —palabras de Dussel— de los lugares de enunciación hegemónicos, de la Totalidad que pretende ocuparlo todo, y que al hacerlo margina y oculta lo que niega, pero no lo destruye, porque no puede aniquilarlo. Este trabajo es una voz desde esa diferencia colonial.

La *diferencia colonial epistémica* busca subvertir el orden y las relaciones asimétricas de poder que han caracterizado al campo de las ciencias. Se trata de que a los que se les ha negado la voz, la den a conocer y que hablen por sí mismos. Decir esto, aclara Mignolo (2001), no es que sólo las mujeres puedan hablar acerca de las mujeres, los afrodescendientes sobre los afrodescendientes, o los pueblos originarios de los pueblos originarios del Abya Yala, sino que tanto los otros (académicos-intelectuales dominantes, privilegiados), como nosotros (pueblos originarios, afrodescendientes, mestizos oprimidos), podemos y debemos hablar por nosotros mismos, y además, cuestionar o criticar lo que se escribe tanto de nosotros como de los otros.

Tenemos muy claro que construir, generar o sistematizar conocimiento propio latinoamericano (y dentro de éste, un conocimiento desde los pueblos mismos: afrodescendientes, originarios, mestizos, etcétera), o visibilizar conocimientos que tienen raíces ancestrales (que vienen de tiempos lejanos que no son estáticos e inmutables), no es dejar de lado los aportes de Occidente —tal proyecto sería insostenible—, sino evita considerarlos como los únicos referentes conceptuales o el punto de partida para entender nuestra propia realidad; es partir de lo propio y luego tejerlo con los otros conocimientos y saberes.

Sólo en la medida en que los pueblos, culturas y sociedades construyan y sistematicen sus propios conocimientos, epistemologías, filosofías, historias, entre otros, los ámbitos de la realidad occidental dejarán de ser los únicos referentes, para dar paso a otras visiones, perspectivas y formas de ver, entender, hacer, pensar y sentir la realidad. Construir nuestros propios conocimientos implica también hacer ruptura con "aquella práctica en la que alguien (generalmente llamado 'experto' o 'especialista') habla por nosotros, nos convierte en su espejo o en su materia prima" (RACCACH, 2011: 5). Buscamos con esto "convertirnos en protagonistas y autores de nuestra propia historia" (DMM, "Reunión raccach 02/08/2008" en RACCACH, 2011).

Antropología del nosotros

Quienes intentamos contribuir con el proceso de la descolonialidad del saber, desde la antropología, tratamos de seguir referentes teórico-metodológicos acordes con nuestra realidad. En mi caso, he sido partidaria de la propuesta de Baltasar Ramos Martínez (2010) en relación con forjar una *antropología del nosotros*, que no se aboque a estudiar únicamente las diferencias culturales, sino también las coincidencias y semejanzas culturales que nos atraviesan y cruzan como sociedades humanas: cultura, historia, opresión, despojo, colonización, pobreza, discriminación, racismo, resistencia, utopías, entre otros, pero tampoco implica borrar la diversidad y las diferencias entre experiencias, vivencias e historias que a los pueblos del Abya Yala les ha tocado vivir. Asimismo, se busca romper con la dicotomía *sujeto* y *objeto* de estudio, y con el distanciamiento metodológico de la realidad estudiada.

El planteamiento de una *antropología del nosotros* se fundamenta en el hecho de que la mayoría de quienes se forman como antropólogos en la Facultad de Ciencias Sociales de la Universidad Autónoma de Chiapas (Unach), México, son los propios mayas, zoques, afrodescendientes y demás, que fueron y son "objeto" de estudio de los primeros antropólogos europeos y estadounidenses, pero que ahora son quienes se forman en esta disciplina. Entonces, "antropólogos y sujeto investigado son uno mismo, es decir, ambos conforman el Nosotros" (Ramos Martínez, 2010: 8). Bajo esta propuesta, se busca que el antropólogo se asuma como parte de lo estudiado, y no pretenda ser ajeno y diferente a su realidad cuando estudia su comunidad, cultura, historia, idioma, cosmovisión. Ser consciente de esta realidad (de ese *nosotros* heterogéneo) y tenerlo presente en el proceso de investigación, permitirá un acercamiento diferente con la cultura, la gente, y asumir mayor compromiso con nuestra realidad para transformarla. Seguir esta propuesta me ha permitido tener mayor conciencia de la riqueza cultural de mi pueblo, mayor atención a la lengua propia (maya tseltal), un volver la mirada y el corazón a la cultura propia (maya tseltal); de estudiar mi propia cultura porque uno no puede valorar, fortalecer o transformar algo que no conoce a fondo.

Anteponer la cultura propia en las reflexiones académicas me permitió prestarle atención a la presencia y recurrencia de la palabra *o'tanil* (corazón) en la comunicación oral en tseltal, por lo que emprendí la investigación con hombres y mujeres de mi comunidad para profundizar en la reflexión de su presencia, visibilización, enseñanza y aporte para la sociedad en general.

Lengua y cosmovisión

Carlos Lenkersdorf (2005), en su libro *Filosofar en clave tojolabal*, escribe que un pueblo que tiene o ha desarrollado una lengua propia tiene así también una manera de filosofar, de pensar y ver el mundo. Por ello, para este lingüista todo pueblo está filosofando, y no es un arte exclusivo de Occidente, en específico de Grecia, como nos transmite la educación formal en las aulas. Pero la lengua no sólo permite conocer esa forma particular de filosofar el mundo, sino también cómo a partir de ella se forma y practica una manera de concebir, comprender, visionar y estar en el mundo, es decir, una cosmovisión. La cosmovisión o las cosmovisiones permean el quehacer cotidiano de las personas (prácticas, pensamientos, sentimientos, idioma, creencias, valores). "En resumidas cuentas, la presencia de la cosmovisión en todas las bifurcaciones de las ramas de una lengua conforma de maneras diferentes el filosofar de una nación o cultura determinada" (Lenkersdorf, 2005: 12).

Dentro de una lengua, explica Lenkersdorf, existen palabras clave que permiten comprender el hacer filosófico de un pueblo. Una de éstas, que él encuentra y analiza, es *tik*, que quiere decir "nosotros". El *nosotros* no sólo está en el hablar cotidiano, sino también en la vida, actuar y manera de ser del pueblo. Entonces, el *tik* "representa un elemento tanto lingüístico como vivencial [porque] determina la textura del hablar, pensar y actuar de tal pueblo y cultura" (2005: 26). A estos tres aspectos agregamos uno más: el sentir, ya que también se expresan emociones, anhelos, sentires, sueños, esperanzas y vivencias. Las palabras clave, explica este pensador, no reciben una explicación particular, puesto que están en el hablar y dialogar de la gente, es decir, el significado es conocido por todos los participantes. El pensar y vivir *nosótrico* se observa en la poesía, en el estar dentro de la comunidad, en la forma de aplicar la justicia, en las asambleas comunitarias, en la educación, en la forma de resolver los problemas, en la importancia de lo colectivo-comunitario, en la concepción de que todo lo que existe en el universo tiene vida y corazón. El *nosotros* no sólo se refiere a los humanos, "sino que incluye a plantas y animales, cerros y valles, cuevas y manantiales. Dicho de otro modo, todo vive, todo tiene corazón o alma, el principio de vida. Vivimos, pues, en un círculo de extensión cósmica y no solamente social" (Lenkersdorf, 2005: 141).

De esta forma, los idiomas nos dicen mucho; nos reflejan otras visiones del mundo, de filosofar la existencia. Llegar a captar, entender y explicar esto requiere aprender la lengua, maya en este caso, y dejar de operar sólo en los paradigmas hegemónicos de la lengua castellana o inglesa, que han sido consideradas "las únicas lenguas de conocimiento, que están en capacidad de expresar verdades del conocimiento científico racional" (Guerrero, 2010a: 26).

O'tanil (corazón) —al igual que *tik* (nosotros), estudiada por Lenkersdorf (2005); *ch'ulel* (alma), por Pitarch (1996), y *lekil luxlejal* (vida plena), trabajada por Paoli (2003)— es una palabra que nos abre al conocimiento de la visión del mundo de los mayas tseltaletik de Bachajón, porque al ser mencionada no refiere sólo al órgano fisiológico del cuerpo humano, sino a un centro de donde emanan los pensamientos, acciones, saberes y los sentimientos de las personas, animales, de las plantas, de los dioses; donde se viven y guardan los sueños, las esperanzas, las alegrías, los dolores, las tristezas, las preocupaciones, los deseos y la sabiduría; donde sale la honestidad y fuerza de la palabra, tal como explicaron y compartieron las mujeres y los profesores bilingües de Bachajón en los talleres de reflexión colectiva implementados en la investigación. Gran parte de lo que presentaré en el siguiente apartado fue vertido en dichos espacios de reflexión.

La implementación de talleres como una técnica de investigación dentro de este trabajo responde a la necesidad de imaginar otras formas de acercamiento y diálogo con la gente de nuestra propia cultura. No busqué sólo el conocimiento, sino vivir un proceso de reflexión colectiva con la gente sobre el *corazón* y el idioma tseltal, porque estos espacios son idóneos para compartir ideas, pensamientos, saberes y sentires entre todos los actores presentes. Además, es un espacio de enseñanza y aprendizaje mutuo/colectivo, de concientización y activismo para cualquiera de los individuos presentes. Joanne Rappaport (2011) señala que, aunque los resultados de los talleres no se publiquen, el hecho en sí mismo y el proceso vivido en dicho espacio dejan una huella duradera en las personas.

Las implicaciones del *o'tan - o'tanil* (corazón) en nuestro idioma y la forma de ser-estar-pensar-sentir *(stalel)* de los tseltales

Una de las primeras reflexiones colectivas que emergieron de los talleres fue que el corazón (*o'tanil*) es importante en nuestro idioma y existencia, porque es lo que nos mantiene vivos. Si no estuviéramos vivos por medio del corazón, no lo mencionaríamos. Además, la raíz de nuestra palabra-idioma viene de la alegría de nuestros corazones, por eso, siempre cuando hablamos nos referimos al corazón. En nuestros corazones nace la alegría, el cariño, el amor y el sentimiento.

Asimismo, el *o'tanil* es el lugar donde nacen nuestras ideas, pensamientos y acciones. *Jnantik* María Pérez Gómez explicó que del corazón nace lo que hacemos porque para todo lo mencionamos: "'mi corazón quisiera comprar eso'…, 'mi corazón quisiera ir allá'… es tu corazón que mencionas; cualquier cosa que hagas es tu corazón; mi corazón quiere visitar a alguien, pero no iré si no tengo dinero". *Jnantik* Juana Hernández Gómez reafirma esto al decir que "todo emana del corazón, no mencionamos otra cosa, no utilizamos la cabeza o nuestro cerebro".

Jnantik Tomasina Moreno Gutiérrez, *xtut* Mariela Hernández Hernández y *xtut* Petrona Hernández Hernández reflexionaron y compartieron que el corazón "tiene importancia porque todo lo que pensamos está en el corazón; es el corazón quien te manda a hacer las cosas". Además, nuestros corazones "nos enseñan que del corazón proviene todo, si tú piensas que irás a pasear, irás porque ya lo pensaste en tu corazón". Mostrándonos la presencia del corazón como conocimiento, sabiduría, pensamiento y sentimiento, estas mujeres nos dicen: "el pollo, el perro tienen corazón, sólo que no hablan, sólo nos busca y viene a sentarse ante nosotros, así podemos saber su corazón (lo que quiere y piensa)".

Por otro lado, un equipo de pedagogos, representado por el profesor Jerónimo Jiménez, señaló que el corazón es importante porque *"ja te nopojibal, p'ijilal, bin yilel jk'ayineltik ta jlumaltik"* ("es el pensamiento, la sabiduría, nuestro modo de ser aprendido en nuestro pueblo"). En esta misma línea, el profesor Elías Díaz

Guzmán manifestó que el corazón es el centro de todo, de ahí que digamos "Si así quiere mi corazón, lo voy a hacer". Del corazón "viene lo que hacemos, por eso, aunque haya inteligencia en tu cabeza, pero si tu corazón no está convencido, simplemente no lo haces. De ningún otro lado surge lo que hacemos, más que en el corazón".

El profesor Juan Carlos López Hernández reafirmó que nosotros, los mayas tseltales, *"ma ya jnoptik ta joltik, te k'opojemotike ta ko'tantik, jich k'ayemotik a, te ya x-och' jletiktal ta nameye manix ya jnatik ban jachemtal"* ("no aprendemos-pensamos-reflexionamos con la cabeza, sino desde el corazón, así estamos acostumbrados, si empezamos a buscar de dónde viene esto, no lo vamos a encontrar"). Agregando a esta reflexión, el profesor Manuel Moreno Gómez señaló que si bien hay quienes dicen *sjol yo'tan* ("su cabeza su corazón") para referirse a que la acción, el sentir, el pensar y el decir son con las dos partes de la persona y del cuerpo, en realidad, la mayoría sólo mencionan al corazón para dichos procesos. Esto porque, como observa este educador, *"jich stalel yayel te tseltaletik e, spisil ora ya jtatik ta jalel ko'tantik"* ("así es la forma de ser-estar-hacer-sentir de los tseltaletik, siempre aludimos al corazón").

De igual forma, *jnantik* María Pérez Gómez señaló que el corazón es quien anhela y desea las cosas. Para ejemplificar esto, *jnantik* Juana Hernández Gómez comentó: "mira, si dices: mi corazón está sediento (*takin ko'tan*), buscas lo frío; cuando lo tomas te relajas, si no, no es que ahí quedó ya. Aunque [tomes] otra cosa, tu corazón seguirá recordando-anhelando lo otro". Tu corazón "lo recuerda siempre, ya que lo está anhelando. Tu corazón quisiera que… ya estuviera en tu boca, hasta que le des, tu corazón se queda contento", agregó *jnantik* Petrona Hernández Silvano.

Tanto profesores bilingües como mujeres tseltales también observaron que el corazón *"ya yak' sp'ijil joltik"* ("da sabiduría a nuestra cabeza") y a la persona, "ya que lo que te dice tu corazón, lo haces. Así pues, no hay que dejar de decir esto…; no podemos decir 'conciencia' en lugar de 'corazón' porque se pierde esta raíz de la palabra de nuestras madres-nuestros padres (*jmejtatik*)". El corazón como sabiduría y conocimiento lo poseen tanto las personas como los animales, las plantas, los dioses y las diosas, la tierra y demás seres que habitan el universo, incluso los mismos dioses. Por ejemplo, cuando decimos que "el pollo sabe dónde dormir, dónde está su dueño, es porque tiene corazón [...]. Así como los pollos de tu mamá, éstos nunca los ves que ya se van a comer a otro lado, ¿por qué?, porque conoce y sabe en su corazón dónde están sus dueños, así pues los pollos tienen corazón (sabiduría)", explicó *jnantik* Petrona Hernández Silvano.

Por otro lado, el *o'tanil* describe el carácter, la personalidad, gusto y temperamento de una persona. *Jnantik* Laureana Pérez Cruz lo hizo evidente al referir que los mayas tseltales solemos decir *wen p'ij laj yo'tan* (su corazón es muy sabio) o *wen ay yo'tan* (tiene mucho corazón) cuando a una persona le gusta y sabe hacer varias cosas, ya que es en el corazón donde nace lo que queremos y nos gusta hacer. Por eso decimos "así es su *stalel*" (forma de ser-hacer-decir-pensar-sentir) o su *yo'tan* (corazón) de esa persona cuando a ésta le gusta o no trabajar. O bien, decimos que hay personas "con corazón" (*ay yo'tan*) y otras que "no tienen" (*mayuk yo'tan*) o "aún no tienen" (*mato ayuk yo'tan*).

Los hombres y las mujeres con corazón son aquellas que poseen sabiduría y conocimiento para hacer las cosas, saben cuidarse por sí mismos, hablan con la verdad y no mienten; saben responder a las preguntas, hablan con elocuencia, saben comportarse, no agreden en vano, cumplen su palabra, trabajan y cuidan a su familia; saben lo que quieren en la vida, lo que dicen es coherente con lo que hacen y con sus vidas. "Un borracho que dice cosas sin sentido es una persona sin corazón".

Las personas sin corazón (*mayuk yo'tan*) son descritas como aquellas que *x-och ta lomlom k'op*, *loil k'op* (hablan sin sentido o hacen bromas) en momentos no oportunos. Aunque también se describe así a los niños que están en crecimiento todavía y no saben qué hacer, agarran cualquier cosa. Pero conforme crecen, aprenden a comportarse, a asearse, a comer, a valerse por sí solos y a estar en sociedad. Por eso decimos que *nok'ol stsakbeltal yo'tan* (le está llegando su corazón). El profesor Miguel Espinoza Guzmán explicó que cuando decimos que los niños aún no tienen corazón es porque aún no tienen el conocimiento suficiente para realizar una acción, y no porque no tengan corazón (órgano fisiológico).

Algo importante es que no sólo los niños podían no tener corazón, sino también los adultos y ancianos al no saber comportarse adecuadamente en la sociedad. Así como hay personas adultas sin corazón, también encontramos niños con corazón.

De igual forma, para nosotros, es del corazón de donde emana el afecto, el cariño, la solidaridad hacia nuestros compañeros. El profesor Juan de Jesús Hernández Moreno explicó que "*te k'anele ta wo'tan ya xjach. Sjelta smelelil skaj jachemtal ta ko'tan, jayu'un ya kaltik: 'ta spisil ko'tan'. Te o'tanile ja smelelil k'op*" ("El *amor-querer* nace en el corazón. Este sentimiento es verdadero-sincero porque nace del corazón, por eso decimos: 'con todo mi corazón'. El corazón es la verdad-sinceridad-honestidad de la palabra"). De esta forma, al mencionar el corazón le da importancia y grandeza a lo que decimos, porque es hablar con la verdad-honestidad-sinceridad. En relación con esto, el profesor Jerónimo Jiménez Hernández también nos compartió: "Mi abuela me dijo una vez hace tiempo: 'hijo, eres muy querido por mi corazón, así debes querer a tus hijos también'. Aunque sea un huevo, nos daban, eso reflejaba que éramos apreciados por el corazón de mi abuela". Por esto, las enseñanzas del corazón debían seguirse recordando y conociendo "para que no se pierda en nuestros corazones el apreciarnos y respetarnos mutuamente, para que siempre nos estimemos y apoyemos". "Es importante que siga vivo el corazón para el bienestar de nuestro pueblo, así muestras la alegría de tu corazón hacia tu gente, y no en vano los agredas verbalmente", concluyó este profesor.

Otro aspecto del corazón tiene que ver con la fortaleza y esperanza tanto individual como colectiva. Antes, explicó *jnantik* Laureana Pérez Cruz, nuestras madres-nuestros padres (*jmejtatik*) preguntaban a sus hijos ¿*tulanbal awo'tanik*? (¿están fuertes sus corazones?) para saber sobre sus *emociones-sentimientos*. La respuesta era: están fuertes, están mal, no están bien o están bien. Si la respuesta daba a entender que el corazón no estaba bien, entonces nos decían *tulanuk awo'tan* (fuerte sea tu corazón) o *mukuk' awo'tan* (grande sea tu corazón) para animar y dar fortaleza a través de las palabras. Cuando esta frase es pronunciada con sinceridad, la fuerza es sentida por el corazón de la persona a quien va dirigida, de ahí su potencial espiritual porque alienta a la persona a persistir, a luchar, a no dejarse vencer fácilmente, a tener paciencia y a confiar en las cosas venideras. El *mukuk' awo'tan* también está estrechamente relacionado con el *yip o'tanil* (fuerza del corazón). Una maya tseltal de Taniperla (municipio de Ocosingo, Chiapas) le explicó a Antonio Paoli (2003) que "*ay yip ta ko'tantik ta smahliyel* (hay fuerza en nuestros corazones para esperar) las cosas cuando sabemos que van a llegar o a darse a partir de las experiencias de vida".

Esta reflexión es enriquecida por el profesor Jacinto Gómez Hernández, quien señaló que "cuando nosotros no sabemos o logramos hacer algo, nos dicen: *pasa tulan, muk'uk awo'tan* (sé fuerte, grande sea tu corazón). Como nadie más dará fortaleza y ánimo a tu corazón, por eso te dicen que lo hagas fuerte y grande tú mismo. Eso sería la autoestima". Si bien el *muk'ubtesel* o *tulantesel o'tanil* (engrandecer o fortalecer el corazón) tiene que ver con la autoestima —como lo explicaron los profesores—, consideró que ésta no se adquiere o eleva sólo con pronunciar dichas frases, sino mediante un proceso de fortaleza espiritual individual y colectiva que viene a partir de transformaciones profundas en las condiciones de vida de las personas (no más pobreza, injusticia, discriminación, alcoholismo, drogadicción, desigualdad social, racismo), de un proceso de reencuentro con nosotros mismos, nuestros corazones y nuestras raíces. Ahí creo que radica la esencia de engrandecer al corazón.

El corazón no se refiere al órgano fisiológico nada más, pues también lo poseen los animales y las plantas, de ahí que no haya que cortar las plantas ni maltratar a los animales porque les duele, como a nosotros. Los *Ajawetik* (Dueños de lo que existe) también tienen corazón, por ello los principales (mayores de la comunidad) les pronuncian los *pat o'tanetik* (saludos del corazón) para que sus corazones estén alegres y para que nos cuiden.

Corazón: vida-existencia manifestada en el agua

La parte sagrada del *o'tan* en la visión y práctica de nosotros, los mayas tseltales, se encuentra, por ejemplo, en la presencia-existencia-práctica del *pat o'tan*, que puede ser traducido e interpretado como "lo profundo del corazón", "el saludo del corazón", "lo que envuelve a los corazones" y el "abrazo del corazón". Los *pat o'tanetik* (plural de *pat o'tan*) son diálogos poéticos que pronuncian los *principaletik* en celebraciones específicas, tales como el *Loil K'in* (Fiesta al Sol), en la Fiesta de la Cruz del Agua y del Potrero, en la pedida de alguna mujer, en ciertas curaciones, en el ritual de agradecimiento a la tierra en la milpa, agradecimiento a la tierra por los animales domésticos. Cada principal recrea el *pat o'tan* en el momento que lo pronuncia sin perder, por supuesto, la estructura general de este canto poético. Aunque un principal pronuncie dos *pat o'tanetik* en la misma celebración nunca sale idéntico.

En el *pat o'tan* del agua, por ejemplo, pronunciado por el principal Manuel Hernández Moreno del ejido San Jerónimo Bachajón (3 de mayo de 2008) en la Fiesta al Agua, se dice que este *jtatik* es un intermediario entre el agua, la tierra, el tiempo, el universo (*Ajawetik*) y la cruz, y los hombres que beben de ese ojo de agua. Le habla y ofrenda a las cuatro esquinas de la sagrada agua, le pide que siempre haya agua en la caja donde se almacena este líquido, que no se seque, que no desvíe su cauce. También señala que con el agua las personas lavan su cara y su corazón, con el agua se ven hermosos sus rostros y sus corazones. El agua es la humedad de la cabeza y del corazón de los cerros y de las cuevas, el agua es lo que nos mantiene vivos. Se le pide a los *Ajawetik* que no se enojen si alguno de sus hijos, retoños, parientes, no están presentes ese día, pues ellos, aunque no estén, enviaron sus ofrendas, sus obligaciones. Cuando se les ofrenda el aguardiente, el caldo de pollo, el cacao y el incienso, se le dice a los *Ajawetik* (el agua y la tierra misma) que se reúnan alrededor de estos presentes, que se sumerjan en ellos, que los beban y coman. Ellos son los primeros que prueban y comen las ofrendas; las "sobras" son lo que tomamos nosotros para mojar nuestras bocas y nuestros corazones. Se les pide a los *Ajawetik*, a través del *pat o'tan*, que tomen su ofrenda para que haya más retoños suyos y que no se enojen si entre sus hijos suyos hay quienes juegan con el agua. Se les pide a los cerros, a las cuevas y al agua que abran su corazón y su cabeza respondiendo a las palabras del principal. Se agradece el verdor y la frescura del agua que hacen posible el crecimiento de los alimentos de las personas. Gracias al agua hay maíz, frijol, animales y salud para sus hijos (nosotros).

En este sentido, la existencia y práctica de los *pat o'tanetik*, como señaló *jnantik* Laureana Pérez Cruz, muestra que "*te jmejtatik, nameye snaojik snopojik te ha'e, te witse, te ch'ene kuxulaj, yalaj xba sk'oponik dios tey a, ya xba sk'oponik te balumilale*" ("nuestras madres-nuestros padres, desde hace tiempo, saben que el agua, los cerros, las cuevas están vivos, por ello, ahí van a hablar con dios, van a hablar con el universo-tierra"). Por eso no sirve maltratar o tomar en grandes cantidades los frutos que da la tierra o los seres que habitan y brotan de ella, porque los *Ajawetik* se enojan, nos pueden morder. A través de los discursos, los (o las) *Ajawetik*, parecen tratarse de una serpiente guardiana-diosa de lo que existe, seguramente porque la serpiente, uno de los símbolos mayas por excelencia, como explica Mercedes de la Garza (1998), representa y está ligada a la tierra, a la fertilidad, a la vida. *Jnantik* Laureana dijo "uno debe de ofrendar y hablar con la tierra para que uno pueda comer contento lo que obtenga de ella, no sirve que agarremos así nada más. Hay que decir el *pat o'tan* para pedirle permiso a la cueva, al agua, a la tierra, el universo, a dios".

Por todo lo anterior, el profesor Juan Carlos Hernández López señaló que es importante pensar, escribir y sentir el corazón porque esta palabra nos lleva a pensar-sentir-recordar las primeras enseñanzas de nuestras madres-nuestros padres.

Conclusiones

Con lo expuesto en este texto, esperamos dar cuenta de que el corazón ha sido y será un elemento importante en la comunicación y vivencia de los tseltales de Bachajón, Chiapas, México. Hablando con las mujeres y los profesores tseltales de este pueblo, el corazón es una *stalel* (forma de ser-sentir-hacer-pensar-decir-vivir) de nosotros porque referimos al corazón para todo lo que hacemos, no a la cabeza. Todo brota en el corazón: el deseo, la verdad, el cariño, los sueños, el anhelo, las palabras, la vida, los sentimientos, los pensamientos, las emociones, las acciones, el conocimiento, el carácter (fuerte, sensible) y temperamento de las personas, el gusto o inclinación por tal o cual oficio. El corazón refleja la vida, por eso se dice que todo está vivo y tiene corazón: las montañas, el agua, la tierra, el maíz, los animales, las plantas, los rayos, la lluvia... Este saber-sentir-pensar-decir-vivir implica que "estamos rodeados de 'hermanos vivientes' y ubicados en un todo organísmico vivo. Es decir, hay un sinnúmero de seres vivientes, de especies, y nos encontramos en medio de ellas, siendo una especie entre muchas" (Lenkersdorf, 2005: 145). Asimismo, el corazón es el lugar donde se guardan las memorias, los dolores, las tristezas, los miedos, las alegrías, las esperanzas: no más violencia, injusticia, desigualdades, pobreza y racismo.

También, la presencia del corazón se vuelve sagrada a través de la existencia de los *pat o'tanetik* (saludos-abrazos del corazón), porque su composición nace y se da en el corazón de los principales sin ir a la escuela ni memorizarlos; este saber brota del corazón de forma natural, es un don dado por los dioses para uso del bien colectivo y del universo. Además, es sagrado el *pat o'tan* porque se dice y materializa en un tiempo específico y sagrado: en la Fiesta al Agua *(K'in Ha')*, en la Fiesta al Sol *(Loil K'in)*, en la Cruz del Potrero, en la milpa o en la casa. Estas palabras poéticas del corazón y para el corazón de los *Ajawetik* (dioses, guardianes o guardianas) están acompañadas de alimentos y bebidas sagradas (caldo de pollo, cacao, aguardiente, cigarros), así como de incienso, velas, música tradicional, danzas, y el buen corazón de la gente.

A través de la categoría *o'tan - o'tanil* (corazón) hemos visto cuánta riqueza guardan nuestros idiomas, cuántas sabidurías y enseñanzas que nos permiten comprender nuestra visión integral o en conjunto del mundo, es decir, donde todos los seres se relacionan y conviven; diferente de la visión occidental, moderna colonial, que segmenta la realidad, divide y opone —como enemigos contrarios irreconciliables— *mente* (ubicación del razonamiento) y *alma*, cultura y naturaleza, humano e inhumano. Pero este saber del corazón se pierde y diluye si se deja de hablar en maya tseltal y el español se vuelve el primer y único idioma de referencia en esta región. Comento esto porque en Bachajón vemos y escuchamos frases como *pasa pensar* (piensa) y *mayuk apensar* (no piensas) en vez de *mayuk awo'tan* (no tienes corazón), lo cual viene no sólo a desplazar el idioma, sino una concepción particular del mundo y estar en él.

Esta sabiduría y cosmovisión del corazón permite entender que hay otras formas de vivir, actuar y sentir la vida, lo que nos rodea, el universo; el decir que todo tiene vida nos lleva a relacionarnos con nuestro entorno de otra manera, más humana, que evite la violencia, la destrucción de la naturaleza y la vida. La cosmovisión del corazón es un potencial para la descolonización del *ser* y *saber* porque, si bien en la investigación me centré en mi propia cultura, hay referencias que muestran que este *pensar-sentir* desde el corazón lo comparten varios pueblos y culturas del Abya Yala: *o'tan* entre los mayas tseltales, *puksi'il* entre los mayas yucatecos, *pusik'al* entre los ch'oles, *'altzil* entre los mayas tojolabales, *yólotl* entre los nahuas, *shungu* entre los kichwas de Ecuador, *gianzubuni* entre los suruwahuas de la Amazonía de Brasil. El reto es profundizar en esas referencias para cruzar y entretejer estos saberes invisibilizados y marginados hasta el momento por el conocimiento científico hegemónico.

Bibliografía

Guerrero Arias, P., *Corazonar. Una antropología comprometida con la vida*, Ecuador, Abya Yala - Universidad Politécnica Salesiana, 2010a.

—, "Corazonar desde las sabidurías insurgentes el sentido de las epistemologías dominantes para construir sentidos otros de existencia", *Sophia. Pensamiento, sociedad y complejidad: miradas desde la filosofía de la educación* 8 (2010b), pp. 1-31.

Lenkersdorf, C., *Filosofar en clave tojolabal*, México, Porrúa, 2005.

Mignolo, W., "Introducción" en W. Mignolo (comp.), *Capitalismo y geopolítica del conocimiento. El eurocentrismo y la filosofía de la liberación en el debate intelectual contemporáneo*, Buenos Aires, Ediciones del Signo, 2001, pp. 5-53.

Paoli, A., *Educación, autonomía y lekil kuxlejal: Aproximaciones sociolingüísticas a la sabiduría de los tzeltales*, México, UAM-Xochimilco, 2003.

Pitarch, P., *Ch'ulel: una etnografía de las almas tzeltales*, México, Fondo de Cultura Económica, 1996.

Quijano, A., "Colonialidad del poder, cultura y conocimiento en América Latina" en W. Mignolo (comp.), *Capitalismo y geopolítica del conocimiento. El eurocentrismo y la filosofía de la liberación en el debate intelectual contemporáneo*, Buenos Aires, Ediciones del Signo, 2001, pp. 117-131.

RACCACH (Red de Artistas, Comunicadores Comunitarios y Antropólogos de Chiapas), "Tejiendo Nuestras Raíces de cara a las Múltiples Crisis" en V. Vargas, M. Daza y R. Hoetmer (eds.), *Crisis y movimientos sociales en Nuestra América: cuerpos, territorios e imaginarios en disputa*, Lima, Programa Democracia y Transformación Global y UNMSM, 2011.

Ramos Martínez, B., "El campo de Antropología Social en la Unach. Crítica para otra propuesta", disertación doctoral, Instituto de Estudios Universitarios, Tuxtla Gutiérrez, Chiapas, México, 2010.

Rappaport, J., "Más allá de la observación participante: la etnografía colaborativa como innovación teórica" en X. Leyva *et al.*, *Conocimientos y prácticas políticas: reflexiones desde nuestras prácticas de conocimiento situado*, t. II, México, Las Otras Ediciones - Planeta Tierra, 2011, pp. 327-369.

Santos, B. de S., *Una epistemología del Sur: La reinvención del conocimiento y la emancipación social*, México, Clacso - Siglo XXI, 2012.

CAPÍTULO IV

Descolonizar la praxis política, desmoronar el racismo asimilado en pueblos oprimidos

Rossih Amira Martínez Sinisterra[1]

Introducción

En este texto se pretende dialogar con personas indignadas frente al mundo que tenemos hoy (de manera independiente a su definición sexual, biológica y/o de género), tanto con feministas, de izquierda, pensantes, progresistas, como con quienes no militan en ninguna corriente ideológica; interpelar a quienes consideran que el mundo de hoy no es posible sin la conciencización de los lugares que aventajan el existir en medio de las desigualdades. El objetivo será ofrecernos la oportunidad de aportar a la transformación de la sociedad, y observar desde la oscuridad, que no desde la "ilustración".

Muchas autoras negras han planteado críticas fundamentales al feminismo, las cuales llegan al punto de develar una realidad concreta y preocupante, en consideración a que el feminismo, entendido como propuesta política emancipadora, se queda corto frente al amplio campo de acción que generan las múltiples luchas de los pueblos ennegrecidos, las resistencias que han tenido que emprender en un mundo plagado de corrientes edificadas para la dominación; aunque algunas feministas radicales plantean que el feminismo es una lucha contra la opresión, pues el patriarcado y el sexismo pueden considerarse claramente como

---

[1] Comunicadora social y periodista de la Universidad del Quindío, Colombia; especialista por Acción sin Daño y Construcción de Paz, de la Facultad de Ciencias Humanas de la Universidad Nacional de Colombia, sede Bogotá. Especialista en Pedagogía de la comunicación por la Universidad Distrital Francisco José de Caldas, Colombia. Es, además, cofundadora de la Colectiva Matamba Acción Afrodiaspórica; feminista negra y periodista alternativa.

sistemas de opresión (Hooks, 2000). Pero el feminismo no ha traído a las mayorías negras la posibilidad de encaminar una lucha antisistémica que proporcione condiciones reales de emancipación, autonomía y justicia. Los privilegios raciales y de clase encandilaron a las proponentes de las dos primeras olas del feminismo clásico, y en la posterior secuencia programática de la creación feminista, los privilegios raciales se impusieron y llevaron el debate un paso adelante frente a los de la clase social. En la actualidad, muchas propuestas del feminismo abanderado por un amplio sector se alojan en la reducida capacidad de transformación que proporciona el *género* como categoría de análisis, tanto en las políticas de acción afirmativa, como en las metodologías de construcción de políticas públicas, el desarrollo teórico político de las académicas posmodernas y aventadas a dar la lucha por la circulación del conocimiento de algunas mujeres (*cisgénero*,[2] sobre todo) en los postulados individuales de la autonomía de las mujeres sobre el cuerpo y la sexualidad, así como en un sinnúmero de apreciaciones de corte liberal y neoliberal. Esto sin mencionar que el feminismo revolucionario está anclado en algunos textos académicos y en el discurso político de algunas activistas marginales que todavía batallan por ser escuchadas y legitimadas en escenarios académicos y del movimiento social en general, incluido el Sur global, en donde el feminismo es sobre todo un asunto masificado por y para las privilegiadas por la clase y por la raza, lo cual evidencia la lejanía abismal de esta propuesta con las poblaciones marginadas, sobreexplotadas, ennegrecidas e hipersexualizadas.

En la misma línea, las izquierdas en Colombia tienen una especie de ceguera plantada en el dogma de las ideas marxistas, nada antirracistas, poco antisexistas y francamente eurocentradas. La supremacía racial blanca se toma con tranquilidad los espacios de construcción y acción política considerados "revolucionarios", y de esta forma, demarca la existencia del racismo como estricto

---

[2] El concepto *cisgénero* es utilizado para hacer referencia a las personas que se identifican con la conformación biológica del sexo que le fue asignado al nacer. Lo contrario a *cisgénero* sería *transgénero*.

moldeante del pragmatismo político propuesto por estos espacios. Entonces, surge la inquietud que incomoda: ¿Qué está produciendo la Diáspora africana y los pueblos indígenas para ir en la vanguardia de las transformaciones sociales que requiere el mundo y las sociedades futuras, más allá del marxismo, el feminismo, el anarquismo y todos los *ismos* inventados en la Europa blanca? ¿Por qué las personas críticas identificadas como activistas políticas/os decoloniales son recurrentemente seguidoras/es de la literatura llevada a lo público, a la academia y al mundo político por hombres blancos y blanco-mestizos, seguidos de mujeres blancas, blanco-mestizas y mestizas claras en formatos hegemónicos de distribución ampliada?

En este escrito encontrarán una serie de inquietudes que todavía no logran permear con fuerza las discusiones del feminismo y el anticapitalismo en las américas hispanohablantes y el Caribe, sólo han logrado rayar la coraza que hay en la superficie eurocéntrica del movimiento feminista y de las izquierdas, a pesar del incansable esfuerzo poco valorado que han protagonizado mujeres no hegemónicas negras e indígenas en diferentes contextos de las geografías mencionadas.

Para hacer algunos aportes básicos a las expresiones organizativas de los movimientos sociales, a las académicas/os y al mundo político en general sobre el problema racial, se propone iniciar en este recorrido con algunas reflexiones sobre el beneficio programático que genera al eurocentrismo y al racismo la representación de las personas negras en medio del ambiente político colonizado y colonizante que caracteriza a las sociedades llamadas latinoamericanas y del Caribe hispanohablante.

Seguido a ello, en el recorrido de esta lectura se propone ahondar en la concienciación general, colectiva y masiva de la existencia de los rezagos coloniales y esclavistas que perpetúan la desigualdad, el despojo, la marginación y la violencia sobre las personas negras/afrodescendientes, con la intención de hacer visible una problemática estructural que los Estados americanos no han logrado abordar, ni siquiera en las propuestas gubernamentales anticapitalistas de las izquierdas que se tomaron el poder a finales del siglo XX y principios del XXI.

Se aborda también la reflexión sobre la denominación o categorización que usan algunas corrientes académicas y activistas sociales, que eclipsa el lugar de privilegio racial al utilizar de manera exclusiva la categoría *racializada/o* para referirse a las "personas oprimidas por el racismo", lo que provoca una imprecisión política que debe ser revisada para no perpetuar la dominación y las agresiones raciales entre grupos oprimidos y sus militancias políticas, como parte de la responsabilidad que se tiene al asumir una propuesta de descolonización.

Finalmente encontrarán algunas anotaciones que pretenden aportar a la intención de navegar en metodologías que permitan despertar el conocimiento legado por pueblos que ejercieron el cimarronaje activo para romper la ignominiosa institución de la esclavización y la colonización, la cuales se exponen como puntadas que acercan cada vez más la descolonización como parte de la agenda y el accionar político, que urge ser asumido masivamente por los movimientos sociales, los espacios de formación académica y las propuestas de estructuras administrativas para la transformación social.

La representación de las personas negras en el imaginario colectivo colonizante

No reconocer la persistencia de algunas categorías que edifican diferencias internas entre los pueblos negros/afrodescendientes[3] construidas en épocas coloniales puede poner en riesgo la responsabilidad de profundizar en el análisis estructural de la clasificación racial, que persiste de manera jerárquica en las sociedades de las américas y el Caribe en donde subsiste la Diáspora africana. Desaparecer la posibilidad de presencia masiva de los

---

[3] El uso que le doy a la denominación *negro* o *afrodescendiente* de manera conjunta representa hasta ahora la construcción contemporánea que hicieron sobre sí mismos algunos pueblos descendientes de personas, familias y pueblos africanos esclavizados en lo que hoy conocemos como las américas y el Caribe.

pueblos negros/afrodescendientes en las instituciones formales de educación trae consigo una carga simbólica importante para entender por qué, por ejemplo, la lucha del movimiento negro en Brasil —que exigió acciones afirmativas aplicadas a pueblos afrodescendientes— despertó el debate incómodo sobre la existencia de la pigmentocracia, que para el caso de Brasil fue materializada en una paleta de colores de piel de quienes se asumían o identificaban como afrodescendientes, afloraron términos o categorías coloniales como *pardo* (en otras regiones del Cono Sur esta categoría sería el equivalente al término *mulato*) que aún se utiliza con regularidad en las herramientas de conteo poblacional oficial del Estado brasileño. En la misma línea, la academia eurocéntrica, como hegemonía institucionalizada en los Estados modernos del hemisferio occidental,[4] se ha encargado de sostener la disputa histórica entre la producción de conocimiento de pueblos no blancos (y de pueblos blanqueados en función del privilegio racial y/o de la racialización blanca[5]) y la de las instituciones coloniales.

Adentrarse en la búsqueda de esas categorías no requiere de un análisis agudo, sólo falta estar alerta sobre ellas, por ejemplo: en un país como Colombia las representaciones culturales carnavalescas, televisivas, teatrales y en los textos escolares (impresos o dramatizados) sobre la gente de pieles negras suelen estar asociadas a los lugares de la servidumbre, la criminalidad, la fealdad, la brujería o magia negra (planteada como mala y patibularia) y la ilegalidad.

Mientras que la representación de personas que no tienen pieles negras, aunque sean afrodescendientes, se lleva hacia lugares menos inhóspitos en el escalafón racial, sobre este fenómeno de las jerarquías raciales y las representaciones ya se han hecho amplios análisis (Fanon, 1952 y 2009; Hall, 1997; Cunin, 2003; Romay Guerra, 2012) que permiten dilucidar cómo la alfombra de lo simbólico se materializa con las pisadas escabrosas de la domi-

---

[4] El uso de este término corresponde al sentido geopolítico del mismo, más que a su correspondiente básicamente geográfico.

[5] En páginas posteriores de este artículo se explicará la referencia a la *racialización blanca*.

nación en la vida cotidiana y el mundo competitivo del escenario laboral, en donde los rezagos de la esclavización todavía azotan la existencia de millones de personas negras atrapadas como obreras, en el servicio doméstico, en las plantaciones ilegales de la trata para la esclavitud sexual, en los fangosos lugares del lumpen, en las calles de barrios empobrecidos y en el "rebusque" de las grandes ciudades.

La activación del prejuicio racial en sociedades mayoritariamente blancas o blanco/mestizas provoca una acción concreta, la reasignación del lugar conferido hace más de cinco siglos atrás para las gentes negras, por ejemplo, en países como Colombia, por razones del conflicto armado interno se generó la migración masiva de personas y familias negras desplazadas de manera forzada de sus territorios ancestrales hacia las grandes ciudades del país, en donde el *continuum* del racismo les reserva el lugar de la miseria, obstruye procesos de movilidad social ascendente y ofrece a los niños y niñas negras escuelas y colegios impregnados de lógicas discriminatorias enseñadas de generación en generación, sin ningún tipo de censura por parte de la sociedad y mucho menos de las instituciones que rigen el modelo de educación y las normas de convivencia.

En las américas y el Caribe, aunque con matices, la reacción negativa en las calles de ciudades mayoritariamente blanco-mestizas frente al color de la piel negra es un determinante social, político, económico y cultural, como bien lo analizó Cunin: "La percepción del color moviliza esquemas cognitivos incorporados, normas sociales implícitas, valores culturales difundidos; revela mecanismos de atribución de status, de clasificación del otro y relaciones de dominación" (Cunin, 2003: 8), lo que hace más compleja la posibilidad de obtener el *buen vivir* y la vida digna para quienes desde la marginalidad y la sobreexplotación resisten al establecimiento colonizante.

Adicional a esto, las propuestas de análisis político que se desarrollan en los estudios o investigaciones que se proponen desde las organizaciones no gubernamentales y estatales, sobre comunidades o grupos humanos considerados "subalternos" tales como las personas no heterosexuales, las mujeres, el campesinado, poblaciones de inmigrantes, poblaciones negras/afrodescendientes entre otros, no suelen considerar la incorporación de una perspectiva analítica racial, como si la existencia del racismo no determinara la consecución de privilegios, así como de opresiones y, por ende, las acciones políticas desarrolladas para combatir o disminuir los impactos del patriarcado, el heterosexismo, el racismo y el capitalismo no son pertinentes, por lo contrario tienden a agudizar el problema.

En una paráfrasis a la novelista e intelectual afronorteamericana Alice Walker, la existencia de prejuicios raciales basados en el color o el tono de la piel[6] disminuye u obstruye la posibilidad de movilidad social, política, económica y cultural de las personas y pueblos de pieles más oscuras, mientras en contraposición de la obstaculización se benefician personas que tienen en su fisionomía una imperativa presencia de rasgos caucásicos y por supuesto, de pieles no negras.

Como consecuencia, en el orden mundial no es un secreto que los países más empobrecidos están habitados en su mayoría por pueblos con pieles cargadas de melanina, a quienes todavía la supremacía blanca les mira con intención colonizadora, enquistando proyectos de control territorial y epistémico que condensan estrategias como el extractivismo, el despojo, la asistencia humanitaria, el desarrollo (etno-eco)turístico y propuestas de formación académica eurocentradas, en nombre del "progreso" de los pueblos.

El mundo globalizado contemporáneo logra sostener el despliegue del racismo estructural como piedra angular de todos los sistemas de opresión, en donde las plataformas económicas, sociopolíticas y educativas de la burocracia gubernamental protegen el puntal de la clasificación racial para oprimir, con todas las formas de violencia, a pueblos colonialmente ennegrecidos, y privilegiar en la mayoría de los contextos a quienes son visiblemente blancos o cercanos a lo blanco, aunque muchos de éstos se en-

---

[6] *Colorismo* es el término que acuñó Alice Walker en 1982 para explicar, a través de esta categoría, la discriminación jerárquica que sufren las personas y comunidades por el color de su piel, incluso dentro de un mismo grupo racial.

cuentren en condiciones de opresión sistemática por el funcionamiento de otros vectores violentos, como los provocados por el heterosexismo, el clasismo y el colonialismo, sobre todo en las oportunidades de movilidad ascendente puestas en procesos laborales, académicos y políticos, hasta ahora la condición racial provoca discriminación y en algunos casos violencia, entre grupos y personas oprimidas, en una delimitación cargada por el prejuicio y la idea de inferioridad asociada a la aparición de un rasgo fenotípico contundente, el color ébano en la piel y todo el entramado de significantes que encarna su conexión simbólica e histórica al territorio y conocimiento africano.

El matador rezago viviente

La historia de la institución de la esclavización de personas negras y sus descendientes durante más de cuatro siglos, así como la de las resistencias y luchas cimarronas, conllevó a la existencia de particularidades políticas en el relacionamiento con y entre las personas que descienden directamente de las comunidades y pueblos esclavizados, de acuerdo con el contexto. Las comunidades han decidido resistir con diversas formas de expresión de su legado cultural y a la vez político; en otras, se decidió determinar el destino de los territorios emancipados por el cimarronaje para configurar formas propias de organización política al interior de éstas; pero también hubo territorios, como la gran región del Caribe insular y continental, en donde, pese a tener el hito histórico más importante del proceso de descolonización y emancipación de pueblos negros a principios del siglo xix (es decir, la osadía de la Revolución haitiana), se manifiesta con fuerza una de las consecuencias más controversiales del oprobio de la esclavización, puntualmente: la existencia de comportamientos asignados a la colonización socio-mental, tal como el médico e intelectual afromartinicano Frantz Fanon (1952) investigó y desarrolló en su texto *Piel negra, máscaras blancas*, un impecable trabajo psicoanalítico y político revelador de la carga de alienación generada por el colonialismo esclavista, que dejó como rezago un tipo de ideologización que superpone todo lo producido desde el conocimiento occidental y blanco, incluso atravesando las identidades y la percepción que las personas negras tienen de sí mismas y de su historia. Como consecuencia, queda la existencia de una infortunada carga de terminales coloniales instaladas a nivel psíquico.

A pesar de que la institución de la esclavización fue abolida y derrotada en el siglo xviii, en la actualidad se empieza a cerrar la primera década del siglo xxi y ningún país centro o suramericano ha construido a través de sus Estados una propuesta estructural medianamente descolonizante, y con ello la desracialización y despatriarcalización de la sociedad y sus grupos humanos; aunque se puede valorar como significativa la experiencia cubana con el sostenimiento implacable de varias espiritualidades de matriz africana de manera oficial, o el caso de Bolivia, en donde los pueblos indígenas llevaron sus propuestas de descolonización hasta el escaño presidencial para declararse un Estado de múltiples naciones y romper, así, con la tradición colonialista de exaltación a la propuesta de nación homogénea promovida por el eurocentrismo. Pero aún hay mucho camino por recorrer: la constricción del liderazgo de las mujeres indígenas ha sido denunciada en la Bolivia gobernada por el indígena Evo Morales, en donde también la existencia afroboliviana es prácticamente invisible en los espacios de poder gubernamental. Por otra parte, en Cuba las mujeres tienen lugares de subordinación dentro de las jerarquías patriarcales que el sincretismo religioso dejó en las espiritualidades negro-africanas como la santería, y ni hablar de la casi nula participación de gente de pieles negras en los más altos niveles de decisión del Estado.

En la misma línea, las américas y el Caribe poseen academias blanqueadas que no han profundizado en el reconocimiento de la producción teórica, empírica y espiritual antirracista que con fluidez pragmática han elaborado los pueblos negros-afrodescendientes, afrocaribeños e indígenas en sus territorios ancestrales, aunque hay propuestas provenientes de estos pueblos para desarrollar otros tipos de formación académica que propenden por la descolonización de las formulas pedagógicas de los sistemas de educación superior en sus países.

Por lo anterior, entre muchos otros factores que se desglosan en este artículo, el imaginario colectivo que se mantiene sobre las personas negras/afrodescendientes contiene una profunda raíz colonial alimentada por prejuicios y estereotipos raciales que se activan no sólo en el conjunto organizado de signos y representaciones construidos en los diferentes idiomas propios de los colonizadores (Hall, 1997), sino también en algunas expresiones de lenguajes criollos y/o nativos que de manera necesariamente creativa construyeron los pueblos en resistencia. Es entonces ineludible decodificar muchos símbolos, signos y construcciones arbitrarias que hay no sólo en el lenguaje verbal, sino también en los visuales, audiovisuales, institucionales, académicos y sonoros para despertar alertas en la conciencia colectiva, de tal manera que se pueda identificar cómo se hace funcional el imaginario colectivo al sistema jerárquico racial que sustenta el racismo y otros patrones de dominación configurados en el entramado de las opresiones.[7]

A pesar de la oleada provocada por el multiculturalismo acrítico que llenó de letras prometedoras a las constituciones políticas de Estados suramericanos como Ecuador, Colombia, Bolivia, Brasil, Perú, entre otros, y que ha permitido desarrollar (con dificultad) muy pocas e inconsistentes políticas públicas y medidas afirmativas de corte liberal para los pueblos considerados "vulnerables" o "étnicos" en el lenguaje de la burocracia institucionalista, la problemática racial enquistada en las instituciones, en las relaciones sociales y en las psiquis es, en muchas ocasiones (por no decir siempre, en algunos contextos), determinante para el es-

---

[7] Las opresiones que generan el capitalismo, el racismo, el patriarcado y el heterosexismo producen una fuerza engranada que determina el sostenimiento de los mismos como sistemas de dominación en el *sistema mundo* global moderno, la reiterante explicación realizada por mujeres negras activistas e intelectuales como las firmantes del manifiesto del Colectivo del Río Combahee en la década de 1970, y que posteriormente sirvieron de base para el desarrollo de conceptos y metodologías como la *interseccionalidad de los sistemas de opresión*, acuñada por la afronorteamericana Kimberlé Williams Crenshaw en la década de 1980, muestran una corriente de estudio y producción de conocimiento liderado por mujeres negras en el mundo.

tablecimiento de luchas concatenadas por la urgencia que provocan las crisis, luchas que deberán provocar una avanzada intercontinental y caribeña para la movilidad social, política y económica de las personas negras en la piel, y dentro de éstas, a las construidas socialmente como mujeres, a las no heteronormadas, a las más empobrecidas y a las menos occidentalizadas.

No obstante, las fórmulas de resistencia construidas por las sociedades de matriz en el continente africano (descendiente de sociedades y culturas provenientes del siglo xv al xix) robustecen la capacidad de dinamización de ciertas culturas apegadas a otras formas de concebir las representaciones y relaciones socioculturales que van en contraposición a la hegemonía jerárquica establecida desde la colonización.

Y sigue el rezago: la racialización de personas blancas[8]

Existe un uso cada vez más común de la categoría *racializado* o *racializada*, sobre todo en espacios académicos y políticos, para referirse de manera exclusiva a las "personas que son oprimidas por el racismo", pero esta categorización es imprecisa si tenemos en cuenta que el racismo no sólo provee marcas de opresión, sino que también otorga privilegios. De esta forma, la relación jerárquica entre blancos y no blancos dentro del sistema de dominación generado por la clasificación racial, es intrínsecamente un producto de la racialización de blancos y de los grupos y personas consideradas no-blancas.

Hablar de racialización debe reflejar la referencia a un proceso de dominación en donde se encuentran en relación vertical, ten-

---

[8] Como personas blancas para la interpretación de este texto, se considera a quienes por sus características físicas, pero también ideológicas y sociales, son leídos como blancos, esto incluye en la América hispanohablante, a quienes por el efecto de las políticas y regímenes de blanqueamiento de la sociedad han sido denominados como *blancos-mestizos*, pero que en la cotidianidad de las clases populares son considerados como personas *blancas*.

sionante y violenta, un grupo humano privilegiado por el ejercicio hegemónico del poder, considerados blancos, el cual oprime sistemáticamente a otros grupos calificados como no blancos y negros. Ubicar el término "racializado/a" sólo en la referencia al grupo o personas oprimidas, podría desvirtuar la existencia de un opresor que se beneficia de una estructura política, social y cultural determinada por la existencia de la raza como categoría socio-histórica, política y económica.

En un debate político planteado durante la mesa redonda "Condiciones negras y política: de la necesidad de la violencia", organizado en Sciences Po (Instituto de Estudios Políticos), Selim Nadi —integrante del Partido de los Indígenas por la República (PIR) en Francia— planteó:

> El hecho de que utilicemos el término "racializados" para designar únicamente a los sujetos post-coloniales demuestra que la raza es a menudo concebida fuera de cualquier relación social. Por lo que, si los sujetos post-coloniales son racializados, los blancos lo son igualmente. Ellos representan una raza social, dotada de privilegios sociales. En consecuencia, no hay racializados, sino más bien un proceso de racialización que constituye a los sujetos post-coloniales y a los blancos (Nadi, 2017).

Así, nuestra condición racial es inseparable de la cuestión del poder; de la del Estado, por ejemplo, que determina políticamente la existencia de privilegios raciales. Dicho esto, para nosotros el Estado no es un bloque homogéneo, no es una "simple" herramienta controlada por la raza social dominante, sino que es un campo estratégico, el organizador del polo racial blanco, que sobrepasa el mundo material para reorganizar y configurar dimensiones simbólicas de la sociedad a través de sus instituciones; es un espacio conflictivo donde se organizan, recomponen y se elaboran las estrategias del bloque en el poder.

En concordancia con lo que plantea el activista del PIR, es importante considerar que la estructura de poder otorgada por el Estado sobre los blancos conduce a una condición privilegiada que otorga la racialización, a esto se debe agregar que los privilegios no sólo son conducidos por la organización estatal, sino también por la clasificación racial en espacios sociales, como los organizados por la sociedad civil para la construcción y la acción política que están por fuera y regularmente en tensión con el aparato institucional del Estado moderno por la disputa del poder o por el alcance de la autonomía.

Como precisión semántica y política, se debe referenciar la categoría *racializado* o *racializada* también a las personas *blancas*, en tanto que poseen privilegios raciales. Un ejemplo de ello se encuentra en las formas cotidianas de relacionamiento social, en donde las personas blancas reciben un mejor trato, son valoradas y legitimadas en la palabra y en la acción por su condición racial, en esa circunstancia se racializa para privilegiar y dotar de beneficios, en detrimento de quienes son oprimidas, invisibilizadas, deslegitimadas y explotadas por no ser blancos o blancas/mestizas.

De hecho, si se identifica la jerarquización racial como un fundamento consistente del racismo en todas sus expresiones, se puede considerar que la construcción de la supremacía racial blanca se cimienta en la concepción de *humanidad* atribuida a la blanquedad y sus instituciones, tal como se institucionalizó en 1789 a través de la patriarcal, racista y heteronormada Declaración de los derechos del hombre y del ciudadano, realizada en Francia, como estandarte de la mal llamada Revolución francesa. Ese manifiesto de la blanquitud, traducido al español posteriormente por el neogranadino Antonio Nariño, se constituye en un acto administrativo que cobra vigencia en su intento por desconocer a las mujeres y a las personas esclavizadas en ese momento histórico, reforzó la concepción teológica que —como el darwinismo— determina a quienes son blancos, como humanos, tal como reconoce el británico Richard Dyer cuando expone que: "Los blancos están por doquier en la representación. Sin embargo, precisamente a causa de eso y de su establecimiento como norma, parecen no ser representados para sí mismos *como blancos*, sino como personas que están marcadas por diverso género, clase, sexualidad y capacidad. En otras palabras, al nivel de la representación racial, los blancos no son cierta raza, son simplemente *la* raza humana". Y en esa medida son racializados como blancos.

La relación desigual en el proceso de racialización sostiene el *establishment*, y, por lo anterior, la tarea de desentrañar del análisis político la costumbre de asignar o mencionar sólo a los oprimidos y oprimidas con la carga semántica de la anulación violenta y desdeñable que generan los sistemas de opresión es parte fundamental de la acción política descolonizante para ubicar a quienes, por el racismo, se encuentran en el lugar del privilegio.

Apuntes iniciales sobre algunas descolonizaciones radicales hoy necesarias

Para hablar de la descolonización radical de nuestras sociedades es imprescindible una trasformación política y pedagógica de las herramientas que se han producido desde la lógica eurocéntrica para la transmisión del conocimiento. Uno de los objetivos es desterrar el fundamento central de la razón occidental que carga en sí misma la misión civilizatoria traída por los colonizadores, y que no pudo ser desmantelada por sus sucesores, hoy mandatarios y empresarios blanco-mestizos serviciales a los principios liberales y neoliberales de una esfera mercantilista (posmoderna, que no post-racial) sustentada en la jerarquización de los grupos humanos, para la dominación de unos pocos sobre las grandes mayorías. Los paradigmas científicos desarrollados en el capitalismo requieren no sólo ser transformados, sino sobre todo ser desterrados de la matriz eurocéntrica, para poner en el centro de la producción del conocimiento las necesidades sociales de los pueblos marginados y agredidos sistemáticamente, así como el reconocimiento de la extensa producción del conocimiento propio de comunidades negras e indígenas.

En el mundo académico, el debate sobre la descolonización de las ciencias sociales pone sobre la escena política la posibilidad de construir nichos colectivos y comunales de producción de un conocimiento empírico desarrollado con majestuosidad por culturas no eurocéntricas (Lander, 2000). Si en el intento por descolonizar se prioriza la producción del conocimiento de las diversas américas y el Caribe, sería indispensable poner la mirada sobre los nichos intelectuales de pueblos negro-africanos e indígenas, y dejar a un lado los intentos por deslumbrar a la academia eurocéntrica que conocemos hasta hoy; de hecho, sería imperativo empezar a desestimar la designación que el conocimiento occidental le da al lenguaje escrito, al cederle un lugar supremo en el desarrollo de la intelectualidad. Al respecto, una crítica esbozada por el intelectual afrocolombiano Santiago Arboleda plantea que la imposición de la manera de conocer y la carga del conocimiento occidental conforman un eje central en la matriz colonial civilizatoria, es decir, la *colonialidad del saber*, teniendo como código privilegiado la escritura alfabética (Arboleda, 2016: 95). Bajo estas consideraciones, para una desestructuración definitiva del colonialismo y la debilitación del despojo epistémico, el uso del lenguaje escrito deberá pasar a un plano secundario o, por lo menos, equitativo con otros lenguajes, que se desarrollan más desde la oralidad y que, en algunos contextos, trasciendan a lo corporal.

Otro elemento determinante para proponer acciones de descolonización debe considerar que el proyecto político agenciado por los criollos en las américas oficialmente hispanohablantes no desinstaló la construcción arbitraria y violenta de rasgos culturales y políticos propios del colonialismo, y esto hizo viable la existencia de esquemas sistemáticos sofisticados que estructuran el racismo en todas las instituciones, en las relaciones sociales y en el desarrollo de la tecnología sociocultural consumista. Sobre esto, hay un desarrollo analítico bien logrado por la investigadora social afrocubana Zuleica Romay Guerra, quien advierte los intersticios de la colonización cuando expone que:

> La catástrofe demográfica causada por las armas, los gérmenes y el acero de los conquistadores fue reforzada por una despiadada operación cultural que no sólo transformó raigal e irreversiblemente el modo de vivir de los pueblos originarios americanos, también implantó una didáctica social más bárbara que las culturas que pretendió modernizar, a la postre generadora de una ideología en autoestereotipos negativos y predisposiciones subordinantes (Romay, 2012: 195).

Para reconfigurar los márgenes de la producción académica, nuestras culturas deberán quitarle vigencia al adagio popular que de manera recurrente expresa: "lo que no está escrito, no existe". No se puede seguir midiendo la grandeza intelectual de las ciencias humanas con la escala moderna de la producción escrita, incluso habría que adentrarse en otros lenguajes y en los idiomas que no son propios de colonizadores.

Continúan los apuntes: urge la praxis descolonizante liderada por las gentes prietas

No se pueden desconocer los aportes realizados por las teorías políticas que enarbolan la necesidad de liberación, emancipación y desmantelación de la desigualdad, pero muchas coordenadas filosóficas de ideologías como el marxismo y los feminismos hegemónicos conllevan una suerte de distribución desigual del poder, máxime cuando sus espacios organizativos continúan con la reproducción de las trampas del colonialismo político, al orquestar manifestaciones y movilizaciones en donde la voz que lidera emana de un cuerpo por lo general masculinizado, blanco y heterosexual, que en muchas ocasiones reproduce un lenguaje sexista, machista y homofóbico para hablar de y para las masas populares, a las que consideran entes homogéneos; así como los espacios institucionalizados por las ONGs de tinte feminista que aún reciben recursos económicos de la cooperación internacional para investigar y tomar como objetos de estudio a mujeres negras e indígenas, con lo cual llevan consigo formatos de análisis feminista blanco y aburguesado y, por tanto, racista; es impensable la descolonización cuando incluso algunas feministas no blancas desarrollan prácticas de marginación, deslegitimación y subvaloración de las iniciativas y estrategias de pervivencia de pueblos, y específicamente de mujeres negras que acorraladas por los proyectos imperialistas y las violencias directas de agentes estatales recrudecidas en sus territorios, buscan salidas estratégicas para que las herramientas ancestrales antihegemónicas sobrevivan en el legado político-cultural de sus sociedades.

No reconocer los aportes históricos y sustanciales de las múltiples formas de resistencia de mujeres negras, intelectuales, activistas, cimarronas, contundentemente antihegemónicas, defensoras de la tierra y territorios colectivos, en un intento peligroso por reducir sus aportes a calificaciones de esencialismo cultural, o desestimar esa ignominiosa costumbre de considerar sus manifestaciones como parte de la agenda institucionalizada y al señalarlas como poco instruidas, inexpertas, ingenuas y mediocres, no es más que la reproducción ideológica y violenta del acervo colonizador, anulador y degradante del racismo impartido por el proyecto colonial y sostenido por la maquinaria académico-política de la hegemonía eurocéntrica que portan muchas feministas y militantes de la izquierda que de manera cínica se ufanan de ser antirracistas.

La descolonización implica que los proyectos emancipadores estén liderados sobremanera por personas no blancas, pero en gran medida por mentes transgresoras del orden capitalista, blanco-heterosexista, mentes protegidas por cuerpos que contengan mayor concentración de melanina en la piel (y ojalá cuerpos no heteronormados), para desajustar el sinnúmero de prejuicios raciales existentes, desafiar la estructura jerárquica de la clasificación racial de la sociedad y del poder, confrontar los dispositivos coloniales que aún pesan en las psiquis, despertar la acción política contrahegemónica que deberá encarnarse en liderazgos colectivos y horizontales.

Lo anterior no significa que las personas blancas no tengan responsabilidades; por el contrario, la blanquedad tendrá que reformarse internamente y transformarse a niveles ontológicos, pero mientras eso sucede, es importante que quienes tienen la necesidad de aportar en los procesos de transformación de la sociedad y requieran herramientas para desinstalar de sus psiquis la consigna de la superioridad racial, empiecen por incomodarse, ceder la palabra, escuchar con suma atención, dejar que les guíe la conciencia antirracista, anticolonial y antisexista. Una buena oportunidad está en consultar (sin el ánimo de la apropiación y el despojo epistémico) oralitura, literatura, documentos audiovisuales y textos corporales hechos por pueblos no hegemónicos, que provengan de historias y legados de rebeldía.

A manera de conclusión

Las formas de lucha definirán el cauce de una posible descolonización; la mediación ideológica puede ser transformada cada vez que se define el uso de métodos o de acciones deliberadas por la necesidad de luchas con los pueblos más oprimidos. La estructuración —o no— de las expresiones organizativas en articulaciones o alianzas estratégicas entre grupos que luchan por emancipaciones comunes es necesaria, pero aún más necesaria es la concreción de la descolonización, que implica desajustar la genealogía histórica del poder blanco-eurocéntrico. No hay que inventar lo que ya está hecho, el conocimiento ancestral de los pueblos que no sucumbieron a la aparatosa gesta colonial y que aún en medio del recrudecimiento del colonialismo y el neoliberalismo apuestan por la ejecución de la defensa territorial, política y cosmogónica de lo que las ancestralidades definieron para las generaciones venideras, ya tienen definidas múltiples fórmulas para la práxis política descolonizante, que no han sido consideradas con rigurosidad.

Hacer visibles los privilegios raciales no es suficiente; encontrar las ventajas que se tienen en medio de la estructura jerárquica de cualquier sistema de opresión es necesario para que los pueblos y personas oprimidas no se vuelvan verdugos de sus pares en la lucha y no terminen por revictimizar y cosificar a quienes están en la base de la pirámide colonial opresora que aún opera en nuestras sociedades. Las vanguardias colectivas de la descolonización deberán empezar a ser ejercidas por mujeres de pieles negras e indígenas que encarnen el conocimiento legado por el cimarronaje político y epistémico. Las personas privilegiadas y aventajadas en los sistemas de opresión, las racializadas como blancas o blanco-mestizas que se benefician del privilegio racial, deberán ceder, callar y crear canales de circulación para las más despreciadas, las que lejos del lenguaje académico tienen un quehacer político contundente en sus territorios y contextos, las que tienen la vida arriesgada.

Hay que darle la apertura a otras metodologías y permitir que el bullicio en la palabra, el sonido de los tambores, la invocación continua a los muertos y las muertas, la corporalidad danzante, superen lo que las letras escritas han dicho hasta ahora. Este mismo escrito, limitado por el papel físico y digital, es un llamado a escuchar lo que en otras lenguas se plantea, lo que en otros formatos se propone para continuar de manera definitiva la hazaña de la descolonización.

Bibliografía

Arboleda Quiñonez, S., *Le han florecido nuevas estrellas al cielo: suficiencias íntimas y clandestinización del pensamiento afrocolombiano*, Cali, Poemia su casa editorial, 2016.

Cunin, E., *Identidades a flor de piel. Lo "negro" entre apariencias y pertenencias: mestizaje y categorías raciales en Cartagena (Colombia)*, Bogotá, Instituto Francés de Estudios Andinos (ifea) – Instituto Colombiano de Antropología e Historia (icanh) - Universidad de los Andes. Observatorio del Caribe Colombiano, 2003.

Fanon, F., *Piel negra, máscaras blancas*, Madrid, Akal, 2009.

Hall, S. (ed.), *Representation: Cultural Representations and Signifying Practices*, trad. Elías Sevilla Casas, cap. 1, Londres, Sage Publications, 1997, pp. 13-74.

Hooks, B., *El feminismo es para todo el mundo*, Madrid, Traficantes de sueños, 2017.

Lander, E., *La colonialidad del saber, eurocentrismo y ciencias sociales. Perspectivas latinoamericanas*, col. Sur-Sur, Buenos Aires, Clacso, 2000.

Nadi, S., *¿Qué es la lucha de las razas sociales?*, El salto, 2017. Disponible en [https://www.elsaltodiario.com/1492/que-es-la-lucha-de-las-razas-sociales-].

Dyer, R., *La cuestión de la blancura* en *Criterios* 34 (2003), p. 64.

Romay Guerra, Z., *Elogio de la altea, o Las paradojas de la racialidad*, La Habana, Fondo Editorial Casa de las Américas, p. 195.

#PatriarchyMustFall: Descolonización y pensamiento feminista en el contexto del movimiento de estudiantes en Sudáfrica 2015-2016

MÓNICA INÉS CEJAS[1]

> *Desde la primera protesta radical, el 9 de marzo, los estudiantes han estado hablando más fuerte que nunca acerca de su dolor ante lo que la universidad define como éxito. Un estudiante dijo en uno de los debates que la universidad está "basada en el éxito blanco" porque su cultura institucional no celebra ser negro o ser mujer. Sé lo que se siente. Lo he sentido en el departamento de Ciencias Políticas. Sólo hay una profesora negra en el departamento que puede canalizar la política de ser una mujer negra en su disciplina.*
>
> Mbali Matandela

En medio, y como parte de las demandas del movimiento estudiantil que se ha venido gestando desde 2015, en Sudáfrica se han manifestado expresiones y acciones de colectivas feministas como #PatriarchyMustFall que exigen la caída del patriarcado como condición ineludible de la descolonización del sistema educativo en el país. Es la generación post *apartheid* la que clama ahora por la descolonización del saber que pervive en las aulas y en la organización universitaria. Lo que empezó como una protesta local por el signo —la estatua de Cecil Rhodes,[2] uno de los tantos

---

[1] Profesora-investigadora del Departamento de Política y Cultura de la Universidad Autónoma Metropolitana (UAM) - Xochimilco, docente de la maestría en Estudios de la Mujer y del doctorado en Estudios Feministas, investigadora del área "Mujer, identidad y poder". [https://xoc-uam.academia.edu/MonicaCejas]

[2] El empresario británico Cecil John Rhodes fue primer ministro de la Colonia del Cabo de 1890 a 1896. Imperialista por antonomasia, fue un acérrimo defensor de la supremacía blanca. En este sentido, se lo puede considerar un precursor de las bases ideológicas del *apartheid*. Véase "Cecil John Rhodes" (SAHO, 2017).

remanentes tangibles e intangibles del pasado colonial[3] y del *apartheid*—[4] que recibía (desde 1934) imponente a miembros de

---

[3] El colonialismo inicia en lo que hoy es Sudáfrica en 1652 con el establecimiento de los holandeses de la Compañía Neerlandesa de las Indias Orientales (Vereenigde Oostindische Compagnie o voc) en la región del Cabo, con ellos arribó la esclavitud y el modelo de trabajos forzados. De 1658 a 1822, los bóeres o afrikáneres —como se conoce a los colonos de origen holandés y alemán a los que luego se unirían hugonotes franceses que huían de las guerras de religión en Europa— importaron esclavos de diferentes regiones de África (algunos capturados de navíos portugueses) y de territorios controlados por los holandeses en Asia para utilizarlos como mano de obra. El colonialismo británico corresponde al siglo xix, y se vincula a las guerras en Europa como consecuencia de la Revolución francesa. Gran Bretaña ocupó El Cabo en 1795, lo devolvió en 1803 y lo ocupó nuevamente en 1805, con lo cual estableció, además, otras colonias de población (como la de Natal), lo que la llevó a enfrentarse eventualmente con los bóeres (Guerras anglo-bóeres o Guerra sudafricana de 1899-1902) que habían consolidado sus territorios independientes.

[4] Aunque el término *apartheid* recién comenzó a utilizarse en la década de 1940 como slogan de la campaña electoral del Partido Nacional (Nasionale Party) afrikáner, entendido como una segregación impuesta entre grupos étnicos y fundado en la afirmación de la superioridad de la minoría blanca; es un fenómeno mucho más antiguo. En consideración a las estructuras de poder que lo pusieron en práctica, tanto la administración colonial inglesa como los afrikáneres se valieron de este tipo de políticas esporádicamente y así, según las regiones, tomó formas distintas. Con la maduración de segregación en *apartheid*, se fue estableciendo "legalmente" una "jerarquía racial" en el tope de la cual se situaba a los blancos, seguidos de los *coloured* e indios, y en la base se situaba a los africanos. Los únicos con plenos derechos eran los blancos (las mujeres desde 1930 con acceso al voto), en tanto que el resto, en orden decreciente fueron paulatinamente despojados de derechos políticos y económicos. El objetivo principal del régimen fue lograr un crecimiento económico basado en enormes disparidades de riqueza y poder mediante la asignación de roles a los individuos de acuerdo con "identidades raciales" impuestas por un Estado autoritario dominado por la minoría blanca. Para ello se pusieron en práctica políticas tendientes a asegurar el monopolio de la tierra; un sistema de control de la movilidad física y social de la población no blanca (especialmente de la mano de obra africana) mediante un sistema de pases y un modelo educativo diferenciado; una política que instituía al afrikáans y al inglés como lenguas oficiales y excluía al resto; un sistema político que limitó progresivamente la expresión política —al reducirla a un sector de la población racialmente definido (blancos afrikáneres y angloparlantes) excluyendo al resto (sobre todo a los africanos)— y un Estado represivo.

la comunidad y visitantes de la Universidad del Cabo, terminó por producir un intenso debate que alcanzó dimensiones nacionales y que incluyó no sólo a estudiantes y docentes críticos del modelo educativo, sino a trabajadores que reclaman ante las consecuencias del modelo neoliberal que se ha impuesto en Sudáfrica. La disputa por los significados, los signos, símbolos y representaciones ha permitido visualizar los mecanismos que se plasman en programas de estudio, relaciones de trabajo, nombres de espacios y actitudes cotidianas, y los límites de la generación que luchó contra el *apartheid* y que ahora está en espacios de po-

Una grúa se prepara para quitar la estatua de Cecil Rhodes de su pedestal en la Universidad del Cabo, en abril. Fotógrafo: Schalk van Zuydam/AP (en Fairbanks, 2015).

En 1948, el Partido Nacional combinó la segregación con la idea de supremacía de la raza blanca o *baasskap* (concepto promovido por la extrema derecha afrikáner y el Partido Nacional durante el *apartheid*. Proviene de la lengua afrikáans y puede traducirse como "los blancos son siempre los jefes") para garantizarse el monopolio del poder. El concepto de *apartheid* va a articular los criterios de exclusión e inclusión valiéndose de un discurso "cientificista" (racismo científico) que afirmaba la inferioridad de los negros inextricablemente unida a su "atraso", la superación del mismo estaría en la propia comunidad, con sus ritmos, *protegidos* de influencias nocivas.

der, incluidos los universitarios, pero que se instaló en una inercia que frena la transformación. La clave está, según lxs estudiantes, en *descolonizar*, problematizando así los significados de este concepto para el contexto sudafricano y evidenciando al colonialismo que late dentro del mismo pacto post *apartheid*. En este sentido, y a partir de mi propio interés en Sudáfrica desde una perspectiva Sur-Sur, presento este texto no como una reflexión acabada, sino más bien como una invitación a conocer cómo se debate desde otro contexto, desde otras voces, la *colonialidad del poder* y *del saber* y se perfilan caminos de descolonización.

Estudiantes atacan el rostro pintarrajeado de Cecil Rhodes en la Universidad del Cabo el 9 de abril. Fotógrafo: Rodger Bosch/AFP/Getty Images (en Fairbanks, 2015).

La educación es y ha sido un espacio en disputa en Sudáfrica, sobre todo en las instituciones que las políticas segregacionistas del *apartheid* marcaron como exclusivamente para su población blanca. En efecto, dentro de la nutrida legislación que instituyó el *apartheid* en los años cincuenta, se incluyó en 1953 (Bantu Education Act) a la educación con el control del gobierno sobre todas las escuelas (hasta entonces el 70% de las escuelas para africanos negros estaban a cargo de las iglesias cristianas, y el 30% del gobierno). Así se pasó a promover una educación diferenciada y segregada para ese sector de la población, de modo que se los entrenase exclusivamente para trabajos no calificados (Nuttal *et al.*, 1998: 32-33). La mayor parte de los gastos en educación se destinaron entonces a la población blanca. En 1959 este sistema se hizo extensivo a las universidades (Extension of University Education Act), con lo cual se establecieron centros de estudios de inferior calidad para los grupos raciales no blancos.[5]

Los efectos de esta política educativa pueden constatarse en el Censo de 1996, según el cual 25% de la población adulta africana no había tenido acceso a la educación y sólo el 3% alcanzó la educación superior; esto comparado con la población blanca, que registraba un 1% de analfabetismo (STATS SA, 1996). En el post *apartheid*, desde 2001 se implementa el Plan Nacional de Educación Superior (NPHE por sus siglas en inglés) con la intención de revertir este legado con base, sobre todo, en políticas para facilitar el acceso de la población negra a todas las universidades, su permanencia y titulación. Sin embargo, y como los estudiantes lo denunciarían en 2015, éstas no han logrado cambios sustanciales porque no han atacado a la supremacía blanca, cuya normativa aún rige a las instituciones y reproduce la desigualdad (véase Efron, 2017). Prueba de ello es el modo en que se financia:

> El sistema de financiamiento de las Universidades públicas en Sudáfrica, que son en total 26 en todo el país, es tripartita: por una parte se reciben fondos gubernamentales, a los que se añaden transferencias de donantes particulares y, finalmente, las cuotas que los

---

[5] En 1985, cuando todavía regía el *apartheid*, 19 universidades eran exclusivamente para blancos, dos para indios —entre 1860 y 1911 el imperialismo británico organizó la inmigración de indios para ser empleados en las plantaciones de caña de azúcar en Natal; con ellos ingresaron también comerciantes indios de religión musulmana—, dos para *coloureds* y seis para africanos. Estas últimas estaban destinadas especialmente a formar a empleados administrativos negros para que trabajasen en la administración pública de las zonas segregadas. Generalmente no contaban con posgrados ni áreas de investigación, ya que no se los consideraba necesarios para su formación (véase Bunting, 2006).

estudiantes deben pagar de manera anual. Éstas no están enteramente controladas, sino que la administración de cada universidad tiene una autonomía relativa para fijar el monto y el incremento anual, con la aprobación del gobierno federal [...].

Este escenario ha provocado que, pese al incremento en la matrícula de estudiantes negros, sean ellos también quienes tienen mayores dificultades para graduarse, por lo que la brecha entre grupos raciales se incrementa en los estudios de posgrado. Además de las cuotas, es necesario pagar hospedaje en alguna de las residencias estudiantiles que, por ser administradas por empresas privadas, varían enormemente en precio y condiciones: las más accesibles se encuentran un poco más lejos de los campus, y tienen una reducida capacidad de alojamiento, por lo que continuamente hay una sobredemanda (Flores, 2018:4).

Cecil Rhodes: el signo

El 9 de marzo de 2015, el estudiante de ciencias políticas Chumani Maxwele vació un cubo de heces humanas al grito de "¿Dónde están *nuestros* héroes y *nuestros* ancestros?" (Fairbanks, 2015) en la emblemática estatua de Cecil Rhodes.[6] Esta "intervención performativa radical [...] que catalizó e hizo emerger el torrente de dolor y de rabia en los cuerpos de los estudiantes negros" (RMF Mission Statement, 2015), dio inicio a un proceso de cuestionamiento desde la juventud a la "democracia" post *aparheid*, a la pervivencia de desigualdades y a las fallas en la inclusión de todas y todos sus ciudadanos pese a las promesas de cambio de sucesivos gobiernos con sus proyectos institucionales y eslóganes de integración nacional. Esta acción devino en práctica significante que hizo de ese artefacto cultural un símbolo del racismo institucionalizado instalado en una universidad colonial[7] que a su vez se

---

[6] Universidad pública fundada en 1829, es la primera universidad en África.

[7] Dos de los tres campus de UCT (University of Cape Town) tienen una fuerte impronta colonial en su historia. El *Upper Campus* se encuentra en

situaba en una ciudad colonial que poco ha cambiado en los últimos veinte años en términos de distribución poblacional en sus barrios, salvo por una creciente gentrificación que la ha "blanqueado" —en términos de racialización y clase.[8]

Y fue precisamente la llamada "*lost generation*" o los "*born frees*" —es decir, quienes no experimentaron directamente los años del *apartheid* ni los controles de acceso y movilidad espacial de su legislación porque nacieron en los noventa, y se suponía serían los principales beneficiarios de un nuevo sistema político, económico y social— la que alzó la voz para reclamar por la pervivencia de un "Estado represivo que promovió el privilegio blanco y el racismo institucional" (Thulare, 2015).

---

terrenos que fueron propiedad de Rhodes, en tanto el *Middle Campus* se sitúa en la propiedad conocida como Rustenburg, que durante la época colonial recurrió al trabajo esclavo —es más, el campus fue construido sobre las ruinas de un cementerio de esclavos (Calata, 2014).

[8] Tanto el centro de la ciudad como sus principales áreas productivas son terreno casi exclusivo de la población blanca, situación que en cierto modo se ha agravado por procesos de gentrificación de barrios de población no blanca y blanca pobre que se ha visto expulsada de los mismos por el aumento del costo de vida, el cierre de tiendas y servicios de capital familiar, etc. Tal es el caso del primer suburbio de Ciudad del Cabo, Woodstock, barrio multirracial de trabajadores que resistió los embates segregacionistas del *apartheid* pero fue afectado por un proceso progresivo de gentrificación desde los noventa (Joseph, 2014) y ha pasado al predominio de una economía de servicios (dominada por restaurantes, galerías de arte, cafés, etc.) orientada en gran parte hacia el turismo y que se va "blanqueando" paulatinamente. También ocurre lo mismo para el emblemático barrio de Bo-kaap —antes conocido como Barrio Malayo—, ubicado en las faldas de la colina Signal justo encima del centro de la ciudad y caracterizado por casas multicolores y calles adoquinadas, y que fuera hogar de los esclavos, exiliados políticos y convictos traídos desde Malasia, India, Indonesia, Sri Lanka y otros países africanos por los colonos holandeses desde el siglo XVIII, muchos de ellos de religión musulmana, de allí la presencia de mezquitas en el área. Los vecinos han manifestado abiertamente su oposición a la creciente gentrificación del área que los expulsa al destruir sus comunidades (Donaldson *et al.*, 2013; Petersen, 2018; Friedman, 2018). Este proceso se extiende actualmente a barrios contiguos a los mencionados, así como a otras zonas de la ciudad (véase Gamieldien, 2017).

En poco tiempo el movimiento conocido en las redes sociales[9] como #RhodesMustFall (Facebook) o RMF, ya que en principio exigía que se retirase ese símbolo del colonialismo,[10] se multiplicó por el país reclamando la descolonización de las universidades en sus programas de estudio, políticas de ingreso y permanencia, estructura edilicia, organizativa y de gobierno, composición de su población de estudiantes, docentes, personal administrativo y encargado de todos sus servicios. La estatua de Rhodes y la acción que con respecto de ella se perseguía, sintetizada en el *hashtag* que dio nombre al movimiento —que cayera, que se quitase de ese lugar—, resultaba entonces en el signo de una situación que en tanto más se debatía[11] (como se comenzó a hacer en los diversos espacios universitarios que fueron ocupados y reclamados, también renombrados) más se llenaba de sentidos e identificaba en una cotidianeidad que había que "transformar" de manera radical, descolonizando. El eje del debate pasó de problematizar el protagonismo de Rhodes en la historia colonial africana, a su carácter de síntesis representativa de una universidad que celebra la "cultura blanca" mediante contenidos curriculares eurocéntricos, un consejo de gobierno casi exclusivamente blanco, un débil sistema de apoyo financiero y de salud para sus estudiantes negros

---

[9] Principal vehículo de activismo, de allí la importancia de identificarse mediante *hashtags* y establecer redes de acción. Sudáfrica es uno de los tantos países africanos donde la comunicación vía telefonía inalámbrica se extendió de modo exponencial en las últimas décadas (Pew Research Center, 2015) —para algunos sin pasar nunca por la red de telefonía alámbrica— especialmente entre los jóvenes. Según un estudio del Fondo de las Naciones Unidas para la Infancia (Unicef) de 2012, 72% de los jóvenes sudafricanos de entre 15 y 24 años en el país contaban con celular (Unicef, 2012).

[10] La estatua se retiró del campus el 9 abril de 2015.

[11] En el caso de la Universidad del Cabo, a los tres días de la acción de agravio a la mencionada estatua se reunieron más de mil estudiantes para discutir el papel de Rhodes en la colonización de África, así como la condición colonial que pervive en las universidades y sus significados para el caso específico de UCT. En los días que siguieron, los estudiantes mantuvieron concentraciones en torno de la estatua que cubrieron de grafitis, algunas veces cantando canciones de la lucha anti *apartheid* y exigiendo que se la retirase del campus (Fairbanks, 2015).

(Fairbanks, 2015), y la subestimación del conocimiento generado por intelectuales negros (Ramaru, 2017: 91). La hipervisibilidad de la estatua de Rhodes se volvió una lente para hacer evidente una cultura universitaria de exclusión "física y existencial […] que crea comfort para estudiantes blancos, de clase media y heterosexuales y causa malestar en los estudiantes que no entran en ese molde"; y también un espejo que reflejaba el "Cecil John Rhodes íntimo" que vivía en las entrañas de la universidad (Ramaru, 2017: 91), porque en efecto, aunque mucho se había hablado de condición poscolonial (Leroke,1998), la llamada transición post *apartheid* no había estado acompañada por procesos de descolonización en sentido lato, con lo cual mantuvo las bases de los privilegios heredados. Por ejemplo, se mostró la hipocresía del discurso institucional que sólo veía en Rhodes a uno de los fundadores de la institución (Crowe, 2015), quien había donado sus predios (Efron, 2017) y cuya fundación era una importante fuente de recursos que se traducía en becas de estudio, con lo cual se pretendía borrar a uno de los arquitectos del colonialismo británico que hizo fortuna con base en la explotación de la mano de obra negra en sus minas recurriendo a políticas segregacionistas.

Sin duda, y como lo señalan algunas autoras que también participaron en las movilizaciones (Ramaru, 2017, Xaba, 2017, Efron, 2017, Flores, 2018), la acción iniciada con RMF "prendió" porque ya había todo un caldo de cultivo para ellos expresado en los sucesivos reclamos de estudiantes negros desde sus universidades menos visibles que las blancas —situadas en el corazón de las metrópolis— para la prensa sudafricana (Xaba, 2017). Y también en las colectivas militando desde estas mismas universidades posicionándose desde el feminismo negro, *queer* y otras organizaciones políticas de estudiantes muy activas en visibilizar la situación en sus instituciones.

En los discursos y acciones de los estudiantes se comenzó a identificar a las autoridades institucionales —aunque muchas de ellas incluían en su legitimación la carta de haber participado en la lucha anti *apartheid*—, como parte de ese *statu quo*, de allí su deslegitimación, la desobediencia masiva, la "falta de respeto". Se ocuparon edificios como el de Rectoría (el 20 de marzo)

—Edificio Bremner, luego renombrado como Casa Azania—[12] donde se realizaron clases abiertas sobre historia del *apartheid* y se pegaron carteles que cubrían parcialmente los retratos de exrectores, donde podía leerse "ellos panza llena, pero nosotros hambrientos" (Herman, 2015). Se abrió un espacio para académicos e intelectuales negros con clases abiertas sobre temáticas como "Conciencia negra, feminidades y masculinidades, identidades *queer*, feminismo negro…" (Ramaru, 2017:92). Se puso en marcha también una colectiva particular, la Trans Collective, formada por estudiantes transgénero que reclamaban por su seguridad y por espacio dentro de la universidad y de la sociedad en su conjunto.

El balance en general al que llegaban las discusiones sobre la condición "colonial" demostraba la pervivencia de privilegios para unos pocos bajo la égida del neoliberalismo, la escasa presencia de los estudiantes negros en los órganos representativos en la universidad, la permanencia de nombres emblemáticos vinculados con el oprobio de los años del *apartheid* en espacios universitarios, condiciones laborales precarias caracterizadas por la tercerización (*outsourcing*) que afecta sobre todo a los empleados negros más pobres de las universidades, el eurocentrismo en los contenidos curriculares, la ausencia de África estando en África… También las dificultades para acceder —y permanecer— en la educación universitaria para la mayoría de las y los sudafricanos, debido a los altos costos de una educación que no es gratuita. Como lo relató el mismo Maxwele cuando se le interrogó sobre sus intenciones al agredir de esa forma la estatua de Rhodes. Respondió que el viaje que emprede cada día un estudiante negro de UCT desde algunos de los *townships*[13] que rodean la ciudad —que siguen siendo predo-

---

[12] Azania es el nombre con que se identificó en la antigüedad grecolatina a África. En Sudáfrica algunos grupos políticos anti *apartheid* han insistido en que éste debería ser el nombre del país, en lugar de Sudáfrica, una asignación que proviene del pasado colonial.

[13] Los *townships* son barrios que rodean —a distancias considerables de entre siete y treinta o más kilómetros— a las grandes ciudades sudafricanas, establecidos para albergar a la población no blanca como parte de las políticas de segregación espacial del *apartheid* que reservaban el centro de las ciu-

minantemente negros y pobres y bajo condiciones de vida signadas por privaciones que poco han cambiado—, hacia la colina donde se encuentra la universidad atravesando barrios blancos y *coloureds*,[14] constituye un cotidiano recordatorio de la permanencia espacial del *apartheid* que frustra y llena de ira.

Respecto a la situación en la Universidad de Pretoria (Universiteit van Pretoria, UP), Natalia Flores, estudiante mexicana de posgrado en dicha institución, relata:

> Los espacios de discusión estudiantil se convirtieron así en espacios de reflexión colectiva, en los que toda una generación fue contándose y apropiándose de su experiencia. Se habló, por ejemplo, del profesor que ignoraba las reglas y hablaba la mitad de la clase en afrikáans, pese a que la mayoría de los estudiantes no entienden este idioma. Se narraron numerosos casos de docentes que no contestan las dudas de los estudiantes negros y favorecen, en cambio, al estudiantado blanco. De los programas de becas, de los espacios de participación, de la composición demográfica de los académicos.

---

dades para su población blanca. Hasta el día de hoy se caracterizan por carecer de la infraestructura más básica, por su condición de pobreza racializada, marginalización económica con desempleo y subempleo crónicos, carencia de viviendas adecuadas al número de habitantes, servicios de educación y de atención a la salud, así como por un sistema de transporte deficiente.

[14] Con esta apelación se designaba a la población resultante del mestizaje entre los habitantes originales de la región del Cabo (Khoisan), esclavos africanos transportados durante el siglo XVII y XVIII desde las costas este y oeste de África y Madagascar, y blancos de origen europeo (holandeses, franceses, alemanes, ingleses). También se incluye en el grupo a los llamados "Cape Malay", descendientes de los habitantes de posesiones holandesas en Asia introducidos en el Cabo por la VOC. Con el establecimiento del régimen de *apartheid* será éste uno de los cuatro grupos raciales en que se dividió a la población sudafricana (Population Registration Act, 1950) mediante el establecimiento de un registro nacional de identificación racial: blancos, nativos o bantú (para referirse a los africanos negros), *coloured* —de color—, divididos inicialmente en siete subgrupos: *coloured* del Cabo, malayos del Cabo, griqua, otros *coloured*; indios, chinos y otros asiáticos, esos subgrupos luego se simplificaron a *coloured* y asiáticos (Nuttall *et al.*, 1998: 23).

Cuando platiqué con Malehoko, una de las docentes que asistió a uno de los foros de reflexión sobre esto, me dijo que era difícil explicar ese racismo porque no se trata de reglas o de cosas evidentes como durante el régimen anterior: "es algo más sutil, pero que todos nosotros sabemos y hemos vivido. Es que en el Departamento de Sociología seamos solamente dos académicos negros, y 10 blancos. Es sentir una mayor presión institucional y una mayor vigilancia sobre mi trabajo. Es estar probando todo el tiempo que estoy en ese puesto por mi capacidad. Es ser ignorada como una interlocutora intelectual. Es no participar en los proyectos de investigación colectiva que tienen mayor financiamiento. Es ir a comidas de trabajo en las que tus colegas se olvidan de que estás ahí y empiezan a hablar en afrikáans".

Una opinión similar fue expresada por Palesa, estudiante de ciencia política en la Universidad de Pretoria, quien dijo estar "cansada de sentirse como una intrusa en este espacio, como si no perteneciera aquí": "lo notas en la forma en que los docentes te tratan, en la forma en que los estudiantes blancos sienten que tienen derechos que tú no tienes, en la forma en la que todo te cuesta el doble de esfuerzo. Esta universidad es muy racista, ser una estudiante negra en UP me hace sentir que me estoy sofocando todo el tiempo, que no puedo respirar, ser" (Flores, 2018: 8).

El debate incluyó la falacia de la retórica de la "nación arcoíris" —uno de los mitos de la *reconciliación*—[15] como síntesis identificadora de una Sudáfrica post *apartheid* y la necesidad de deconstruirla mediante una lectura de la actualidad superadora y

---

[15] El concepto de "*rainbow nation*" o "*rainbow people*" acuñado por el arzobispo anglicano Desmond Mpilo Tutu (uno de los líderes de la lucha contra el *apartheid* y de la transición que le puso un fin institucional— y apoyado por Nelson Mandela durante su administración (1994-1999), fue el complemento de la nueva historia oficial inaugurada después de que la Comisión de la Verdad y la Reconciliación (TRC por sus siglas en inglés) presentara sus informes (véase Cejas, 2009) para definir a la nueva nación como amalgama multicultural de distintos colores (unidos pero distintos), reforzando así al discurso de unidad, armonía racial y reconciliación.

liberadora de su legado.[16] De allí la importancia de reemplazarla, entonces, por "discusiones hacia una Sudáfrica africanizada, antiracista y pro-pobres (*pro-poor*)" (Ramaru, 2017: 90).

Y finalmente, también se puso sobre la mesa la pervivencia de actitudes sexistas y racistas como la descrita por una estudiante cuando relató que "las mujeres y la gente de color en las ciencias se enfrentan a constantes microagresiones de otros estudiantes que los tratan de estúpidos o señalan que no tienen cerebro para las matemáticas" (Naidoo, 2015: 1).

El movimiento se extendió rápidamente gracias a las redes sociales, como señala Laura Efron:

> Las redes sociales (Twitter, Facebook y *blogs* con información subida en vivo durante los eventos) y las videollamadas (Skype) fomentaron la conexión entre los distintos estudiantes a nivel nacional y promovieron la participación masiva de estudiantes a nivel local. La comunicación de los sucesos y de los próximos pasos a seguir se desarrollaron a partir de estas tecnologías de comunicación. Principalmente fueron importantes los teléfonos inteligentes, que permitieron compartir videos, fotos, audios e información en vivo (tiempo real) y en directo. El uso de los hashtags #october6, #endoutsourcing, #feesmustfall, #nationalshutdown, #patriarchymustfall, etc. permitía nuclear toda la información de los sucesos de las distintas partes del país en un mismo espacio (Efron, 2017: 191).

En Johannesburgo, la Universidad de Witwatersrand dio impulso en octubre de ese mismo año a otro movimiento que luego se extendió al resto de las universidades y terminó por ocupar el lugar de RMF como catalizador de lo que luego sería conocido

---

[16] Natalia Flores cita en su reflexión sobre su propia experiencia durante los días más álgidos del movimiento (de modo específico la megamarcha organizada en octubre de 2015 en Pretoria ante los Union Buildings, sede del Ejecutivo nacional): "Un cartel llama particularmente mi atención, el mensaje escrito dice: *Our parents were sold dreams in 1994. We are just here to get a refund* (A nuestros padres les vendieron sueños en 1994. Aquí estamos para que nos los reembolsen)" (Flores, 2018:6).

como *fallismo* o movimientos *fallistas* (*Fallist Movements*)[17] y que abarcaría todas las acciones vinculadas al movimiento: #FeesMustFall (FMF, abajo las cuotas —por matrícula y colegiatura—), que se inició como reclamo por una educación libre y gratuita ante el anuncio de un aumento del 20% a las cuotas de inscripción, y una "descolonización interseccional" en el país. Desde entonces cada universidad expresará el movimiento de modo diferente, de acuerdo a su contexto específico, aunque todas coincidirán en las demandas de educación libre y gratuita y de poner fin a la tercerización (*outsourcing*) del trabajo en las universidades (Xaba, 2017), las acciones incluyeron protestas, foros, debates y conciertos (Flores, 2018: 6).[18]

#PatriarchyMustFall: problematizar la descolonización

El jueves 10 de septiembre de 2015 se constituyó el movimiento #PatriarchyMustFall. Un grupo de estudiantes de la Universidad del Cabo (University of Cape Town, UCT), militantes del movimiento que había iniciado seis meses antes, hicieron público su malestar y con esto sus reclamos inscribiendo al patriarcado como parte del legado colonial a combatir. Para hacerlo, siguieron el estilo de los movimientos de jóvenes que se expresan mediante las nuevas tecnologías: crearon una cuenta de Facebook cuyo nombre llevaba un *hashtag* y la marca identitaria del movi-

---

[17] Se alude así a todos los grupos y acciones concretas que, bajo el formato de un *hashtag* seguido del nombre o consigna más la expresión *must fall*, dieron vida al movimiento el resto de 2015 y durante 2016.

[18] En las universidades blancas las demandas por educación libre se traducían en protestas contra el racismo, la imposición o el uso de lenguaje elitista —por ejemplo, en la Universidad de Pretoria todavía algunas materias se dictan sólo en afrikáans (véase Flores, 2018), el simbolismo colonial permanente, entre otras—, en tanto que en las universidades para negros se expresaba en reclamos por recursos tales como infraestructura tecnológica y dormitorios, y también por el retorno de estudiantes expulsados por participar en acciones de protestas anteriores a este movimiento (Xaba, 2017: 98).

miento de estudiantes sudafricanos: la expresión en inglés *must fall* (debe caer). Con esto querían dejar en claro que *no habían solicitado* estar en el movimiento, "nosotrxs (incluyendo a las feministas negras, a la comunidad *queer* negra y a las mujeres negras) *iniciamos* el movimiento" (Ramaru, 2017: 92).

Las integrantes de #PatryarchyMustFall, estudiantes de la UCT, posicionadas dentro del RMF, pusieron sobre la mesa desde el lanzamiento de sus demandas un componente nodal a la hora de hablar de transformación ante una situación sobre la que se coincidía en definir como colonial: la pervivencia de una cultura patriarcal y sexista que los mismos estudiantes se encargaban de reproducir mediante la perpetuación de ciertas normas y espectativas, lo que abonaba a la producción de exclusión. Dos días antes del lanzamiento público de su colectiva (8 de septiembre de 2015) habían sido "llamadas al orden" y silenciadas por estudiantes varones negros, cuando reclamaron la falta de seguridad en las residencias estudiantiles para mujeres, la falta de consistencia en las reglas y códigos de conducta que se aplican en las residencias para hombres y mujeres, en detrimento de las últimas, los cánticos que banalizan o glorifican la cultura de violación y otras formas de violencia contra mujeres y las variadas formas de discriminación de que se hace objeto a la población LGBTIAQ+ en el sistema de residencias estudiantiles.

"¿Cómo hablar de transformación sin incluir al sexismo y al patriarcado?", protestaban exigiendo un plan de acción al respecto. Basta de dobles estándares que "refuerzan la idea de que no podemos cuidarnos nosotras mismas, de que no podemos tomar decisiones, de que necesitamos que otros decidan por nosotras" (Naidoo, 2015: 1). Y no se trata de un problema menor, insistían, ya que "el sexismo, la heteronormatividad y el patriarcado se han infiltrado en casi todos los aspectos de la vida en UCT y no han sido adecuadamente considerados" (*idem*.). Prueba de ello es la misma estructura de las residencias y la "cultura" heteropatriarcal que las anima, es esta cultura la que debe ser desmantelada.

Las estudiantes comenzaron entonces a cuestionar las políticas de control de los cuerpos femeninos y a reclamar sus propios cuerpos como espacios políticos a reapropiar. Así lo sintetiza Parusha Naidoo, jefa editorial de *Varsity*, el periódico estudiantil de UCT en su nota editorial del 15 de septiembre de 2015:

> A cierta edad se nos dice que nuestros cuerpos son peligrosos y que deben cubrirse, de lo contrario corremos el riesgo de recibir *lastful stares*. Entonces comprendemos que nuestros cuerpos ya no son nuestros, sino que pertenecen a potenciales agresores sexuales y nuestro trabajo consiste en asegurarnos de que no los estamos provocando [...]. Operamos en un mundo de privilegios y estándares implícitos y explícitos. El cuerpo y mente de una mujer son sitios de disputas culturales, raciales y de género. Las mujeres somos objeto simultáneo de vergüenza y sexualización, sujetos de *praise* y deseo, o ridículo y mal gusto, pero nunca existimos en medio de estos extremos (Naidoo, 2015: 4).

Algunas de ellas empezaron a reunirse para debatir "qué significa ser una mujer negra o LGTBQIA+ en una institución que celebra la misoginia y la supremacía blanca simbólicamente con la estatua de Cecil John Rhodes" (Matandela, 2015). En ese sentido, para ellas la estatua de Rhodes debía leerse como expresión cultural del *patriarcado capitalista y de supremacía blanca*, término que toman de la feminista afroestadounidense bell hooks (en Ramaru, 2017:91). Este planteamiento les llevó a preguntarse por el colonialismo que permea las instituciones educativas por una vía diferente a la predominante en las organizaciones de liderazgo masculino en el movimiento. Coincidieron con los líderes varones del movimiento en que la colonialidad puede leerse con base en el filósofo anticolonial Frantz Fanon —*Los condenados de la tierra* (1961)— y al activista sudafricano de Conciencia Negra[19] Steve

---

[19] Este movimiento fue iniciado por un grupo de estudiantes universitarios negros (liderados por Steve Biko, Barney Pytiana y Harry Nongewekula entre otros) que en 1968 crearon la Organización de Estudiantes Sudafricanos (SASO, por sus siglas en inglés) como reacción a la falta de representación de los intereses de los estudiantes negros en la Unión Nacional de Estudiantes Sudafricanos (NUSAS, por sus siglas en inglés) cuyos líderes —en su mayoría estudiantes blancos—, aunque críticos del racismo y del régimen en general, resultaban "moderados" a la hora de presentar demandas que tomasen

Biko —*Escribo lo que me da la gana* (1978)— sobre todo para explicar el proceso de producción de la población negra como fuera de lugar[20] con respecto de la Modernidad y, por lo tanto, el recurso de la violencia como reacción legítima de los colonizados, lo cual, para el caso concreto de las universidades, implica ante todo preguntarse sobre las intensiones detrás de su creación. Como señala Matandela, implica reconocer que "en Sudáfrica las instituciones educativas fueron construidas para cultivar ideologías europeas y para crear un África 'iluminada' [...] recurriendo a concepciones europeas de modernidad: patriarcado, capitalismo y racismo" (Matandela, 2015).

De Biko el movimiento había tomado sobre todo la idea de la *materialidad de la raza*, expresada en su concepción del "cuerpo" como encarnación de la conciencia, lo que nos hace ser parte muchas veces del mismo sistema de opresión que nos subyuga. De allí la importancia de la conciencia de sí como un proceso que inicia con una/o misma/o para desencadenar la acción que pueda generar transformación. Como lo señala Rozena Maart: "La conciencia negra es un proceso, un largo proceso de mirar hacia adentro, la reverberación de una actitud mental. No es simplemente conciencia adquirida, no es algo que alguien te da, es dolor, y tienes que trabajar para ello" (Maart, 2014: 9). En este sentido rescato el dolor, un sentimiento desde el cual se construyó (incluso en la misma definición del acto de Chumani Maxwele el 9 de marzo de 2015 en la declaración fundacional de RMF a que ya hice referencia) una experiencia común constitutiva de la negritud, y con esto, de los procesos de racialización que había que descolonizar. Dolor que, en el caso de las mujeres y desde otras identidades distintas a las privilegiadas por el orden heteropa-

---

en consideración los agravios de que eran víctimas los estudiantes negros. Según Biko, era necesaria una organización propia para construir una "conciencia negra" o BC, como también se le llamó (Nuttal *et al.*, 1998: 93).

[20] Racismo que en el caso de la generación *born free* toma la forma de lo que Kgotsi Chikane, uno de los estudiantes de UCT, definió como *racismo subliminal*: el racismo que te hace ignorante de tu propio sojuzgamiento (Fairbanks, 2015).

triarcal, adquirían distintos significados cuyos procesos también debían incluirse.

Se trata de sistemas de opresión que operan a la vez y se co-constituyen produciendo silenciamientos y control del conocimiento, de la expresión artística y manera de conducirse, especialmente en el caso de las y los estudiantes negros. No obstante, se trata de una experiencia vivida de manera diferente, y es esto lo que las feministas de #PatriarchyMustFall comenzaron a exigir de los líderes varones del movimiento. El discurso escogido para ello fue el de "cura" (*healing*) de las heridas como condición de solidaridad por parte de las estudiantes cuyas experiencias fueron simplificadas o devaluadas y a quienes se intentó silenciar aduciendo que sus agendas identitarias eran secundarias o que distraían al proceso de descolonización que se pretendía poner en marcha. Hicieron evidentes las prácticas coloniales que los mismos estudiantes varones denunciaban como prácticas de ellos mismos hacia sus compañeras mujeres o a compañerxs LGBTIAQ+.

> Ser una feminista negra en Sudáfrica y dentro del movimiento nunca fue fácil. Muy a menudo, tuvimos que lidiar con que nos dijesen que ante todo "somos negros" y que deberíamos dejar nuestros problemas de género y política feminista en la puerta. Nos dijeron que el feminismo no es africano y que necesitábamos dejar de apropiarnos de ideales occidentales si nos tomamos en serio la descolonización. Esto obviamente significaba que constantemente teníamos que defender nuestro derecho a existir dentro del espacio, y para que el feminismo negro sea tomado en serio en el movimiento (Ramaru, 2017: 92).

A los textos de Fanon y Biko agregaron entonces los del *black feminism* con la insistencia en que la "opresión difiere de acuerdo a la clase, el género, la sexualidad y '*able-bodiedness*' (capacidad corporal)" (Matandela, 2015), de allí la exigencia de despatriarcalizar como componente esencial del proceso de descolonización que se reclamaba. Y de incorporar a la interseccionalidad como herramienta fundamental para posibilitar una praxis descolonizante (Ramaru, 2017: 91).

Consiguieron que la declaración de principios del RMF incluyese una sección bajo el título "Una aproximación interseccional":

> Queremos afirmar que, si bien este movimiento surgió como respuesta al racismo en UCT, reconocemos que las experiencias de opresión en este campus son interseccionales y nuestro objetivo es adoptar un enfoque que sea consciente de esto en el futuro. Una aproximación interseccional a nuestra negritud debe tomar en cuenta que no sólo nos define nuestra racialización como negros, sino que algunos de nosotros también estamos definidos por nuestro género, nuestra sexualidad, nuestra capacidad en el uso del cuerpo (*able-bodiedness*), nuestra salud mental y nuestra clase, entre otras cosas. Todos tenemos ciertas opresiones y ciertos privilegios, y esto debe informar nuestra organización para que no silenciemos grupos entre nosotros, y para que nadie tenga que elegir entre sus luchas. Nuestro movimiento se esfuerza por hacer esto realidad en nuestra lucha por la descolonización (Salón 6, Rhodes Must Fall Mission Statement, en Farrow, 2017: 25).

Kealeboga Ramaru completa la reconceptualización de la descolonización a la que se quiere llegar desde la interseccionalidad desde su propia experiencia en el movimiento:

> También se nos desafió a pensar más allá de las comprensiones limitadas de género, sexualidad y capacidad (*ableism*), y a considerar nuestro privilegio cisgénero, nuestros prejuicios de capacidad (*ableism*) y otras opiniones llenas de intolerancia que sostenemos. Eso es lo que significaba la descolonización: la muerte o la purga de ideas o principios coloniales que perpetuamos y usamos para oprimir a otros. La descolonización debía ser una forma de vida y no sólo una palabra de moda (Ramaru, 2017: 91-92).

De modo específico para UCT y como se demostró desde la misma declaración de principios de RMF, las feministas de #PatriarchyMustFall consiguieron que ediciones casi completas de las publicaciones universitarias se dedicasen a incluir su perspectiva del movimiento,[21] también a que los cánticos del movimiento las incluyesen.

CIERRE ABIERTO...

Las universidades y el Estado respondieron con una violencia que recordó a los peores años del *apartheid*, numerosos estudiantes fueron brutalmente agredidos (recurriendo a camiones de asalto, balas de goma, bombas de estruendo y gases lacrimógenos, violencia de la policía estatal y también de la privada en las universidades) y encarcelados, expulsados de los espacios universitarios, algunos de ellos acusados de alta traición.[22] En cada institución los efectos de esta represión se hicieron sentir a ritmos diversos aunque con el mismo resultado de paulatina disolución del movimiento desde mediados de 2016 y en algunas de ellas —véase Flores (2018) para el caso de Pretoria— de endurecimiento de sus políticas de ingreso. Regulando incluso, el acceso diario a sus instalaciones con mayores controles de seguridad y vigilancia. Y también al sistema, incluyendo por ejemplo la firma de compromisos por parte de los estudiantes que habilitan a la institución a dictaminar expulsiones en caso de acciones violentas...

Pero también y como estudiantes universitarios lograron un protagonismo que frenó el aumento de las cuotas durante estos años y lograron producir un debate a nivel nacional sobre la colonialidad en la cotidianeidad sudafricana. #PatriarchyMustFall presionó a una reflexión donde el pensamiento feminista retaba a una lectura más fina de la colonialidad en Sudáfrica.

Hoy en día, los estudiantes y sus organizaciones que participaron activamente se encuentran en medio de una intensa discusión sobre los legados de esta experiencia. No están exentas las voces acusatorias que reverberan otras épocas, responsabilizando de la disolución del movimiento al excesivo esencialismo en que caye-

---

[21] Tal fue el caso de *Varsity*, la publicación oficial estudiantil de UCT.
[22] Véase la crónica de Laura Efron para el caso de UCT en Efron (2017: 192-200).

ron organizaciones que reinvindicaron la interseccionalidad como una valiosa vía para interrogar la condición de opresión particular sudafricana incluyendo a todxs sus expresiones en la actualidad del país. Con esto borran a mi entender el otro reclamo que no fue oído de reflexionar sobre la reproducción de formas de opresión dentro del mismo movimiento, provocando exclusiones, reproduciéndolas, volviendo una y otra vez a negarles voz. Sin despatriarcalizar, y no sólo al Estado sudafricano, al proyecto neoliberal que promueve y a sus instituciones, sino a las mismas organizaciones estudiantiles, no puede haber descolonización.

Para estos jóvenes, esta experiencia representó, sin duda, la oportunidad de tornar en praxis un conocimiento situado en tanto generación post *apartheid*, que mira a las anteriores generaciones y se mira imaginando un futuro que requiere acción, una acción situada. Identificar una realidad frente a las construcciones discursivas que contribuyen a mantener desigualdades bajo el mantra del juego democrático, volver a nombrar para entender en sus actualizaciones —en lugar de silenciar o negar bajo la ilusión de un arcoíris que contiene todos los colores— a las categorías de identidad que continúan marcando su acceso a recursos y espacios de poder y acción, incluso de humanidad. Es volver a mirar la propia historia más allá de las conclusiones de la TRC, de buscar una propia genealogía, africana de pensamiento, de retarla desde las condiciones de un presente neoliberal y globalizado. Es un nuevo reto a imaginar un futuro diferente, y es sólo el comienzo, la primera etapa.

Bibliografía

Bunting, I., "The Higher Education Landscape Under Apartheid" en N. Cloete *et al.*, *Transformation in Higher Education. Global Pressures and Local Realities*, Dordrecht, Springer, 2006, pp. 35-52.

Calata, A., "Slave memorial to recover histories of the dispossessed", *University of Cape Town News*, 04 de diciembre de 2014 (consultado el 29 de junio de 2018). Disponible en:

[https://www.news.uct.ac.za/article/-2014-12-04-slave-memorial-to-recover-histories-of-the-dispossessed].

Cejas, M., "Retroilusiones en tiempos inestables: *comisionando* la memoria para la (re)inscripción de la nación post apartheid" en M. del C. de la Peza (coord.), *Memoria(s) y política. Experiencia, poéticas y construcciones de nación*, Buenos Aires, Prometeo - uam-x, 2009, pp. 123-171.

Crowe, T., "On Rhodes, decolonisation and uct management", *uct Daily News*, 11 de mayo de 2015. Disponible en: [http://www.uct.ac.za/dailynews/?id=9145].

Donaldson, R., N. Kotze, G. Visser, J.-H. Park, N. Wally, J. Zen y O. Vieyra, "An Uneasy Match: Neoliberalism, Gentrification and Heritage Conservation in Bo-Kaap, Cape Town, South Africa", *Urban Forum* 2, 24 (2013), pp. 173-188.

Efron, L., "La colonialidad del saber en la Sudáfrica *post apartheid*. Movimientos estudiantiles en busca de la transformación/descolonización del sistema universitario" en M. I. Cejas (coord[a].), *Sudáfrica post apartheid: Nación, ciudadanía, movimientos sociales, gobierno, género, sexualidades*, México, mc Editores - uam-x, 2017, pp. 183-215.

Fairbanks, E., "Why South African students have turned on their parents generation", *The Guardian*, 15 de noviembre de 2015. Disponible en: [https://www.theguardian.com/news/2015/nov/18/why-south-african-students-have-turned-on-their-parents-generation].

Farrow, D., "Rhodes Must Fall and the Politics of Identity in Contemporary South Africa", Senior Honors Thesis Cultural Studies, University of North Carolina at Chapel Hill, 2017.

Flores, N., "El movimiento Fees Must Fall en Sudáfrica: una crónica de los pasados presentes y los futuros posibles desde el Sur", Especialidad *Epistemologías desde el Sur*, Buenos Aires, Clacso (trabajo inédito), 2018.

Friedman, D., "Bo-Kaap says no to gentrification", *The Citizen*, 03 de junio de 2018 (consultado el 28 de junio de 2018). Disponible en: [https://citizen.co.za/news/1943857/bo-kaap-says-no-to-gentrification/].

Gamieldien, M. Z., "The Gentrification Equation" *The Con*, 19 de abril de 2017 (cousultado el 30 de junio de 2018). Disponible en: [http://www.theconmag.co.za/2017/04/19/the-gentrification-equation/].

Herman, P., "Rhodes Must Fall: Students have their say", *News24*, 2 de abril de 2015. Disponible en: [https://www.news24.com/SouthAfrica/News/Rhodes-Must-Fall-Students-have-their-say-20150402].

Joseph, R., "The gentrification of Woodstock: from rundown suburb to hipster heaven", *The Guardian*, 12 de Agosto de 2014 (consultado el 30 de junio de 2018). Disponible en: [https://www.theguardian.com/cities/2014/aug/12/gentrification-woodstock-cape-town-suburb-hipster-heaven].

Leroke, W. S., "Post-colonialism in South African social science" en J. Mouton, J. Muller, P. Franks, T. Sono (eds.), *Theory and Method in South African Human Sciences Research: Advances and innovations*, Johannesburgo, The Human Sciences Research Council (hsrc) Press, 1998, pp. 53-66.

Maart, R., "Black Consciousness and Feminism", *Frank Talk* 5 (enero, 2013), pp. 7-10 (consultado el 29 de junio 2018). Disponible en: [http://www.sbf.org.za/biko/wp-content/uploads/2015/12/5th-Edition-FrankTalk-Journal.pdf].

Matandela, M., "Rhodes Must Fall: How black women claimed their place", *Mail & Guardian*, 30 de marzo de 2015 (consultado el 01 de julio de 2018). Disponible en: [https://mg.co.za/article/2015-03-30-rhodes-must-fall-how-black-women-claimed-their-place].

Naidoo, P., "#PatriarchyMustFall", *Varsity. The official Student Newspaper of the University of Cape Town* 10, 74 (15 de septiembre de 2015), p. 1.

Nuttall, T., J. Wright, J. Hoffman, N. Sishi y S. Khandlhela, *From Apartheid to Democracy. South Africa 1948-1994*, Pietermaritzburg, Ciudad del Cabo y Randburg, Shuter & Shooter, 1998.

Pew Research Center, "Cell phones in Africa: Communication Lifeline", 15 de abril de 2015 (consultado el 1 de julio de 2018). Disponible en: [http://www.pewglobal.org/2015/04/15/cell-phones-in-africa-communication-lifeline/].

Petersen, T., "Battle for Bo-Kaap: 'Gentrification is too beautiful a word for what's happening here'", *News24*, 18 de junio de 2018 (consultado el 28 de junio de 2018). Disponible en: [https://www.news24.com/SouthAfrica/News/battle-for-bo-kaap-gentrification-is-too-beautiful-a-word-for-whats-happening-here-20180618].

Ramaru, K., "Feminist Reflections on the Rhodes Must Fall Movement", *Feminist Africa* 22, pp. 89-96 (consultado el 29 de junio de 2018). Disponible en: [http://www.agi.ac.za/agi/feminist-africa/22].

rfm Mission Statement (consultado el 1 de julio de 2018). Disponible en: [https://www.facebook.com/RhodesMustFall/posts/1679915148950643:0].

saho (South African History Online), "Cecil John Rhodes", 24 de marzo de 2017 (consultado el 30 de junio de 2018). Disponible en: [http://www.sahistory.org.za/people/cecil-john-rhodes].

stats sa, *The People of South Africa Population Census 1996* (consultado el 29 de julio de 2018). Disponible en: [https://apps.statssa.gov.za/census01/Census96/HTML/default.htm].

Thulare, L., "We will no longer be the 'Lost generation'", *The Oppidan Press* 12, 22 de octubre de 2015, p. 2 (consultado el 1 de julio de 2018). Disponible en: [https://oppidanpress.atavist.com/decolonisation].

Unicef (Fondo de las Naciones Unidas para la Infancia), *South African mobile generation. Study on South African young people on mobiles*, Nueva York, Unicef (consultado el 1 de julio de 2018). Disponible en: [https://www.unicef.org/southafrica/SAF_resources_mobilegeneration.pdf].

Xaba, W., "Challenging Fanon: A Black radical feminist perspective on violence and the Fees Must Fall Movement", *Agenda*, 31: 3-4 (2017), pp. 96-104.

CAPÍTULO V

Institucionalizar el cuidado comunitario: Redefiniendo lo público

Natalia Cabanillas[1]

Introducción

El presente texto debate la "construcción de comunidades" promovida por la organización de mujeres musulmanas, Mustadafim Foundation (MF), situada en los Cape Flats, periferia de Ciudad del Cabo, Sudáfrica.[2] Aborda la institucionalización del cuidado comunitario, ejercicio de derechos y acceso a recursos para mujeres Negras.[3] Las políticas de cuidado promovidas por MF desafían el orden racial-sexual vigente en varios niveles, incluso cuando se presentan como aparentemente despolitizadas; en ese sentido, crean espacios simbólicos, políticos y físicos para el ejercicio de derechos y acceso a recursos, en una construcción artesanal de la ciudadanía (Sophie Oldfield, Elaine Salo y Ann Schlyter, 2011).

---

[1] Profesora adjunta en el instituto de Humanidades (IHL) de la Universidade da Integração Internacional da Lusofonia Afro-Brasileira (UNILAB), Ceará, Brasil. Doctora en Sociología por la UNB, maestra en Estudios de Asia y África, especialidad África, por El Colegio de México y profesora en Historia por la UNLP, Argentina.

[2] Las reflexiones y descripciones presentadas en este artículo emergen de la investigación de doctorado sobre Mujeres Activistas en Ciudad del Cabo (2012-2016), del llamado "trabajo de campo" y de archivo durante 18 meses en dicha ciudad (2014–2015), y de siete meses de trabajo voluntario en la organización Mustadafin Foundation.

[3] *Negra/o* en mayúscula refiere en este texto a la población antiguamente clasificada como africana, india o mestiza; *negra* en minúscula referirá a la población que se autodefine "negra" o "africana" y que se reconoce como parte de los grupos originarios del continente, y cuya lengua materna es alguna de las lenguas bantúes. Escogí esta forma, entre muchas otras, para subrayar que hay diferentes maneras de ser negro/a o africana/o en Sudáfrica (Mzhike, 2010).

Mustadafin Foundation: un lugar en el mapa, un lugar en la historia

Desde el *boom* editorial y académico de los estudios de género en y sobre Sudáfrica (1994 hasta la actualidad), mucho se ha escrito sobre las organizaciones feministas y de mujeres sudafricanas. Mustadafin (MF) es una de las mayores y más duraderas organizaciones de mujeres de la Provincia del Cabo Occidental, y posee un extenso trabajo capilar. Esta relevancia contrasta con el mutismo académico sobre su existencia histórica y sociológica: por ejemplo, su nombre, Mustadafin, no aparece en los buscadores de los dos *journals* feministas más importantes del país: *Feminist Africa Journal* y *Agenda*. Es mencionada tangencialmente en estudios sobre el Islam en Sudáfrica, como en las tesis doctorales de Sindre Bangstad (2007) y Ala Rabiha Hourani (2015); en las investigaciones de Adam Habib y Brij Maharaj sobre organizaciones de ayuda mutua y alivio de la pobreza (2008). Feministas locales hablan de MF sólo cuando son interpeladas: "¡Ahhh, toda una leyenda!" Refiriéndose a la capacidad de "hacer que las cosas pasen" de la organización. Fuera del mundo activista, también vecinos/as de los Cape Flats usualmente conocen la organización. Una de sus voluntarias sonríe: "tenemos esa reputación: podemos cocinar 400 ollas de 100 litros cada una en cualquier momento". Su directora, Ghairunisa Johnstonne confirma: "si hay una inundación, un incendio, primero entramos nosotras, después el gobierno" (2015).

Hoy día, MF desarrolla un conjunto de programas orientados por la filosofía del Islam y ejecutados por mujeres musulmanas que "trabajan para sus comunidades"[4] en las áreas de alimentación, salud, educación, desarrollo comunitario y juventud. Históricamente, MF surgió en 1986, en Hannover Park, cuando un grupo de mujeres activistas comunitarias y estudiantiles organizó refugios para mujeres y niños/as víctimas de la violencia estatal y de las *gangues* (pandillas). MF nace asociada a la lucha contra el *apartheid*,

---

[4] "*Work for the community*" es una de las frases recurrentes para definir el activismo legítimo.

lo que les valió antipatías, miedos, exilios internos y recelos: "no tuvimos mucho apoyo de la comunidad [islámica india], porque nadie quería asociarse con *las problemáticas*" (Jonhstonne, 2015). La represión estatal alcanzó su máxima dureza en los años ochenta, periodo conocido como "la guerra", en esos términos es mencionada por Heidi Grunebaum (2012) y por las activistas que escriben en la compilación de Shirley Grunn y Sinazo Krwala (2008).

Ghairunisa Jonhstonne (2015) —nacida en una familia de activistas— recuerda que: "tanta gente pasaba por mi casa, que lo único que yo quería era poder dormir sola en una cama". Como en casi todas las biografías de activistas sudafricanas, el compromiso político entronca con generaciones y generaciones de una misma familia. Antes que fuera nombrado el feminismo en Sudáfrica (Hassim, 2006), Ghairunisa recuerda a su madre ofreciendo refugio en casa a mujeres víctimas de violencia, y con la sola mirada evitar que el marido violento atravesase la puerta en busca de su esposa. La visualidad que construye Ghairunisa sobre cómo su madre se interponía corporalmente me transporta a decenas de situaciones que presencié en las periferias de Ciudad del Cabo, donde mujeres Negras adultas bloqueaban físicamente una agresión a otra mujer, con un gesto, una mirada o una palabra, como una fuerza más allá de cualquier temor. Reconozco, imagino el inter-poner-se como un aprendizaje colectivo, un *feminismo en acto*. Resuena la voz de Ghairunisa: "¿Acaso no sé que es mi obligación asistir a quien lo necesita?". En la Ciudad del Cabo, en la *Ciudad del Miedo*, actuando como si el miedo —o el riesgo— no existiese.

Hannover Park —lugar donde nació MF— es un *township* o barrio segregado ubicado en los Cape Flats, periferia de Ciudad del Cabo. El *apartheid* (1948-1994) creó los *townships* en áreas distantes del centro, separados por autopistas de entre 5 a 30 km. La Ley de Áreas por Grupo (1950) obligaba a la población clasificada como no blanca a vivir en esas áreas distantes después de haber sido desalojados de las áreas centrales declaradas blancas (Grunebaum y Yazir, 2003). Así, el urbanismo modernista del *apartheid* buscaba reducir al mínimo los puntos de contacto entre zonas racialmente definidas. Cada *township* sería cercado y tendría una o dos entradas controlables, con las casas a 60 m de distancia *pru-*

dencial de las avenidas por donde circulaban los carros blindados de la policía. Son barrios creados para ser hostiles, sin saneamiento, sin luz, sin agua de red, con baldíos oscuros para atravesar cuando se va de camino a las paradas de transporte público.

El *apartheid* destinaba el mínimo posible de infraestructura a los barrios negros, bajo la premisa de que tales personas no debían residir de forma permanente en las periferias; prohibía la autoconstrucción, creando un sentido de enajenación respecto del espacio urbano, que se imbrica con la apropiación colonial de la tierra y del paisaje (Castillejo, 2009). La "nueva" Sudáfrica (1994-hoy) mantiene en Ciudad del Cabo una dolorosa inercia entre el *apartheid* y el post *apartheid*, con su demora para la provisión de trabajo, servicios y viviendas (Vainola Makan, 2015). Según Pumla Gqola (2010: 2), el post *apartheid* se compone tanto del post como del *apartheid*: el deseo ineludible de trascender y avanzar, dejar atrás, unido a la perenne presencia del *apartheid* en diversos órdenes de la vida. El *apartheid* y el post *apartheid* están conectados y opuestos al mismo tiempo. En palabras de YougstaCPT, artista hip hop *capetownian*, mestizo y musulmán de los Cape Flats, las continuidades se evidencian más que las rupturas (en "Arabian Gangster"): "Somos los olvidados. Encarnamos el dolor, la furia, la frustración y el encanto de toda una generación. No estamos dudando, no estamos esperando, somos jóvenes-bomba [...] 20 años después estamos en el mismo lugar".

Según activistas de MF, el *apartheid* destruyó sistemáticamente las comunidades negras, sus redes familiares y de solidaridad, a través de la relocalización forzada lejos de sus centros de trabajo, el desempleo, el sistema de trabajo forzado migratorio para la población africana; la proliferación de *gangues* en los barrios mestizos; la segregación racial de la población negra, india y mestiza, entre otros (Cock, 2008 y 1980; Ramphele, 1993). Mustadafin se propone reconstruir y reparar los lazos comunitarios en el escenario de muerte de los *townships*. Propone una forma feminizada de conducir todos los aspectos de la vida comunitaria, al incluir el combate a la desigualdad de género y excluir el control de los poderes armados de las *gangues*. Las integrantes de MF perciben sus tareas como una continuidad de la lucha contra el *apartheid* y contra todas-las-formas-de-injusticia.

Programas y acciones

MF es la mayor organización de la provincia del Cabo Occidental y —a diferencia de las ONGs— ni su agenda ni sus recursos dependen de los donantes de los países del Norte. Tiene 30 años de existencia ininterrumpida: atravesó el derrocamiento del *apartheid* y la esperanza de 1994; la institucionalización de movimientos de liberación; los posteriores ajustes neoliberales del ANC y el gobierno liberal de la Alianza Democrática en la Provincia.[5] Dicha estabilidad es poco común entre las organizaciones de mujeres sudafricanas: las federaciones regionales de mujeres de los años ochenta se diluyeron en las organizaciones paraguas como el Frente Democrático Unido primero, y la Coalición Nacional de Mujeres después, y el auge de las demandas feministas de los años noventa retrocedió enormemente durante el gobierno de Zuma (2008-2018) (Cejas, 2008; Cherry, 2007; Fester, 2015; Hassim, 2006; Thipe, 2010; Tshoaedi y Hlela, 2006; Salo, 1995).

Las integrantes de MF son mujeres Negras provenientes de *townships*, donde se localizan los centros comunitarios de la organización. Las ONGs que operan en Ciudad del Cabo, en cambio, tienen sus sedes en las áreas blancas, aunque sus proyectos estén en las periferias. Ala Hourani (2015) calcula que aproximadamente 100,000 personas por mes participan de algún servicio de la organización, en una provincia de 4 millones de habitantes. En 2014-2015 se manejó un presupuesto de 1.8 millones de dólares anuales, sin contar que la mayor transferencia de re-

---

[5] ANC son las siglas en inglés para Congreso Nacional Africano, movimiento de liberación fundado en 1912 y transformado en partido político en 1994. Desde la implantación del voto universal en Sudáfrica, en 1994, hasta hoy, el ANC ganó todas las elecciones nacionales y provinciales. A excepción de la Provincia del Cabo Occidental, gobernada por el partido liberal (y blanco) de la Alianza Democrática (DA, por sus siglas en inglés).

cursos es en especie (Mustadafin Foundation, Informe Ramadam, 2015).

MF tiene 3 edificios propios, sumados a los centros alquilados o cedidos, todos ellos situados en los *Cape Flats*. Vehículos *pick-up* y camiones tipo mudanza para el traslado de donaciones, equipamientos de oficina, de cocina industrial y escolares. Co-gestiona un refugio para mujeres víctimas de violencia y programas de inserción económica para las usuarias. 14 promotoras de salud capacitadas por MF atienden 600 familias cada semana, asociadas al sistema de salud pública. La organización posee 3 madrasas o escuelas coránicas, 2 núcleos de alfabetización de adultos, 21 centros para el desarrollo de la niñez (ECD por sus siglas en inglés), alberga 4 más y ayuda a 18, lo que en total cubre 3,000 niños/as. Los ECD proveen 3 comidas, aulas equipadas, eventos deportivos y excursiones.

En su página *web*, Mustadafin declara que: "estimula la búsqueda de conocimiento de la cuna a la tumba" (2015), y en sus palabras resuena la consigna setentista: *"People's Education for People's Power"* (La "educación del pueblo para construir el poder del pueblo"). Resuenan también las iniciativas más antiguas de la llamada "comunidad musulmana o *Cape Malay*" del Cabo, que fundó la primera madrasa, en el siglo XVIII, y que se educó a pesar del Estado (colonial, segregacionista y del *apartheid*), no gracias a él. Mustadafin participa de la larga genealogía de las luchas de las comunidades musulmanas antiguamente esclavizadas[6] por su supervivencia física, espiritual, cultural y religiosa. En esa genealogía de la supervivencia —y de la resistencia al silencioso exterminio del hambre— cabe decir que el mayor programa es de alimentación regular, el cual atiende a 15,000 personas.

---

[6] La colonización holandesa en la región del cabo de Buena Esperanza se sirvió de mano de obra esclavizada traída de Malasia —prisioneros políticos musulmanes, del este de África y población local khoi san—. Tal conjunto heterogéneo fue llamado *Cape Malay* (malayos/as del cabo) y posteriormente sería clasificado como "mestizo". Genéticamente tienen "aportes" de los colonizadores holandeses por causa de las violaciones sexuales sistemáticas y prostitución forzada de las mujeres esclavizadas.

Mustadafin Foundation: las políticas del cuidado y lo político del cuidar

Cuando se abre el Facebook de Mustadafin, la foto de perfil muestra una mano con las áreas de trabajo, todas ellas vinculadas al cuidado: Alivio de la pobreza, Cuidado de la salud, Desarrollo comunitario, Educación y Asistencia en catástrofes. Para el desarrollo de tales áreas, Mustadafin construyó una estructura para-estatal des-armada basada en la creación de la vida y el cuidado a través de prácticas de maternidad social (Salo, 2004). Tal estructura es disruptiva respecto de la lógica estatal post *apartheid* —que perpetúa los guetos como escenarios destinados a "dejar morir los cuerpos negros" (Ncedile, 2015: declaración pública)—. También es disruptiva respecto de las lógicas paraestatales de las *gangues*, cuya soberanía territorial se basa en el poder de matar y dejar vivir, lógica que Achille Mbembe (2011) conceptualizó como *necropolítica*. Esta lógica, de acuerdo con Pumla Gqola (2015) y Busisiwe Ncaye (2015), utiliza la violencia como lenguaje y, en ese sentido, se asemeja a los análisis de Rita Segato sobre los crímenes expresivos cometidos con lujo de crueldad contra cuerpos de mujeres o feminizados en América Latina (2010; 2004; 2003).

Las actividades de cuidado de MF son un desafío al orden vigente en diversos niveles: primero, las mujeres Negras como grupo social estuvieron sometidas al trabajo forzado (doméstico, agrícola o sexual) durante los regímenes colonial (1652-1910), segregacionista (1910-1948) y de *apartheid* (1948-1994) (Gqola, 2010; 2015; Baderoon, 2015; Lewis, 2011a; 2011b). En estas condiciones, cuidar y maternar se volvía imposible: posicionarse como madres es reclamar un espacio que les es sistemáticamente negado (Cock, 2008; 1980). Las familias y relaciones de género fueron objeto de intervención estatal durante los regímenes de supremacía blanca: hombres africanos jóvenes eran forzados a migrar y aglomerarse en hospedajes donde las mujeres no podían entrar, ya que las mujeres —por ley— debían permanecer (o reubicarse) en áreas rurales de baja productividad agrícola (Ramphele, 1993; Cabanillas, 2011). Las relaciones sexuales o los matrimonios interraciales eran prohibidos, así como las relaciones homosexuales (Sudáfrica, 1950; 1955). Desde sus inicios en los años cincuenta, el *maternalismo sudafricano* fue una propuesta política.[7] La maternidad fue enfocada por las mujeres sudafricanas como una actividad social, no exclusivamente biológica. Ello *vehiculizó* un reclamo contra condiciones inhumanas de vida y de trabajo, además de codificar las relaciones jerárquicas e intersubjetivas entre mujeres (Cejas, 2004; Salo, 2004).

En segundo lugar, las tareas de cuidado realizadas en colectivo fomentaron redes y vínculos de solidaridad entre-mujeres.[8] De manera local, los vínculos y redes son altamente valorados en las comunidades Negras: son una garantía, una forma de acumular "en personas"; la precondición para existir simbólica, física y políticamente. MF, al ser una red de mujeres Negras a través de la cual circulan recursos, es un vehículo de empoderamiento femenino en clave local. Sobre las concepciones de poder y riqueza, Zaida Harnecker (2013) comenta:

> ¿Yo? Aquí me ves. Nunca seré rica. ¡Pero soy rica en personas! Cualquier calamidad que me pase, nunca dormiré con el estómago vacío. Siempre tendré quién me reciba y alimente. Siempre conozco a alguien que conoce a alguien que conoce a alguien. Ya no vivo en una comunidad, pero tengo una, muchas comunidades [personas que responden por mí] (Harnecker, 2013).

En tercer lugar, las integrantes de MF amplían su movilidad más allá de lo doméstico, ganan espacio territorial (simbólico para transitar en *townships* dominados por *gangues*[9]). Frecuentan las

---

[7] Con base en la tesis de doctorado de la antropóloga negra feminista Elaine Salo (2004). Sin embargo, autoras sudafricanas blancas como la historiadora Julia Wells (1993) y la socióloga Cheryl Walker (1982) consideran el *maternalismo sudafricano* como una ideología conservadora.

[8] Las organizaciones de mujeres son antiguas en la provincia y en el país, tanto en las comunidades musulmanas mestizas como entre las mujeres africanas.

[9] Las formas en que las redes sociales femeninas y las redes armadas masculinas están imbricadas no son abordadas en este capítulo. Basta decir que comparten el mismo espacio social de existencia: los *townships*. La con-

oficinas de gobierno y empresas negociando (con hombres) programas y donaciones. Las activistas están fuera de su casa en cualquier día y horario —sin compañías masculinas— y se dedican más a la comunidad que a su familia, desafiando el sentido común de gran parte de los/as *capetownians*. Cada mujer que participa en MF reorganiza el tiempo y atención que le brinda a su familia, lo cual se contrapone al rol de cuidadora principal que les es asignado en las comunidades islámicas y cristianas de buena parte de las familias locales. En palabras de Ghairunisa Johnstone (2015):

> Si me llaman a las 3 de la mañana y hay un problema en un *township*, ni siquiera lo pienso: me levanto y voy. Por eso digo que mi marido sabe que es primero, pero en segundo lugar. De todas maneras, cuando llego tarde a casa, él no cocinó. Sigo siendo mujer.

En cuarto lugar, el cuidado se realiza con horarios prestablecidos como un trabajo remunerado, en un contexto de profundo desempleo (con 40% según el censo de 2008, y 80% entre mujeres jóvenes Negras según MF). La población Negra sobrevive con los subsidios estatales a la maternidad y edad. Tener un trabajo con pago, a una distancia caminable de la casa y en el que no es necesario hablar inglés, es un gran privilegio relativo. Los trabajos de MF disminuyen la carga de trabajo doméstico de las beneficiarias de la organización que, de otra forma, realizarían de manera individual o a través de redes familiares y de vecindad. MF no involucra a los hombres en el cuidado: los recibe como voluntarios para tareas pesadas (traslado de donaciones); cuenta con imanes para las escuelas coránicas y, en 2014, emplearon por primera vez 2 hombres para trabajo administrativo.

Quinto, MF rompe con una de las reglas más básicas al no tener la guía espiritual de un iman (líder religioso, hombre). Ghairunisa comenta al respecto: "si veo a un hombre hambriento pidiendo comida, ¿necesito hablar con el iman para socorrerlo? [...] No necesitamos permiso para luchar contra la injusticia: la injusticia es

---

vivencia íntima y forzada oscila entre momentos de tensión y formas de negociación.

anti-Coránica" (Johanneston, 2015). El Corán —en la visión de MF— provee una vía de entrada en la vida comunitaria y política.

En las comunidades Negras el cuidado es, hasta cierto punto, socializado en redes de mujeres, MF institucionaliza el cuidado remunerado, y partiendo de ello, monta una estructura feminizada y Negra de control y administración de recursos y servicios paraestatales. A través de esa estructura y como colectivo de mujeres Negras, acceden a bienes y recursos altamente masculinizados: dinero, propiedades, vehículos. Más allá del acceso, su poder reside en decidir cómo distribuir esos recursos; la reciprocidad emerge de la distribución y en ella se consolida el poder de MF. Un poder que se acumula distribuyendo bienes, recursos, ayudas, contactos, cariño, atención. Un poder que acumula personas en-red-adas.

Lo político en el comer

Los programas de mayor impacto de MF son encuadrados como "alivio de la pobreza" y consisten en alimentación "nutritiva y halal"; sin embargo, algunos aspectos relativos a la culinaria, a la producción de las identidades musulmanas de la India y africanas en Sudáfrica merecen ser mencionados. Ghairunisa (2015), después de la primera clase de danza en Delft South, comparte conmigo:

> Todas nosotras tenemos problemas de obesidad, glucosa, presión alta. No tenemos tiempo de comer, comemos mucho, una vez al día y ya. A veces pasa el día y ni siquiera comimos. Llegamos a casa, y ¿tú crees que nuestros maridos están cocinando? Llegamos a descansar… ¡De nuevo a trabajar! Por eso nos enfermamos tanto. Estamos alerta noche y día, el *stress* hace que nuestro cuerpo retenga todo lo que comemos. Todo. Estuve leyendo sobre eso.

Nacida y criada en situaciones de escasez, para ella, mostrar abundancia es una de las formas de felicidad. Un día en casa de Ghairunisa, me muestra "la olla más pequeña" con 20 litros. "¡Mínimo! Cocinar para 20 es algo diario, nada especial". La comida y el hacer comida como factor de integración social es una constante en su conversación. Los grupos poblacionales que hoy se conocen como "comunidad mestiza" e "india" poseen una culinaria propia llamada *Cape Malay* (comida malaya del Cabo).

Gabeba Baderoon (2015) analiza la comida *Cape Malay* como un archivo, a través del cual se puede dibujar la cartografía del imperio, la ruta de las especies asiáticas circunnavegando el extremo sur de África, el Cabo como punto de abastecimiento en la geografía del comercio interoceánico, las formas de cocina halal y la diáspora forzada de malayos/as[10] en el Cabo, presentes como mano de obra esclavizada desde 1656. Documenta también un saber que sólo circula en las redes de mujeres de la comunidad. Nadie aprende a cocinar *Cape Malay* de un libro de recetas:[11] se hace y se aprende en casa, en redes de mujeres; son sabores, mixturas e ingredientes que testimonian la memoria viva de una comunidad que inscribió su pertenencia al Cabo desde su raíz islámica y asiática, y que resistió el exterminio social y cultural comiendo y cocinando, entre muchas otras formas.

Este valor se traslada a Mustadafin, Ghairunisa menciona: "Yo quiero que vean a los niños de Mustadafin bien vestidos, bien comidos. ¿Qué otra organización te da comida de primera?". Cocinar mucho y cocinar de más no es un cálculo algorítmico racionalizado, es una costumbre, una afirmación, una celebración: es un triunfo. Samira agrega: "los/as chicos/as llegan a MF escuálidos, después de unos meses, ya puedes ver que son africanos". Se ríen a carcajadas: hay una forma corporal y visual de ser y pertenecer al continente, una africanidad que se enorgullece de ser redonda, sinónimo de salud y belleza. La comida in-corporada se vuelve un signo de prestigio.

---

[10] Así denominados a los descendientes de esclavos provenientes de la India, de Malasia y del Este de África, así como a la descendencia producto de la explotación sexual de las mujeres esclavizadas por parte de los colonos blancos.

[11] Gabeba Baderoon (2015) analiza libros de cocina *Cape Malay* donde las informantes omiten ciertos ingredientes en las recetas, de manera tal que el libro en sí pierde su utilidad. En cambio, las mujeres manifiestan que aprenden a cocinar mirando —"robando con el ojo"— proporciones e ingredientes no dichos.

Los programas de alimentación "nutritiva y halal" son una forma de reproducción biológica, pero también una forma de producir existencia de la comunidad musulmana del Cabo[12]. La comida *Halaal Cape Malay* proyecta pertenencias profundamente locales en la intersección histórica de los continentes africano y asiático durante la expansión europea. Se inscriben como diáspora forzada en su pertenencia a la *Umah* (comunidad musulmana global), en resistencia a la espiritualidad cristiana de sus antiguos amos y al paladar de la culinaria europea.

Mustadafin y la política

Tal como lo plantean Baderoon (2015) y Gqola (2010), el islam en Ciudad del Cabo creció en la diáspora forzada de la población esclavizada proveniente del Este de África, India y Malasia. El Islam proveía una estructura comunitaria, una vida espiritual humanizante e independiente de los colonizadores blancos cristianos. Como tal, estuvo vinculado al trauma de la esclavitud y la sexualización forzada, a un grupo poblacional al borde de la supervivencia. Su culto fue tolerado por las autoridades, siempre que se diera de forma privada y, de hecho, está plagado de prácticas in-corporadas: qué comer, qué vestir, cómo hablar.

MF desarrolla a sus integrantes como musulmanas ejemplares, en términos de su devoción por el trabajo comunitario y su humildad. Además, se autoproduce como organización islámica ejemplar, que practica una forma de hacer política halal[13] a través de los recursos, posibilidades e intervenciones públicas. No reciben recursos de empresas vinculadas al comercio de tabaco, alcohol o drogas, en consideración a que éstas destruyen sus comunidades.

---

[12] En la ciudad hay muchas comunidades musulmanas: somalí, sudanesa, senegalesa, pakistaní, además de las diversas líneas o agrupamientos dentro de las comunidades musulmanas de *capetownians*, de origen malasio, indio, etc. Hay también estudiantes de inglés de Oriente Medio y del Norte de África.

[13] Significa, literalmente, "permitido por el Corán".

El trabajo para la comunidad, ser una *people's person* (persona del pueblo), es una noción política común a cualquier barrio periférico local.[14] "Ser una persona del pueblo" delimita el activismo "legítimo" y "real". Se define por la capacidad de acción, movilización de recursos y de diálogo. Incluye ocuparse de los vínculos en todos los aspectos de la vida (Claseen, 2015; Setember, 2015; Mswane, 2015). Aunque MF se defina inscripta en la filosofía musulmana, entronca con el *ethos* político local del activismo de mujeres en los barrios negros o *townships*. Ello remite a una comunidad islámica *capetownian* que también se reclama local y africana.

En la argumentación religiosa de MF, si el Corán profesa el amor, la ayuda mutua y la justicia, es obligación de toda/o musulmán/a intervenir contra la injusticia. Las líderes principales de MF provienen de familias politizadas, donde se cuentan todo tipo de activistas de la lucha contra el *apartheid*: ANC, panafricanistas, comunistas, *Black Conciousness Movement*. El Islam emerge como una forma más de vincularse a la lucha. De acuerdo con Ghairunisa Johnstone, el Corán como libro sagrado fue revelado a Mahoma para ser transmitido a toda la humanidad. Por tanto, sus principios deberían ser usufructuados por el conjunto de los seres humanos. Así explica por qué MF trabaja con todas/os los integrantes de las comunidades sin distinciones, lo que la posiciona como constructora de un modelo de integración social y religiosa.

Dentro del mundo islámico local, MF produce una forma específica de ser islámica y política o socialmente comprometida, puesto que disputa los sentidos de la religión y el rol de las mujeres en ella y en la sociedad.[15] También contesta de forma directa las asociaciones entre mujer-velada equivalente a mujer-sumisa y comentan al respecto: "todavía hay gente que cree que no es po-

---

[14] Basado en observaciones y conversaciones personales en el marco del trabajo de campo o no, con mujeres particulares de Khayelitsha, Delft, Manemberg, Mitchell's Plain y Belhar.

[15] Es elemental mencionar que MF no es la única opción política: hay musulmanas en los partidos políticos, en ONGS y en organizaciones comunitarias de base.

sible que nosotras [mujeres] hayamos logrado todo esto, creen que debe haber un hombre detrás. [Las feministas] te ven así [con *hiyab*/ velo] y ya te etiquetan [como sumisa]" (Johanneston, 2015).

MF no se autodefine como una organización feminista ni articulan con organizaciones de mujeres, excepto de forma muy puntual: "Creemos en la complementariedad [...] yo no quiero competir, no quiero hacer todo lo que hace un hombre, aunque pueda y sepa hacerlo mejor [...]. Esto me llevó años entenderlo: los hombres tienen que hacer su trabajo" (Johnstone, 2015: conversaciones). En los *townships*, la división sexual del trabajo no siempre es una segmentación: frecuentemente las mujeres cargan con el trabajo doméstico y extra doméstico. Las masculinidades Negras viven "el dolor de ser un hombre en la noche y un *boy*[16] durante el día" (Nkosana, 2015: discurso público), a diferencia de la masculinidad en las comunidades antiguamente clasificadas como mestizas, donde no necesariamente se define por ser proveedores, pero sí por cierto dominio de los espacios públicos en sus barrios (Salo, 2003; 2004; 2009).

Acerca de las identidades asociadas con la opresión, Ghairunisa menciona "a muchos les ofendería que les llamen *coloured* [mestiza]. *Mestiza* es una categoría del *apartheid*". Ella, heredera de la política no racialista, se autodefine como "un ser humano". La organización se autorrepresenta "nacida de la lucha contra el *apartheid* y a favor de las oprimidas"; sin embargo, la solución política no sería la lucha frontal contra el opresor, sino la reconstrucción de las comunidades Negras a través de la solidaridad y el cuidado.

Un día de 2015, al salir de Delft South por Simphony Road con Ghairunisa, miré a través de la ventanilla del carro: había restos de basura, gomas y cascotes en la calle. El día anterior el ANC[17] quemó basura y bloquearon las calles. Una repetición entre

---

[16] *Boy*, chico, es la forma derogatoria en que la población blanca se dirige a empleados negros o personas negras en general. Es una forma de inferiorización e infantilización, más aún porque en las culturas africanas la edad es una marca de *status*.

[17] La Provincia es gobernada por el partido Democratic Alliance.

patética y extravagante de los años ochenta. Se declaró que Delft South será ingobernable. Hablamos con Ghairunisa del último aniversario del ANC en el Estadio de Ciudad del Cabo. Vacío. Un estadio vacío. El apoyo al ANC en la Provincia Cabo Occidental es bajísimo. En el decir popular, la culpa es del "voto mestizo" (al partido conservador y pro-blanco de la Democratic Alliance), ya que los mestizos son el 50% de la población de la Provincia. Vainola Makan, feminista, es escéptica sobre el carácter conservador de su Provincia, dice: "No pudieron llenar ese estadio ni acarreando gente de otras provincias. En otras provincias los engañan con palabras. Acá somos gente de acción". Le pregunto a Ghairunisa por el ANC. Estábamos en la avenida Oliver Tambo, esperando para doblar en Nyanga Junction. Entra en cólera:

> Mandela nos vendió. [Los líderes] Todos ellos nos vendieron. Explícame tú cómo sales de la cárcel con millones de dólares. ¿De dónde sacaste ese dinero si estás en la cárcel? Mi marido y yo nunca participamos del gobierno, no puedo. No puedo. Apenas si tolero cuando la crema y nata del partido comunista nos visitan: en qué carros llegan. No soporto oírlos. No pueden decir nada delante mío. Yo nunca salí del *township*. Saben muy bien de dónde vengo.

MF no se enfoca contra los deshumanizadores actuales, contra el capital. Tampoco organiza la oposición a un gobierno cada vez más frecuentemente nombrado "traidor".[18] En cambio, trabaja sobre la autoestima de las oprimidas, garantizando educación, comida, salud y vida espiritual, desarrollando las comunidades, como si fuera el proyecto inacabado del *Black Consciousness Movement* (Ferrus, 2015; Moodley, 1993; Salo, 1995; Walsh, 2006).

---

[18] Esta categorización del gobierno como "traidor" se relaciona con la persistencia de la desigualdad económica; sin embargo, como conceptualización, es una frase que se intensifica con la Masacre de Marikana, cuando la policía negra disparó contra los mineros en huelga, en 2012. La idea de la traición del ANC primero, y de Mandela después, comienza a oírse repetidamente en los círculos activistas en el 2015 y, en el 2016, a ser enunciado por figuras públicas, de la talla de Desmond Tutu y Raymond Suttner, dos cuadros que fueron orgánicos al ANC.

En este punto, cabe preguntarnos hasta dónde la violencia de los/as oprimidos/as es potencialmente liberadora y contrarresta la violencia del opresor, como Fanon proponía; o si, como diría Audre Lorde, las herramientas del amo nunca desmantelarán la casa del amo. A propósito de la lógica de la opresión en el campo de las representaciones y la política, en el año 2006, Njabulo Ndebele (2007: 256) escribió en el periódico *Mail and Guardian*: "[...] la revolución ocurrirá cuando los/as sudafricanos/as se reconecten con su humanidad".

MF camina por la tangente, evitando el tramposo binarismo de la política y reinscribiendo lo político en el registro de lo cotidiano. Mustadafin fue parte del momento fundante de la lucha contra el *apartheid*, pero emerge en las fisuras de la dicotomía bóeres/camaradas[19] y escapa a su binarismo. No combatieron en armas contra el régimen de supremacía blanca. En cambio, combaten la muerte racista a la que ese mismo régimen somete los cuerpos negros y feminizados. MF emerge de la lógica de construir, avanzar, gobernar: está más en el post que en el *apartheid*. Se ocupa de desestructurar las continuidades del binomio *apartheid*/post *apartheid* y las formas en que el primero habita el segundo. MF no trabaja solamente en el combate a la pobreza, sino que también refuerza el lugar de autoridad de las mujeres (empleadas, voluntarias y usuarias) en sus propias comunidades.

MF, como el Estado sudafricano, está dirigida por la generación de jóvenes negros/as que en la década de 1980 trabaron la lucha contra el *apartheid* hasta sus últimas consecuencias. A diferencia de los dirigentes del gobierno, MF nunca salió de las comunidades, ni al exilio para combatir ni a los corredores del poder para administrar. Mantuvieron una estructura feminizada y ennegrecida de activistas de base. Llevan el maternalismo político a la práctica, mucho más allá de la reproducción biológica (Gasa, 2007; Sofola, 1998). Y el cuidado emerge como fundamento del

---

[19] Éste es un binomio masculino: camaradas en la lucha clandestina, en los boicots, autodefensas y en las guerrillas; los bóeres —como eran llamados los afrikáneres— sinónimo de colonos, ocupantes, refiere a los militares y policías blancos.

ejercicio de una *soberanía Otra*, con atribuciones estatales de cuidado y derechos, pero sin las armas para el ejercicio de la violencia y la coacción. Formas soberanas de crear la vida y de negarse a matar.

Reflexiones y encuentros de la investigación (y la política) feminista

A pesar del perfil aparentemente conservador de Mustadafin con sus tareas sociales, en la práctica trabaja con elementos centrales de las desigualdades entre hombres y mujeres: división sexual del trabajo, acceso a trabajo remunerado y a educación —profesionalizante, religiosa y alfabetización— en espacios libres de violencia. Retoma elementos del Movimiento de Conciencia Negra: promover la resiliencia, la autoestima y crecimiento personal, en un ambiente donde todas las personas son sobrevivientes de violencias.

Las integrantes de Mustadafin inscriben sus actividades en distintas comunidades de pertenencia: la comunidad islámica de Ciudad del Cabo, donde no siempre es aceptado que las mujeres trabajen fuera de la casa. Las comunidades donde viven, entendidas como las redes femeninas territorialmente articuladas, las posicionan como figuras respetables y como musulmanas ejemplares en un ambiente de mayoría cristiana. No obstante, ocupan un lugar incómodo frente a los partidos políticos (DA y ANC), con quienes trabajan en programas puntuales. Confrontan y negocian en la vida cotidiana las regulaciones establecidas por las *gangues*. En ninguna de estas comunidades de pertenencia están en una zona de confort, en relación con el régimen de género y a las jerarquías raciales. Algunos elementos como el cuidado, la movilidad, el trabajo fuera de la casa y la manutención de una estructura paraestatal femenina y Negra precisan ser contextualizados e historizados para dimensionar su potencial transformador. Contextualizar no es relativizar, es acompañar y ser parte de la alteridad.

El acompañamiento parte de la voluntad política de imaginar alianzas, y las alianzas, del genuino deseo de conocer-nos. Entender la investigación feminista como un proceso relacional, de establecimiento de vínculos y no de "acceso" al campo es un punto de partida esencial. Fundar agendas comúnes no es solamente flexibilizar parámetros y procesos del mundo académico. Es, también, mantenernos abiertas a participar de las agendas de nuestras aliadas. Al respecto, quisiera recordar que mi vínculo con MF inició cuando, en 2014, acompaño a un colega a un taller de teatro en el centro comunitario de Delft South. Allí conocí de forma tangencial a Ghairunisa Johnstone, dando una plática motivacional sobre el iman Haroon, líder musulmán de la lucha contra el *apartheid*. La semana siguiente, esos/as jóvenes presentarían una obra de teatro alusiva, en la celebración del aniversario de la insurrección estudiantil de Soweto, de 1976.

Unos meses después la visitaría y la entrevistaría en la sede de MF (Belgravia, Athlone). Ella me convencería de coordinar un taller de danza para integrantes de MF en Delft South: "Natalia: la única manera de estar preparada es empezando". Acordamos días, horarios y, finalmente, el taller se extendió durante siete meses, en 2015, dos veces por semana. Allí se fueron tejiendo nutridos intercambios sobre situaciones personales, políticas, migratorias y de actualidad.

Acompañé diversas actividades de la organización: atención en zona de desastre en Langa; trabajo voluntario para la confección de tarjetas de agradecimiento a familias donantes; visitas de salud y del proyecto *isibindi* (maternidad social); cocina colectiva para la cena de Iftar, entre otras. La última actividad en que me encontré con las integrantes de MF fue en noviembre de 2015, durante el desayuno a beneficio de la madrasa de Sherwood Park, donde acudí para despedirme. La mayoría de esas actividades y de nuestras conversaciones no son parte de los "resultados de la investigación", así como la mayoría de la investigación no es parte de la agenda de MF. No creamos objetivos y programas políticos comunes, sino que pusimos nuestras agendas sobre la mesa y fuimos estableciendo caminos de colaboración. La alianza no emerge de las demandas en común, sino del sincero deseo de ser más fuertes juntas.

Este artículo no pretendió "hablar por" mujeres *otras*. Muy por el contrario, intento colocar en cuestión qué y cómo aprendemos en materia de política e investigación cuando tejemos puentes de Sur a Sur: de Argentina a Sudáfrica, pasando por México y Brasil en extranjerías múltiples; cuando transformamos el "trabajo de campo" en formas de estar-existir en un mundo compartido; formas de dialogar que no anulan ni deshacen la alteridad, pero que nos aproximan cada vez que inventamos actividades en común, en común-unidad. También pretende colocar sobre la mesa qué y cómo podemos estudiar: ¿será que investigar sobre mujeres *otras* siempre y necesariamente sería equivalente a un ejercicio colonizador? En tal caso, ¿la política de las identidades nos sugiere una agenda de investigación que sólo puede mirar hacia nosotras mismas y nuestra posición de sujeto? En cambio, sugiero que nuestras agendas de investigación —y políticas— se vuelquen al delicado ejercicio de conocer-nos y escribir-nos, co-existir y fortalecernos.

Bibliografía

Abrahams, Y., "Colonialism, Disjunctures and Disfunction: Sarah Baartman's Resistance (remix)", *Agenda* 58 (2003), pp. 12-25.

Baderoon, G., *Regarding Muslims: From Slavery to Post-apartheid*, Johannesburgo, Witwatersrand University Press, 2015.

Bangstad, S., *Global Flows, Local Appropriations: Facets of Secularisation and Re-Islamization Among Contemporary Cape Muslims*, tesis de doctorado, Radboud University Nijmegen, 2007.

Castillejo Cuéllar, A., *Los archivos del dolor. Ensayos sobre la violencia y el recuerdo en la Sudáfrica contemporánea*, Colombia, Uniandes – ceso, 2009.

Cejas, M. I., "¿Ciudadanía *generizada*? Alcances y limitaciones de las políticas de género en Sudáfrica post-apartheid", *Liminar* 6, VI, 2 (2009), pp. 65-80.

—, *Creating a women's political space within the anti apartheid movement of 1950s, the case of the Federation of South African Women (1954-1963)*, tesis doctoral, Tokio, PhD in Cultural and International Relantions, Tsuda College, 2004.

Cherry, J., "We were not afraid, the role of women in the 1980's Township uprising in the Eastern Cape" en N. Gasa (ed.),

Women in South African History. Basus'iimbokodo, Bawel'imilambo / They remove boulders and cross rivers, Ciudad del Cabo, HSRC Press, 2007, pp. 281-313.

COCK, J., "Maids and madams in retrospective" en G. RUITERS (ed.), *Gender Activism: Perspectives on the South African Transition, Institutional Culture and Everyday Life*, Grahamstown, Rhodes University Institute of Social and Economic Research, 2008, pp. 39-55.

—, *Maids and Madams. A study on the politics of exploitation*, South Africa, Ravan Press 1980.

FESTER, G., *South African Women's apartheid and post-apartheid struggles, 1980-2014. Rethoric and raising rights, feminist citizenship and constitutional imperatives, a case of the Western Cape*, Alemania, Scholars Press, 2015.

GASA, N., "Feminism, motherism, patriarchies and women's voices in the 50's" en N. GASA (ed.), *Women in South African History. Basus'iimbokodo, Bawel'imilambo / They remove boulders and cross rivers*, Sudáfrica, HSRC, 2007, pp. 207-230.

GQOLA, P. D., *Rape. The South African Nightmare*, Ciudad del Cabo, MF Books Joburg, 2015.

—, *What is slavery to me. Poscolonial / slave memory in post apartheid South Africa*, Johannesburgo, Wits University Press, 2010.

GRUNEBAUM, H., "The Time after the War: Notes on Historical Encounters Erasures and Post-apartheid Pasts", *International Journal on Culture and Society* 5 (2012), pp. 185-196.

GRUNEBAUM, H. y Y. HENRI, "Where the Mountain Meets its Shadow: A Conversation of Memory and Identity and Fragmented Belonging in Present-day South Africa" en B. STRATH y R. ROBINS, *Homelands: The Politics of Space and the Poetics of Power*, Bruselas, Peter Lang, 2003, pp. 267-282.

GUNN, Sh. y K. SINAZO (eds.), *Knocking on. Mothers and daughters in struggle in South Africa*, Johannesburgo, Centre for Violence and Reconciliation, 2008.

HABIB, A. y B. MAHARAJ, *Giving and Solidarity*, Ciudad del Cabo, HSCR Press, 2008.

HASSIM, Sh., *Women's organization and democracy in South Africa. Contesting authority*, South Africa, KwaZulu Natal University Press, 2006.

Hourani, A. R., *Performances and aesthetic formations of Muslims in Cape Town* (manuscrito proporcionado por el autor), tesis para obtener el grado de PhD en Antropología de la University of the Western Cape Sudáfrica, 2015.

Lewis, D., "Writing Baartman's Agency: History, Biography and the Imbroglios of Truth" en N. Gordon-Chipembere (ed.), *Representation and Black Womanhood*, Nueva York, Palgrave, 2011a, pp. 110-120.

—, "Representing African Sexualities" en S. Tamale (ed.), *African sexualities. A reader*. Kenia, Pambazuka, 2011, pp. 199-216.

Marindo, R. et al., *The State of the Population in the Western Cape Province*, Ciudad del Cabo, hsrc, 2008.

Mbembe, A., *Necropolítica*, España, Melusina, 2011.

Mkhize, N. et al., *The country we want to live in, Hate crimes and homophobia in the lives of black lesbian South Africans*, Ciudad del Cabo, hsrc, 2010.

Moodley, A., "Black women you are on your own", *Agenda* 16 (1993), pp. 44-48.

Ndebele, N., *Fine Lines from the box. Further Thoughts about our country*, Sudáfrica, Penguin Random House, 2007.

—, *Rediscovering the Ordinary: Essays on South African Literature and Culture*, Durban, University of Kwa Zulu Natal Press, 2006.

Oldfield, S., E. Salo y A. Schlyter, "Body politics and the gendered crafting of citizenship", *Feminist Africa* 13 (2009), pp. 1-10.

Ramphele, M. *A bed called home. Life migrant Labour Hostels of Cape Town*, Cape Town, David Philip, 1993.

Salo, E., *Respectable Mothers, Tough Men and Good Daughters: Producing Persons in Manenberg Township*, unpublished PhD dissertation, Emory University, 2004.

—, "South African feminism – a coming of an age?" en A. Basu (ed.), *The age of Feminism local feminisms. Women movement in global perspective*, San Francisco, West View Press, 1995, pp. 29-55.

Segato, R., "Cuatro consideraciones sobre la violencia de género", conferencia magistral del coloquio internacional *Género, ciudadanía y violencia*, Universidad Autónoma Metropolitana - Xochimilco, 2010.

—, "Territorio, soberanía y crímenes de segundo Estado: la escritura en el cuerpo de las mujeres asesinadas en Ciudad Juárez" en Instituto Nacional de las Mujeres (org.), *Ciudad Juárez: de este lado del puente*, México, Epikéia, 2004, pp. 113-131.

—, *Las estructuras elementales de la violencia. Ensayos sobre género, entre la antropología, el psicoanálisis y los derechos humanos*, Bernal, Universidad Nacional de Quilmes, 2003.

Sofola, Z., "Feminism and African womanhood" en O. Nnaemeka, *Sisterhood, feminism and power: from Africa to the diaspora*, Trenton, African World Press, 1998, pp. 51-64.

Tamale, S., "Researching and theorising sexualities in Africa" en S. Tamale (ed.), *African sexualities. A reader*, Kenia, Pambazuka, 2011, pp. 11-36.

Thipe, T., *A Rock Strikes Back: Women's Struggles for Equality in the Development of South African Constitution*, tesis de maestría, University of Cape Town, Sudáfrica, pp. 11-36.

Tshoaedi, M. y H. Hlela, "The marginalisation of women unionist during South african democratic transition" en S. Buhlungu, *Trade unions and democracy. cosatu workers political atitudes in South Africa*, Sudáfrica, hsrc, 2006, pp. 97-114.

Walker, C., *Women and Resistance in South Africa*, Londres, Onyx Press, 1982.

Walsh, D., "The liberal movement: women and the just debate in South Africa. 1994-1996", *Journal of Southern African Studies* 32, 1 (2006), pp. 84-105.

Wells, J., "Maternal politic in organizing black South African women: the historical lessons" en O. Nnaemeka, *Sisterhood, feminism and power: from Africa to the diaspora*, Trenton, African World Press, 1998, pp. 251-261.

—, *We now demand: the History of Women's Resistance to Pass Laws in South Africa*, Johannesburg, Witwatersrand University Press, 1993.

Entrevistas

Claseen, B., activista comunitaria y de Right to Know Campaign, Parade, Centro, Residente de Delft, agosto 2015.

Dars, K., directora de Rape Crisis, observatory, junio de 2015.

Deyi, B. N., asistente jurídica e investigadora de Gender Dinamix (ong enfocada en personas trans), observatory, julio de 2015.

Ferrus, D., ex activista de Black Consciousness y poetisa, campus de la University of the Western Cape (Belhar- Belville), agosto de 2015.

Hellzera, M., Heideveld, Media Manager de Mustadafin Foundation, Klipfontein Road.

Johnstone, G., directora de Mustadafin Foundation, Belgravia, Athlone, abril de 2015.

Lange, J., directora del Refugio para mujeres en situación de calle que sufren violencia de género, Woodstock.

Makan, V., Belville, ex activista del New Women's Movement y del United Women y organizadora provincial de Right To Know Campaign, febrero y mayo de 2015.

Sitios web

Mustadafin Foundation Facebook [https://www.facebook.com/MustadafinFoundation/?fref=ts].

Documentos jurídicos, políticos periodísticos y artísticos consultados

Maregele, B. "Most people unsafe in Khayelitsha, Surrey shows", *Ground Up*, 17 de diciembre de 2015. Disponible en [http://groundup.org.za/article/most-people-feel-unsafe-khayelitsha-survey-shows_3607].

Mustadafin Community Builder of the Year 2015 en Mustadafin Fountation Facebook page, noviembre de 2015. Disponible en: [http://www.mustadafin.org.za/news/72/success-stories/community-builder-of-the-year-2015].

Sudáfrica, Immorality Amendment Act No 21, 1950. Disponible en: [http://www.disa.ukzn.ac.za/index.php?option=com_displaydc&recordID=leg19500512.0 28.020.021].

—, Abolition of Passes and Co-ordination of Documents Act NO 67, 1952. Disponible en: [http://www.disa.ukzn.ac.za/index.php?option=com_displaydc&recordID=leg19520711.028.020.067].

—, Population Registration Act No. 30, 1950. Disponible en: [http://www.disa.ukzn.ac.za:8080/DC/leg19590619.028.020.045/leg19590619.028.020.045. pdf].

—, Prohibition of Mixed Marriages Act No. 55, 1955. Disponible en: [http://www.disa.ukzn.ac.za/index.php?option=com_displaydc&recordID=leg19490708.0 28.020.055].

El pensamiento islámico decolonial, una herramienta contra la *islamofobia de género*. Entrevista a Sirin Adlbi Sibai[1]

Helios Ilyas F. Garcés[2]

La siguiente entrevista se produjo en el contexto del espacio de diálogo organizado por el Espai Avinyó y Barcelona Interculturalitat, en la sala Francesca Bonnemaison, el 1 de febrero de 2017 en la ciudad de Barcelona, con motivo de la visita de la escritora, ensayista, conferenciante y pensadora musulmana decolonial Sirin Adlbi Sibai y de la presentación de su libro *La cárcel del feminismo. Hacia un pensamiento islámico decolonial* (Akal, 2016). Para guiar y moderar el evento, se contó con Helios F. Garcés, militante decolonial, escritor y miembro de Kale Amenge. El título del conversatorio fue "El pensamiento islámico decolonial, una herramienta contra la islamofobia de género". Esta versión

---

[1] Sirin Adlbi Sibai (Granada, 1982), pensadora musulmana decolonial, es arabista y especialista en teoría política; doctora en Estudios Internacionales Mediterráneos por la Universidad Autónoma de Madrid (UAM). Pertenece al equipo docente del International Summer School of Critical Islamic Thought de Granada, y al equipo de investigación del TEIM-UAM. Entre 2008 y 2012 fue investigadora FPI en el Departamento de Estudios Árabes de la UAM. Asimismo, fue investigadora visitante en la SOAS de la Universidad de Londres en 2008 y en la Universidad de Hassan II de Casablanca en 2010. Es autora del ensayo *La cárcel del feminismo. Hacia un pensamiento islámico decolonial*, así como de numerosos artículos sobre feminismo, colonialidad, islamofobia y revoluciones árabes. Ha sido conferenciante en innumerables universidades y centros de investigación internacionales. Activista sirio-española opositora al régimen de los Asad, fue una de las fundadoras de la Asociación de Apoyo al Pueblo Sirio en Madrid, en el 2011. Actualmente reside en Casablanca y es madre de dos hijos.

[2] Helios Ilyas F. Garcés (Cádiz, 1984) ha cursado estudios de Filosofía en la Universidad de Murcia y la UNED. Es autor de múltiples artículos y ensayos sobre racismo en medios críticos, entre los que cabe resaltar *El Salto* o la revista *Tabula Rasa*, y forma parte de iniciativas para combatir el racismo en el Estado español.

ha sido revisada y modificada por el autor para su adaptación al formato escrito.

Helios F. Garcés [HFG]. *De un tiempo a aquí, especialmente en el Estado español, se ha comenzado a hablar insistentemente sobre "islamofobia de género". Tú eres crítica con esta tendencia en tu trabajo, ¿cuáles son los riesgos y problemas, según tu punto de vista, implicados en este discurso que parece agradar tanto a determinadas instituciones?*

Sirin Adlbi Sibai [SAS]. El problema está en qué entendemos por "islamofobia", y en las consecuencias teóricas y políticas de unas u otras comprensiones. Existe un amplio debate teórico sobre la cuestión, que se discute entre si la islamofobia es un fenómeno viejo (es decir, una serie de estereotipos negativos enraizados históricamente) o si, por el contrario, es un fenómeno nuevo, que, si bien guardaría similitudes con las expresiones racistas que aparecen en diferentes momentos históricos, estaría desconectado de las mismas. Según determinados estudiosos, una u otra consideración tendrían consecuencias teórico-políticas diferenciales, puesto que considerarlo como un fenómeno viejo anularía la posibilidad de crear instrumentos legales de sanción jurídica, ya que con ello se aligera la responsabilidad del papel activo que las diferentes instituciones políticas, jurídicas, legislativas, intelectuales, académicas y mediáticas desempeñan en la construcción de los mismos.

Desde la decolonialidad, sin embargo, podemos superar los limitantes de ambas perspectivas y dirigirnos hacia una observación compleja de la islamofobia. Efectivamente, es un fenómeno nuevo en lo referente a que, a partir del fin de la post Segunda guerra mundial van a transformarse los moldes discursivos racistas en relación al Islam y a los musulmanes, y pasarán, en un contexto internacional renovado de los clásicos discursos orientalistas analizados por Said, a complejizarse mediante las dialécticas desarrollistas y feministas del género y el desarrollo, tal como las analizan Chandra Talpade Mohanty y Arturo Escobar. Posteriormente, los discursos de la democracia y los securitarios de la supuesta lucha contra el terrorismo. Los discursos terroristas estatales y sistémicos sobre el terrorismo que ellos mismos han producido y sostienen, y que luego llaman "terrorismo islámico y yihadista". Por cierto, que el análisis del filósofo chileno Rodrigo Karmy sobre el terrorismo como un *dispositivo de la razón imperial*, me parece muy interesante.

Todos estos moldes discursivos son nuevos, pero su base es la de un patrón de poder que tiene más de 500 años, que es la colonialidad y que se produce a partir de la ubicación en 1492 de Europa en el centro del mundo, porque antes de esta fecha esto no era así, y ello se da a través del control de las rutas de comercio internacionales y de los genocidios en las Américas y de los musulmanes y judíos en la península ibérica, y que es lo que va a crear, junto con el genocidio de las mujeres en Europa (la famosa *quema de brujas*), la posibilidad de existencia de la Revolución industrial y la Ilustración, es decir, la modernidad occidentalocéntrica, la ubicación en lo que Santiago Castro-Gómez va a llamar *la* hybris *del punto cero*, y que es la usurpación del Universal, la invisibilización del lugar concreto de Occidente y su auto-ubicación como medida de todo y todos.

Entonces la definición de racismo cultural y epistemológico que estoy manejando parte de la concepción fanoniana que ha trabajado Ramón Grosfoguel, entre otros, y que considera que el racismo se construye en torno a la línea de lo humano (pensamiento abismal) del *ser/no ser* y que necesariamente es institucional y, por lo tanto, algo mucho más complejo y profundo que simplemente una serie de estereotipos, eso ya no sería racismo. El racismo cultural va a utilizar elementos culturales como marca de inferioridad y superioridad, reproduciendo la misma jerarquía colonial/racial de la expansión colonial europea, y es una forma de racismo que, sin embargo, no va a estar desvinculada de su forma biológica anterior, ya que naturalizará y esencializará las culturas de los colonizados, ahora tercermundistas, subdesarrollados, antidemocráticos y finalmente terroristas.

A partir de aquí, en mi libro planteo dos hipótesis:

a) El dispositivo colonial de la islamofobia que se construye en torno a diferentes tipos de discursos coloniales (desarrollista, orientalista, feminista, modernidad, terrorismo, democracia, tradición/modernidad, religión/secularización, etc.) se va a llevar a cabo con base en la construcción y producción transversal del objeto colonial que denomino *la mujer musulmana con hiyab* y, por lo tanto, estoy afirmando que la islamofobia es generizada, y lo es en un triple sentido: quién lo genera, cómo y sobre quién incide en mayor medida.

En primer lugar, el sistema que genera la islamofobia es intrínsecamente sexista y patriarcal, y, por lo tanto, en segundo lugar, todos los mecanismos de producción de su poder, de subalternización, subhumanización, control y subyugación son igualmente sexistas y patriarcales, de ahí que la islamofobia se produzca a través de una construcción sexuada y feminizada, que es esa *mujer musulmana con hiyab* prototípica del subdesarrollo, la pasividad, el analfabetismo, el tradicionalismo retrógrado, etc., desde la que se reduce la realidad plural y heterogénea de más de 1,600 millones de musulmanas y musulmanes en el mundo.

En tercer lugar, incide mayormente en las mujeres musulmanas, no sólo por su visibilidad cuando llevan hiyab, por ejemplo, sino porque es a través de sus cuerpos, sus imágenes y el aplastamiento violento de sus voces que se construye y produce este tipo de colonialidad.

De ahí que hablar sobre una islamofobia de género exclusivamente como una tipología específica o como un subproducto de la islamofobia, como hacen algunas autoras como Yasmine Zine, por ejemplo, no sólo pierde sentido, sino que invisibiliza estos tres aspectos de los que he hablado y que cruzan transversalmente la islamofobia, de modo que, sin género, no hay islamofobia.

b) Y la segunda hipótesis es que la islamofobia, en un nivel macropolítico, sistémico global, pasa necesariamente, pero también multidireccionalmente, por su construcción en un nivel micropolítico y discursivo, en la construcción de las subjetividades e intersubjetividades de los individuos: cómo hablan, cómo piensan, cómo sienten y cómo se representan y autorrepresentan.

A partir de aquí, las reacciones a la colonialidad como subjetividades producidas por el poder o en referencia al mismo, pueden tomar un papel activo dentro de la producción de ese mismo poder, es decir de la colonialidad. Por ello, paradójicamente, cuando muchas compañeras musulmanas pretenden luchar contra la islamofobia desde las mismas categorías que el poder produce, o hablan también de patriarcado desde una concepción universal, sin tener en cuenta otras estructuras que lo atraviesan y que de este modo lo concretizan en formas diversas y variadas en diferentes contextos o, cuando hablan, por el contrario, de un patriarcado local arabo-islámico sin tener en cuenta cómo ha sido afectado y colonizado de modos complejos por el patriarcado occidental sobre el resto del mundo y sobre el resto de patriarcados, matriarcados u otra variedad de estructuras de poder preexistentes a la colonización, pues están cayendo en la colonialidad: en discursos o luchas, como diría Ramón Grosfoguel, islamófobas contra la islamofobia, o en luchas patriarcales contra el patriarcado. Y, entonces, de modo inconsciente, se está cayendo en la autocolonización y en la producción sistemática y continuada del monólogo occidental.

HFG. *Tu libro* La cárcel del feminismo. Hacia un pensamiento islámico decolonial *ahonda en la compleja cuestión de la cárcel epistemológica-existencial, el violento monólogo colonial impuesto desde el poder, a partir de cuya presión coercitiva nos resulta tan difícil pensar/pensarnos, sentir/sentirnos desde una perspectiva liberadora y rompedora con la modernidad occidental. ¿Qué es exactamente una cárcel epistemológica?*

SAS. Es una cárcel epistemológico-existencial, espacio-temporal, estética, y seguramente podríamos ir complejizando esto y añadiendo infinidad de estructuras carcelarias más... que nos impone, tal como lo llama Grosfoguel, el *sistema-mundo moderno-colonial capitalista-patriarcal-sexista blanco-militar racista occidentalocéntrico y cristianocéntrico*, o lo que yo resumo como el *imperio de la anulación de los Otros*. Resumiendo muchísimo, esto es el sistema internacional global que instituye e institucionaliza la transferencia sistemática y estructural de los bienes materiales, culturales, espirituales, estéticos, epistemológicos y humanos de dos terceras partes de la humanidad hacia una tercera minoritaria parte para su beneficio y privilegio.

Este sistema está ligado a una serie de discursos y tecnologías que adoptan marcos binarios y antitéticos (identidad/alteridad, desarrollados/subdesarrollados, normalidad/anormalidad, democráticos/retrógradas, moderados/radicales, Occidente/Otros) que generan toda una serie de jerarquías globales etnorraciales, lingüísticas, culturales, económicas, epistémicas, sexuales, etc., que se entrelazan las unas con las otras y se articulan complejamente en torno al mercado capitalista global, a la idea de *raza* y al sistema de sexo-género.

Todo ello forma parte de eso que denomino la *cárcel epistemológico-existencial espacio-temporal y estética*. Es, entonces, un espacio amplio, extenso, maleable en el que a todas, todos y todo —es decir, a la realidad, a la existencia y a la Vida— este sistema nos ha encarcelado hoy. Es un espacio, como digo, tan amplio, maleable y perverso también, que difícilmente nos permite la posibilidad de ser conscientes, de ver que tiene rejas y límites y mecanismos muy violentos de control y dominación. El objetivo de esta cárcel, que es "una" pero cuyos mecanismos y dispositivos son múltiples y extremadamente complejos, es el de la producción genocida, epistemicida, feminicida, ecologicida, etc., de "un solo sujeto", "una sola voz", "una única epistemología", "una única cosmovisión", "una sola estética", "un único modo de sentir, saber, ser, estar y vivir", éstos son los del hombre blanco occidental cristianocéntrico capitalista militar. Es un imperio monológico cuyos dispositivos (discursivos y no discursivos) reabsorben y rearticulan cualquier intento o posibilidad de exterioridad a la misma para seguir produciendo estructural, sistemática e indefinidamente este patrón de poder muy concreto que no es ni comparable ni asimilable a otros, y que llamamos *colonialidad en el sistema-mundo moderno-colonial*.

La *cárcel* tiene un funcionamiento doble de producción activa, tanto de visibilidad de ese sujeto único, como de otra forma de producción activa implícita en la primera, la de invisibilización, silenciamiento y aniquilación de todas las formas heterogéneas, plurales, múltiples y variadas de ser y existir en el mundo. Es decir: produce igualmente y de forma activa, aunque invisible, el *no ser*. Porque queda invisibilizado en su producción todo el racismo, el sexismo, el clasismo, el colonialismo y el imperialismo.

Y en el *no ser* está permitida toda clase de violencia y opresión; en ese espacio, como bien lo describe Boaventura, no hay reglas ni normas de ningún tipo para la resolución de conflictos. El *no ser* está creado y es generado activamente para la justificación "racional" de su opresión abierta y violenta y su aniquilación, saqueo y destrucción.

HFG. *Considero que tu reflexión sobre la* cárcel epistemológica *se enmarca en una crítica decolonial que no evade la peliaguda cuestión de las identidades. Es decir, esa* cárcel, *ese monólogo impuesto al que hacíamos mención, no nos afecta de la misma manera a todos, por lo tanto, no es justo hablar de la misma en un sentido abstracto. Bajando a la tierra, ¿cuáles son, a tu parecer, los principales barrotes de la cárcel epistémica que domina las reflexiones en torno al Islam y los musulmanes y qué relación tiene todo ello con la islamofobia como dispositivo del poder colonial?*

SAS. Es verdad que si bien están interconectados, por pertenecer al mismo patrón de poder, los dispositivos empleados para la colonización en lugares y épocas diferentes son muy variados, y es por ello que tienen que estudiarse las diferentes experiencias y sufrimientos coloniales de modo concreto y localizado, que además es un ejercicio que va a enriquecer un conocimiento común y multicentrado del funcionamiento del poder, y nos va a abrir la puerta al verdadero diálogo Sur-Sur.

Por ello, en mi trabajo, aunque me inspiro en el marco decolonial latinoamericano y en su crítica a la Modernidad, trato igualmente de localizar nuestra reflexión en el contexto de la civilización araboislámica. La islamofobia, desde luego, es un dispositivo colonial producido y generado por esta *cárcel*, como ya he explicado un poco al principio.

La *cárcel epistemológico-existencial y espacio-temporal* nos impone, en términos generales, quién puede hablar (porque tiene un "lugar" para ello), cómo se puede hablar (en qué términos) y sobre qué se puede hablar (de qué modo hablamos o callamos algo en concreto).

Entre otras muchas, creo que dos de las estructuras o de los dispositivos coloniales que más afectan los discursos sobre el Islam y también de los musulmanes —y sobre los que trato específicamente en *La cárcel del feminismo*— son los binomiales tradición/modernidad y religión/secularización, que responden a una epistemología y una ontología muy local y muy concreta, que es la occidentalocéntrica y cristianocéntrica, y han sido violentados como universales para la reducción de la heterogeneidad del mundo y para su regulación y subalternización.

Como afirma Ramón Grosfoguel, los europeos practicaron racismo/sexismo epistemológico a través de los cuatro genocidios del siglo XVI que ya he mencionado antes: genocidio y epistemicidio contra judíos y musulmanes en Al-Ándalus; indígenas y africanos en las américas, y contra las millones de mujeres en Europa que fueron quemadas vivas en la misma época acusadas de brujería.

Todo esto articuló un proyecto que colocó al hombre europeo como centro epistémico privilegiado del mundo y, de este modo, el Dios cristiano ya no fue necesario, porque ahora el nuevo dios en la tierra era el hombre occidental. De allí que el proyecto cartesiano se convierta en un proyecto imperial, ya que ese *yo* del "Yo pienso, luego existo" —fundamento de las nuevas ciencias modernas/coloniales— será un hombre occidental. Como dice Ramón Grosfoguel, el racismo religioso se transmutó en racismo científico en el siglo XIX. Europa se apropió de los conocimientos científicos de otras civilizaciones dejando de lado la espiritualidad y la ética y, por lo tanto, perdiendo cualquier tipo de límite: se puede industrializar por igual la producción agrícola que la matanza de personas.

Estamos ante el proyecto de secularización occidental donde el hombre occidental se erige como la nueva fuente epistémica de conocimiento y, desde allí, va a desdeñar todos los otros conocimientos del mundo, todo el conocimiento y todas las otras espiritualidades tachándolas de inferiores ante la razón científica del hombre occidental. Esto es lo que explica por qué incluso la filosofía y la teología occidentales, epistemológicamente marginadas por el pensamiento científico moderno, tendrán también pretensión de universalidad (Boaventura de Sousa Santos). Y tenemos entonces como consecuencia de ello la producción de lo que llamo la *colonialidad de la religión*, que va a suponer una de las formas de violencia epistémico-filosófico-espiritual-existencial más brutales.

En tanto que la Modernidad se autocomprende y proyecta como un modelo objetivo, desubicado, deslocalizado, des-historizado, universal e ideal para ser alcanzado por todas las culturas y civilizaciones del mundo, según los marcos impuestos por Occidente, en ese ejercicio se van a producir varios movimientos. En primer lugar, la epistemología occidental pretendidamente universal marcará una diferencia epistemológica con todas las demás formas epistemológicas y prácticas sociales de conocimiento, que entonces serán despreciadas, inferiorizadas o suprimidas en tanto saberes inferiores e inútiles. En esto consistió el epistemicidio según Boaventura de Sousa Santos: en la supresión de los conocimientos locales por parte de un conocimiento alienígeno que, bajo el pretexto de la misión civilizadora, intentó homogeneizar la diversidad social, política, cultural, epistemológica y lingüística del mundo, invisibilizando y silenciando su carácter intrínsecamente plural y heterogéneo. Las culturas, saberes y epistemologías que sobrevivieron fueron sometidos a la norma epistemológica dominante, definiéndose y autodefiniéndose también, como saberes locales, concretos, contextuales, apenas utilizables como objetos de estudio científico o como instrumentos de gobierno indirecto para implantar la ilusión de un autogobierno en los pueblos indígenas.

En segundo lugar, la designación de los saberes no occidentales como "tradicionales" los ubicaba —y los ubica hasta el día de hoy— como residuos de un pasado sin futuro, siendo tanto el presente como el futuro propiedad exclusiva de Occidente, y estableciéndose, por lo tanto, la imposibilidad fáctica de acceso por parte de cualquier otra forma cultural, civilizacional, social, política, lingüística o epistemológica, ni al presente, ni al futuro. Condenando, por lo tanto, a todos "los otros" al silencio y a la invisibilización a través de la imposición de un único camino de acceso a los mismos a través de los marcos de la Modernidad, lo cual supone un ejercicio perverso de múltiple anulación y autoanulación que únicamente perpetúa un monólogo occidental y occidentalocéntrico infinito, que podemos identificar no sólo como la *colonialidad del saber*, sino también como otra forma enredada con ella, que es la que llamo *colonialidad espacio-temporal*.

A partir de aquí, en mi trabajo muestro que esa crisis del pensamiento arabo-islámico contemporáneo sobre la que se han derramado litros de tinta para pensar siempre desde dentro del binomial tradición-modernidad, habiendo quien se aferra a una inexistente tradición (por ser precisamente una interpretación moderna), y, por el contrario, quien lo haga de la Modernidad… o están también los que proponen una modernidad islámica que no deja de ser occidentalocéntrica. Mi diagnóstico es que la crisis se encuentra en esas mismas estructuras binomiales de tradición/modernidad y religión/secularización que debemos trascender.

HFG. *En tu trabajo no sólo aparece lo que podríamos denominar como un diagnóstico del "problema", sino que también describes una propuesta de liberación a partir de la cual romper con los férreos condicionamientos que aquello que llamamos "colonialidad", como patrón del poder moderno, impone sobre la consciencia islámica y/o sobre la percepción de "lo islámico". Aunque en un principio pueda parecer abstracto y extraño al lector no musulmán, ¿podrías definir ese proceso de ruptura, así como las ideas-fuerza que, desde una perspectiva decolonial, pueden conducir al pensamiento islámico hacia una liberación radical?*

SAS. Ante el panorama que he descrito resumidamente hasta ahora, mi propuesta global es que el ÚNICO (pero no uniforme) camino que nos queda pasa necesariamente por la ruptura, deconstrucción y denuncia de este *imperio de la anulación del Otro* al que podemos acceder a través de un primer y urgente ejercicio de *consciencia*.

Esto es lo que denomino *la consciencia del No Ser*, que paradójicamente se trata de un ejercicio autoproductor de existencia. Se trata de la consciencia de nuestras diferentes localizaciones en las estructuras del poder en el *sistema-mundo* y de todo lo que estas localizaciones diferenciales implican.

Analizar e intentar comprender la realidad actual de los musulmanes y del pensamiento araboislámico o de cualquier otro pueblo, civilización o cultura construidos en el *no ser* atendiendo exclusivamente a factores "externos" como son los de las afecciones de la colonialidad en el contexto del *sistema-mundo* es, desde luego, un análisis cojo, por ello, la *consciencia del no ser* implica simultáneamente atender también a las dinámicas "internas".

La autocrítica y la descolonización de nuestro propio pensamiento arabo-islámico en concreto. El racismo, el sexismo, el patriarcado y los binarismos y dicotomías que se niegan a construir alteridades dentro de nuestro pensamiento y nuestra civilización y que son herederos de una historia que es necesario revisar, descolonizar, repensar y reavivar. Si bien este ejercicio no se separa del primero, de comprender las dinámicas "externas" a nuestra civilización, ya que todo ello está enredado, interrelacionado y sólo puede observarse desde una tácita relación de retroalimentación. Tampoco el racismo o el sexismo dentro de nuestra civilización significan ni suponen lo mismo que lo que estos conceptos en el *sistema-mundo*. No es posible de ningún modo ni comparar ni asimilar la colonialidad con otras formas de opresión locales.

La larga y compleja historia de colonización y los determinantes factores de disfuncionamiento interno de la propia maquinaria civilizacional islámica, todo ello mutua y multidireccionalmente afectado, ha dado lugar a la decadencia de nuestra civilización y del pensamiento arabo-musulmán. Nos hallamos ante una atrofia cultural que ha deteriorado la capacidad del individuo o del pensador musulmán para acceder a sus propios referentes. El musulmán hoy tiene dificultades para entender su propio lenguaje y sus propios valores, y ello conlleva la anulación de su capacidad para reinterpretarlos, renovarlos y actualizar su vivencia de los mismos. El Islam que antaño fue un grandioso motor propulsor de vida y de una civilización sin precedentes, precursora en todos los ámbitos científicos, culturales, económicos, políticos, etc., hoy se reduce por los propios musulmanes, debido a todos estos factores complejamente enredados, a una parodia, a una de esas imágenes infantilizadas y deformadas que dibujó el orientalista europeo en alguno de sus cuadros, a un corpus estático que imposibilita generar vida, en el más amplio sentido de la palabra, y que, más aún, es manipulado para justificar, producir, ensalzar y galardonar la muerte.

Necesitamos entonces, partiendo de la *consciencia del No Ser*, llevar a cabo ejercicios de *introspecciones dialógicas intraculturales* para entender cómo ha funcionado la colonialidad en nuestros contextos y, simultáneamente, comenzar un proceso de reapropiación, recuperación, reidentificación y reinvención resistente y liberadora de nuestros saberes, nuestras historias, voces, temporalidades y estéticas silenciadas. Lo que llamo la *consciencia del ser islámico*, una consciencia resistente, liberadora y emancipadora vertebrada en torno a una *epistemología ética*, para hablar en los términos que utiliza el filósofo marroquí Taha Abderrahman.

A partir de aquí podemos dirigirnos hacia la posibilidad de la puesta en práctica del diálogo pluriversaltransmoderno de Enrique Dussel, o lo que el sociólogo portugués decolonial Boaventura de Sousa Santos denomina las *epistemologías del Sur* y la *ecología de saberes*.

Desde el pensamiento islámico decolonial propongo que nuestra contribución como musulmanes al diálogo transmoderno parta del concepto islámico del *tawhid*, la "unidad y unificidad del Ser heterogéneo" (la unidad y unificidad del pluriversalismo): desde aquí ya no podemos comprender un "diálogo" en los términos tradicionales del occidentalocentrismo, que impone el marco de la identidad y la alteridad en términos binarios opuestos y antitéticos, el "yo existo desde la anulación del Otro". Desde el *tawhid*, sin embargo, que es la unicidad de lo heterogéneo, vamos a ir del "yo soy lo que el Otro no es" al "yo y el Otro (todos los seres, la naturaleza y la existencia en su globalidad) somos parte de lo mismo, de la Vida", el Otro no es mi anulación, sino la esencia de mi confirmación como parte de la Vida. Yo y el otro somos lo mismo. Todo y todos somos el Ser. El concepto del Otro se vacía y, por lo tanto, cobra importancia el concepto del Nosotros y de la unidad del Ser del que no sólo forman parte las personas, sino todos los seres vivos, y acabando, por lo tanto, con la dualidad del pensamiento abismal, generadora del *no ser*.

El *ser islámico* es un ser global en el sentido de que el Otro se comprende como parte del "mismo", el Otro no es "mi antítesis" sino "parte de mí", mi semejante, y con esa parte de mí, de mi humanidad, de mi ser, de mi ecología y de mi planeta Tierra, que no es mi anulación, ni mi definición, por contraposición entonces puedo plantear un verdadero diálogo crítico humano-ecológico ético y espiritual, trascender el monólogo que nos impone la modernidad occidentalocéntrica. De ahí que el proyecto de la *transmodernidad*, como afirma Enrique Dussel, se trata de trascender la Modernidad para dirigirnos a una verdadera posibilidad de diálogo crítico y fructífero respetuoso con todas las formas de vida.

HFG. La cárcel del feminismo *es un título provocador que ha levantado mucha polémica y que, según determinados lectores, se presta a malentendidos. Muchos observadores han visto en él una impugnación absoluta del feminismo y, concretamente, de los feminismos islámicos. ¿Hay una faceta colonial en el feminismo que lo convierte en una cárcel para ese pensamiento islámico decolonial? ¿Cómo elaborar esa crítica sin que el patriarcado en el poder la instrumentalice? ¿Y los feminismos islámicos son también cárceles, en determinados aspectos, para ese pensamiento islámico decolonial? ¿Cómo elaborar esa crítica sin que la falsa consciencia occidentalocéntrica la instrumentalice igualmente?*

sas. Si bien era plenamente consciente del "peligro" que podía implicar el título que he escogido para el libro, creo que es necesario un impacto que de una vez genere un debate serio y contundente sobre la colonialidad y el racismo que implican ciertos discursos vestidos de feminismo. Mi objetivo radica en poner bajo sospecha y problematizar fuertemente todas las lógicas binarias en torno a las cuales se ha racionalizado habitualmente la cuestión del feminismo y el Islam. Debemos trascender definitivamente el debate en torno a la compatibilidad/incompatibilidad de ambos y ser conscientes de todo lo que supone este planteamiento y también del papel que desempeñan los términos y los conceptos que se han manejado en estas cuestiones hasta el día de hoy. El subtítulo *Hacia un pensamiento islámico decolonial*, creo que ya da pistas suficientes (para quien lo quiera ver) sobre el camino que sigue la crítica de este ensayo. De cualquier modo, tanto el "machista que sonreiría complacido" como "el observador occidentalocéntrico que pretenda instrumentalizar" se llevarían una buena decepción después de la lectura, en el caso de querer leer y escuchar realmente, porque ahí está la cuestión: la invisibilización y aniquilación de nuestras voces.

Bibliografía

Abdel-Rahman, T., الحق الاسلامي في الاختلاف الفكري (*Al-haq al-islami fi al-ijtilaf al-fikri, El derecho islámico a la diferencia*), Casablanca y Beirut, Al-Markaz Al-Zaqafi Al-'Arabi, 2005.

—, الحداثةروح(Roh al-Hadaza, *El espíritu de la Modernidad. Introducción para la fundación de una modernidad islámica*) Casablanca y Beirut, Al-Markaz Al-Zaqafi Al-'Arabi, 2006.

Adlbi Sibai, S. "La cooperación no gubernamental española en Marruecos y la construcción de la 'islamofobia' en las relaciones internacionales", *Revista de Relaciones Internacionales* 19 (febrero de 2012a). Disponible en: [http://www.relacionesinternacionales.info/ojs/index.php?journal=Relaciones_Internacionales&page=article&op=view&path%5B%5D=332].

—, "Colonialidad, feminismo e Islam", *Viento Sur* 122 (2012b). Disponible en: [http://www.vientosur.info/sumarios/index.php?x=122].

—, "Hacia una verdadera liberación de las mujeres musulmanas", *rebelión.org* (octubre de 2015).

—, *La cárcel del feminismo. Hacia un pensamiento islámico decolonial*, México, Akal, 2016.

Castro-Gómez, S., *La hybris del punto cero. Ciencia, raza e ilustración en la Nueva Granada (1750-1816)*, Bogotá, Instituto Pensar - Pontificia Universidad Javeriana, 2004.

—, "Michel Foucault y la colonialidad del poder", *Tabula Rasa* 6 (junio, 2007), pp. 153-172. Disponible en: [http://www.revistatabularasa.org/numero-6/castro.pdf].

— y R. Grosfoguel (eds.), *El giro decolonial. Reflexiones para una diversidad epistémica más allá del capitalismo global*, Bogotá, Siglo del Hombre - Universidad Central - Instituto de Estudios Sociales Contemporáneos - Pontificia Universidad Javeriana - Instituto Pensar, 2007.

Grosfoguel, R., "Colonial difference, geopolitics of knowledge and global coloniality in the Modern/Colonial Capitalist World-System", *Review* 3, 25 (2002), pp. 203-224.

—, "Decolonizing Political-Economy and Post-Colonial Studies: Transmodernity, Border Thinking, and Global Coloniality", *Tabula Rasa* 4 (enero-junio, 2006), pp. 17-48. Disponible en: [http://www.scielo.unal.edu.co/scielo.php?script=sci_arttext&pid=S1794-24892006000100002&lng=en&nrm=iso].

—,"Descolonizando los universalismos occidentales: el pluri-versalismotransmodernodecolonial desde Aimé Cesaire hasta los zapatistas" en S. Castro-Gómez y R. Grosfoguel (eds.), *El giro decolonial. Reflexiones para una diversidad epistémica más allá del capitalismo global*, Bogotá, Siglo del Hombre - Universidad Central - Instituto de Estudios Sociales Contemporáneos - Pontificia Universidad Javeriana - Instituto Pensar, 2007a, pp. 63-79.

—, "Diálogos descoloniales con Ramón Grosfoguel: transmodernizar los feminismos. Entrevista realizada a Grosfoguel por Doris Lamus Cañabate", *Tabula Rasa* 7 (2007b), pp. 323-340.

—, "Epistemic Islamophobia and Colonial Social Sciences", *Human Architecture: Journal of the Sociology of Self-Knowledge* 2, VIII, (otoño, 2010a), pp. 29-38.

— y E. Mielants, "The Long-Durée Entanglement Between Islamophobia and Racism in the Modern/Colonial Capitalist/Patriarcal World-System. An Introduction", *Human Architecture: Journal of the Sociology of Self-Knowledge* 1, V (otoño, 2006), pp. 1-12.

Dussel, E., *El encubrimiento del otro*, Quito, Abya-Yala, 1993.

—, *Ética de la liberación en la Edad de la globalización y de la exclusión*, Madrid, Trotta, 1998.

—, "Europa, Modernidad y eurocentrismo" en E. Lander (comp.), *La colonialidad del saber: eurocentrismo y ciencias sociales. Perspectivas latinoamericanas*, Buenos Aires, Clacso-Unesco, 2003.

Escobar, A., *La invención del Tercer mundo: construcción y deconstrucción del desarrollo*, Bogotá, Norma, 1998.

Mohanty, Ch. T., "Under Western Eyes Revisited: Feminist Solidarity Through Anti-Capitalist Struggle" en *Feminism Without Borders*, Durham/Londres, Duke University Press, 2003. Traducido al español por María Vinós bajo el título *De vuelta a "Bajo los ojos de Occidente": la solidaridad feminista a través de las luchas anticapitalistas*, y editado por Liliana Suárez Návaz y Rosalva Aída Hernández, 2008.

—, "Bajo los ojos de Occidente: academia feminista y discursos coloniales" en L. Suárez Navaz y R. A. Hernández Castillo (eds.), *Descolonizando el feminismo*, Madrid, Cátedra - Universitat de València - Instituto de la Mujer, 2008, pp. 117-163.

Said, W. E., *Orientalismo*, Madrid, Debate, 2002.

Santos, B. de S., *Renovar la teoría crítica y reinventar la emancipación social (encuentros en Buenos Aires)*, Clacso, Buenos Aires, 2006.

—, "Más allá del pensamiento abismal: de las líneas globales a una ecología de saberes" en B. de S. Santos y M. P. Meneses, *Epistemologías del Sur (Perspectivas)*, Madrid, Akal, 2014, pp. 21-66.

— y M. P. Meneses (eds.), *Epistemologías del Sur (Perspectivas)*, Madrid, Akal, 2014.

Spivak, G. Ch., "Can The Subaltern Speak?: Speculation of Widow Sacrifice" en C. Nelson y L. Grossberg (eds.), *Marxism and the Interpretation of Culture*, Chicago, University of Illinois Press, 1988, pp. 24-28.
—, *Crítica de la razón poscolonial. Hacia una historia del presente evanescente*, Madrid, Akal, 2010.

Descolonizar y despatriarcalizar Andalucía. Una mirada feminista gitana-andaluza

PASTORA FILIGRANA GARCÍA[1]

DESCOLONIZAR ANDALUCÍA

Partimos de la idea de que Andalucía es un territorio colonizado. Aunque geográficamente se ubica en Europa, se construye como colonia interna y, en el mejor de los casos, como periferia. Andalucía es colonia desde una mirada socioeconómica y desde una mirada cultural.

Una mirada socioeconómica de Andalucía

En Andalucía existen tres actividades económicas principales: la agricultura intensiva e insostenible, la minería extractivista y el turismo. Esta tierra y sus 8 millones de habitantes carecen de industria a pesar de conformar uno de los territorios productores de materias primas principales en Europa. Más allá de las cifras, si se pasean por la costa de Granada y Almería verán principalmente turistas y los famosos plásticos de los invernaderos agrícolas. Si se pasean por las costas de Huelva verán plásticos de invernaderos de fresas, mujeres migrantes y turistas. Aquí se produce el 47% de la naranja del Estado, pero no hay industrias de transformación para esta fruta. Igual ocurre por ejemplo con el algodón: la plusvalía de la trasformación se queda en los lugares donde se procesan y comercializan los productos finales. Andalucía pone la tierra, los manijeros, la

---

[1] Licenciada en Derecho por la Universidad de Sevilla en 2004; abogada en ejercicio. Experta en Derecho de extranjería, sindical y laboral. Maestría en Derechos humanos, interculturalidad y desarrollo por la Universidad de Pablo Olavide de Sevilla. Activista, feminista, mestiza gitana y andaluza.

camarera y la precariedad. El Sur global pone la mano de obra inmigrante y la miseria. Ésta es la realidad colonial de Andalucía.

Andalucía tiene una extensión de 87,268 km^2 y una población de 8.3 millones de personas. La Junta de Andalucía reconoce en el territorio 93 zonas con necesidades de transformación social donde, en conjunto, viven 870,035 personas, que representan algo más del 10% de la población global.[2] Es una población donde concurren situaciones estructurales de pobreza grave y marginación social con problemáticas entre otras materias de vivienda, déficit de servicios públicos, fracaso escolar, desempleo o deficiencias higiénico-sanitarias.

El Instituto Nacional de Estadística establece que 10 de los 15 barrios más pobres del Estado español se encuentran en Andalucía. Las tasas medias de paro arrojan cifras sonrojantes, asimismo, para todo el conjunto del territorio, que copa 13 de las 15 plazas de mayor tasa de desempleo, con un porcentaje de hasta el 44.1%.

La crisis financiera de 2008, y más especialmente las medidas de austeridad y recortes sociales que aplicó el gobierno como respuesta, han agravado la situación que describimos y, de manera más impactante, ha incidido en la mujer andaluza, atendiendo a las relaciones de poder que se establecen dentro del sistema capitalista y patriarcal, y que hacen que los individuos ni tengan las mismas oportunidades ni elijan con la misma libertad e información.

Las personas por razón de su sexo y cruzadas por otros ejes como la clase, la edad, la etnia o el territorio en el que habitan tienen un acceso y un control diferenciado de los recursos y el poder y, por tanto, participan de manera diferenciada en las distintas esferas y espacios económicos, viéndose afectadas de manera desigual por las coyunturas económicas, las políticas y sobre todo, por las crisis —que las más de las veces agravan las desigualdades previas—.

---

[2] Disponible en: [http://www.juntadeandalucia.es/organismos/igualdadypoliticassociales/areas/inclusion/zonas-transformacion/paginas/introduccion-zonas-transformacion.html].

El Observatorio de Género sobre Economía Política y Desarrollo (GEP&DO)[3] presentó en su informe *El impacto de la crisis y las políticas de austeridad en las mujeres y la igualdad de género en Andalucía. El escenario post-crisis* datos sobre empeoramiento de las condiciones de vida de la mujer andaluza en comparación con el resto del Estado.

Uno de los datos que más puede ilustrar esta mirada socioeconómica a Andalucía es el hecho de que la población andaluza en riesgo de pobreza y/o exclusión social ha pasado de 33.3% en 2009 a 42.3% en 2014. Los hogares que mayor riesgo de pobreza presentan son aquellos formados por una persona adulta y uno o varios hijos, los cuales tienen al frente a una mujer en el 82% de los casos, y de ellos, el 52% presentaban riesgo de pobreza en Andalucía en 2013.

Además, el informe expone cómo los recortes en educación y sanidad repercuten directamente sobre las condiciones de vida de la mujer en un doble sentido. En primer lugar, muchos de los puestos de trabajo amortizados por estos recortes son de mujeres que se dedican a las labores de cuidado relacionadas con la sanidad o la educación, como es el caso de los comedores escolares. Por otra parte, cuando el Estado deja de cubrir estos servicios de cuidado como las guarderías o la Ley de dependencias a mayores o enfermos, éstos recaen directamente sobre los hombros de las mujeres en los hogares. El cuidado de niños y ancianos se convierte en un trabajo extra no remunerado para miles de mujeres.

Es fundamental conocer la realidad andaluza desde una perspectiva económica feminista para un análisis de la colonialidad que se padece y para el diseño de prácticas emancipadoras que subviertan esta situación.

---

[3] El Observatorio GEP&DO de Género sobre Economía Política y Desarrollo de la Universidad Pablo de Olavide es un espacio independiente para la investigación, la reflexión crítica y el intercambio de conocimientos y saberes sobre igualdad de género, conformado por investigadoras, docentes y activistas feministas.

Una mirada cultural de Andalucía

Para mantener esta realidad social y económica propia de la colonia ha sido necesaria apuntalarla en las narrativas e imaginarios que sostiene la colonialidad. Hablamos de la idea hegemónica que mantiene que los territorios y grupos humanos, por su propia idiosincrasia tienen un lugar específico en el orden socioeconómico. Una mano invisible que ha repartido la suerte de las capacidades entre la población mundial; es la idea teleológica de que el orden económico mundial es un orden natural fuera de la planificación y la voluntad humana, y que ha colocado a los pueblos más desarrollados al frente y a los menos desarrollados en una posición de subalternos. Se trata de los discursos de subalternidad cultural que colocan la responsabilidad de la situación en los hombros de los colonizados. Esa idea de la Modernidad de responsabilizar al pobre de su pobreza.

Bajo esta premisa, y en pos de estos intereses geoestratégicos de tener un Sur accesible cerca, se ha construido el mito de lo andaluz como una realidad inferior respecto al norte del país. Andalucía se ha concebido desde sí misma y desde el exterior como periferia, a pesar de estar geográficamente en Europa. Una cultura no europea, no desarrollada y no moderna. La andaluzofobia como idea de inferioridad civilizatoria de lo andaluz es un mito asumido y reproducido incluso por muchas personas andaluzas. Para entender esta "inferioridad" cultural partimos en esta exposición de la idea de *cultura* como "un conjunto de representaciones colectivas y valores que orientan las relaciones de las personas entre sí y con el mundo, y modelan los sentimientos a través de los elementos que en cada época son seleccionados como marcadores de identidad" (Moreno, 2002: 141).

Pues bien, con base en esta definición antropológica de cultura, podemos afirmar que la cultura andaluza es negada, inferiorizada y frivolizada por el Poder hegemónico español.

La cultura andaluza es negada por el poder

El poder hegemónico no considera como cultura a las representaciones colectivas y formas de vidas andaluzas, siendo vistas únicamente como prácticas subdesarrolladas a superar. Esta negación se hace a partir de un doble ejercicio de simplificación. En primer lugar, parte de la idea de que las clases populares no pueden ser creadoras de cultura, otorgando únicamente esta capacidad a la burguesía dominante. En segundo lugar, reduce la cultura únicamente a las manifestaciones artísticas y literarias, y las despoja de toda su definición antropológica, es decir, de la cultura como una forma colectiva de ser y estar en el mundo.

La cultura andaluza es inferiorizada por el poder

No se reconoce, pues, una cultura andaluza propia, sino formas de vida no modernas o subdesarrolladas y, en el mejor de los casos, exóticas. Un ejemplo de esta inferiorización de la cultura andaluza lo encontramos en la ridiculización de las hablas andaluzas, que están consideradas en el imaginario hegemónico español como una forma incorrecta e inferior de hablar el castellano. Los chistes sobre las hablas andaluzas o la no representatividad en la televisión o el cine estatal son ejemplos de ello.

Durante años, las actrices y actores andaluces han tenido que aprender a ocultar su acento si querían optar por personajes relevantes en las obras. Lo mismo le ha ocurrido a los locutores y periodistas con presencia en medios audiovisuales. El investigador de Sociolingüística crítica en la Universidad de Huelva, Igor Rodríguez-Iglesias mantiene que el jerarquizar variedades lingüísticas desde posiciones hegemónicas es un tipo de racismo. Son prácticas que jerarquizan los referentes identitarios del grupo hegemónico sobre el grupo subalterno en pos del interés de mantener los privilegios. En otras palabras, es una técnica más para naturalizar las desigualdades sobre las que se construyen la opresión de unos grupos sobre otros.

La cultura andaluza es frivolizada por el poder

La realidad cultural de Andalucía que hemos expuesto hasta aquí ha de enlazarse con el fenómeno de la reapropiación cultural que camina parejo a la construcción de la subalternidad descrita.

Existe una estrategia de identificación de lo andaluz con lo español encaminada a la mercantilización cultural. El poder hegemónico español comenzó a identificar los marcadores indentitarios de lo andaluz con lo español desde finales del siglo xix, lo reforzó durante el franquismo y lo continúa hasta nuestros días.

Así, la cultura andaluza es negada e inferiorizada, pero a la vez sus aspectos más exóticos le son expoliados. Es lo que llamo la *esquizofrenia de la subalternidad* de la cultura andaluza. El *olé*, el flamenco y la muñeca vestida de gitana en representación de lo español frente al mundo es el ejemplo de esta esquizofrenia. Así, el flamenco andaluz es todavía el gran reclamo del Estado español en las ferias de turismo internacional. Pero sucede que la reapropiación que realiza el poder hegemónico español de estos marcadores identitarios andaluces termina por convertirlos en elementos frívolos, folclorizados y totalmente desprovistos de su contexto socioeconómico. De esta forma, en el mejor de los casos, se perpetúa en el imaginario una visión romántica de la cultura andaluza, y una idea estereotipada y reduccionista en la mayoría.

Pero, ¿cuánto de gitano hay en lo andaluz?

Esta misma estrategia de apropiación de marcadores culturales andaluces por parte de lo español con un fin mercantil se da a su vez entre lo andaluz y lo gitano. Marcadores identitarios de la cultura gitana se han hecho extensivos en el imaginario a la identidad andaluza, principalmente en los contextos de mercantilización de los aspectos artísticos de la cultura andaluza. Una forma gitana de interpretación de la música, y en especial el flamenco, formas de vestimenta o incluso las hablas son, en determinados contextos sociales y económicos, ventajas de oportunidad económica. La industria del flamenco o de la moda flamenca son ejemplos de ellos. Ya cantaba el grupo de música andaluz Pata Negra aquello de "cuando llegan los días *señalaítos* hay muchos *gachocitos*[4]

---

[4] Diminutivo de *gachó*, "No gitano" en romanó, la lengua del pueblo gitano.

que son gitanos, sienten gitano, cantan gitano, y juran que su abuelo fue un buen gitano".

Pero, ¿quiénes son los gitanos?

Aunque el origen certero del pueblo gitano aún es una incógnita, las teorías más extendidas lo sitúan en un pueblo originario del Punyab, al noroeste de la India. Una migración de aquel pueblo se extendió por toda Europa hace ahora 1,000 años. Los registros constatan que los primeros grupos gitanos llegaron a Andalucía en el año 1465. Aunque en un primer momento recibieron buena acogida, pronto fueron perseguidos por la política de homogenización cultural que pusieron en marcha los Reyes Católicos en pos de la creación del Estado-nación español. Así, a partir de entonces entraron en vigor las pragmáticas formales contra los gitanos, que fueron renovadas, posteriormente, por Felipe II en 1539 y Felipe III. En total fueron 250 providencias formales encaminadas al exterminio del pueblo gitano. El punto de mayor represión sucedió en 1749 cuando se ordenó la prisión general a todos. Moriscos, sefardíes y gitanos corrieron la misma suerte en este empeño por construir un Estado-nación y una única cultura.

La peligrosidad que el pueblo gitano presentaba para la construcción del Estado-nación residía en su resistencia para asumir el modelo de producción y consumo que el incipiente capitalismo español exigía. Su negativa a abandonar el nomadismo, trabajar la tierra de los señores feudales, abandonar sus oficios y su autogestión de conflictos lo hicieron blanco de la represión estatal. A finales del siglo XVII cesó esta represión manifiesta al otorgarse una carta de ciudadanía, aunque no fue sino hasta 1986 cuando se derogaron las últimas leyes específicas contra los gitanos.

La capacidad adaptativa de este pueblo en cuestiones como la lengua o la religión le ha permitido habitar hasta la actualidad Andalucía con una identidad de grupo propia. Es importante reseñar que la comunidad gitana del Estado español es la única de Europa que no preserva la lengua propia, el romanó, debido a los siglos de persecución, si bien atesoran un amplio vocabulario propio llamado *caló*. Actualmente, en Andalucía viven 300,000 personas que representan el 40% de la población gitana en el Estado español. Una considerable parte vive en la exclusión social aún en pago por mantener su identidad y no doblegarse a las imposiciones sociales históricas. *De aquellos charcos, estas lluvias.*

Quizás sea un ejercicio casi imposible establecer la línea divisoria entre dónde comienza lo andaluz y dónde termina lo gitano, no obstante, es un grupo con identidad propia, con conciencia de sí mismo, un pueblo que es objeto de subalternidad cultural mientras observa cómo el poder se apropia de sus marcadores identitarios más suculentos para los mercados.

De lo hasta aquí narrado se constata que Andalucía es colonia, y la emancipación de esta tierra hay que pensarla y ponerla en práctica sin obviar la realidad. La creencia de ser centro y no periferia ha calado como anestesia en los movimientos disidentes y emancipadores en Andalucía. Utilizar las máquinas de lucha españolas y europeas es un error estratégico, pues se parte de distintas realidades y, por tanto, no son exportables de manera mimética las fórmulas emancipadoras europeas. Tampoco las del feminismo. He aquí nuestro reto: librarnos de la colonización de nuestras identidades para construir desde ellas las formas de lucha que nos lleven a la emancipación y a la soberanía de nuestras vidas y el territorio que habitamos.

Despatriarcalizar Andalucía.
Feminismo gitano-andaluz

Afrontando el reto de construir un discurso y unas prácticas emancipadoras propias desde las vivencias culturales e históricas, me propongo lanzar una propuesta feminista desde una posición situada en lo gitano y lo andaluz. Comenzaré por una llamada de atención para tomar conciencia de aquellos marcadores identitarios que son objeto de represión por parte del Poder hegemónico, para construir sobre ellos los discursos y las prácticas liberadoras. Aquello que nos reprimen es aquello que supone una amenaza para la supervivencia del sistema que instaura el Poder. Es una hipótesis optimista de lucha que defiende la potencialidad de nuestras identidades oprimidas, y la plantearé desde mi mirada, situada como mujer andaluza y mestiza gitana.

El Poder es blanco, burgués, varón y heterosexual

Existe una idea de lo que ES, de lo hegemónico, lo que se instituye como la normalidad. Una vara de medir a partir de la cual las realidades y las personas son más normales o más correctas. Lo que ES puede ser una ética, una forma de vida, un modelo de ser humano, o una forma de ser o pensar. Amaia Pérez Orozco, en su libro *Subversión feminista de la economía*, nos describe la principal vara de medir de la sociedad que habitamos, el sujeto BBVAH, el varón blanco, burgués, adulto, sano y heterosexual. En torno a él se concentran el poder y los recursos y se define la vida misma.

Boaventura de Sousa Santos describe una línea abismal imaginaria que divide la sociedad entre la zona del *ser*, y la zona del *no ser*. Este *no ser* es la *otredad*, lo no blanco, lo no varón, lo no heterosexual, lo no sano o lo no burgués.

El *sistema-mundo*, tal como lo conocemos, está basado en una opresión sistémica de los sujetos que habitan la zona del *ser* sobre aquellos que habitan la zona del *no ser*. Es lo que Ramón Grosfoguel llama el *racismo institucional como un dispositivo de opresión y control*. Este racismo no tiene que ver sólo con colores de piel, sino con una subordinación de todo aquello que no es blanco, varón, burgués, adulto, sano y heterosexual.

Ante este análisis devastador de la realidad que habitamos, "la Cosa Escandalosa" que Amaia Pérez Orozco define en su libro,[1] me propongo lanzar una idea propositiva, que vaya más allá del análisis y que dé pistas para articular una estrategia emancipadora que acabe con este dispositivo de opresión. Sólo son pistas de dónde puede estar la salida. La estrategia final será fruto de ese diálogo entre todas las otredades que habitan en la zona del *no ser*; un diálogo que partirá desde la opresión propia y las respectivas estrategias de resistencia y que hilará esa subversión colectiva.

La otredad es mujer, pobre, racializada y habitante de la periferia global

A medida que nos alejamos del arquetipo instaurado como *lo hegemónico*, encontramos sujetos atravesados por un mayor número de opresiones que los colocan en las antípodas del *ser*. En terminología fanoniana, sería la persona más deshumanizada del orden imperante, la *otredad* por excelencia. Así, al otro lado del abismo de la realidad, en el punto más alejado del BBVAH estaría la mujer pobre, racializada y habitante de la periferia global (MPRP). Perfectamente podría añadirse con "diversidad sexual" o "funcional". Para instaurar la supremacía de la hegemonía masculina, blanca, burguesa y heterosexual, se hacen necesarios unos dispositivos de control de toda índole que resten la humanidad de la MPRP. ¿Cómo se hace esta subalternización de la *otredad*? Los dispositivos pueden ser numerosísimos y podrían ser ordenados en una escala de violencia de más a menos implícitas: ridiculizar, infantilizar, invisibilizar, criminalizar, expoliar, reprimir, exterminar. Veamos algunos ejemplos para que sea más claro:

- Ridiculizar: Hacer chistes sobre los hábitos de vida o el lenguaje de las comunidades rurales. La mofa de la comunidad LGTBI.
- Infantilizar: La publicidad sexista. La represión policial al movimiento feminista.
- Invisibilizar: Las trabajadoras y trabajadores subsaharianos en condiciones de semiesclavitud en la agricultura del Primer mundo.
- Criminalizar: La política antigitana en Europa. La criminalización de la población musulmana en los países occidentales.
- Represión: La persecución y tortura de activistas indígenas en lucha por la soberanía de la tierra en América Latina.
- Exterminio: El exterminio de la población en Palestina y Oriente Medio basado en intereses geoeconómicos.

La idea común que tienen estos ejemplos es que se reprime aquello que se teme. Es decir, la línea abismal entre la zona del *ser* y del *no ser* está trazada a partir de aquellos "atributos" de la *otredad* que ponen en peligro la propia existencia del sujeto hegemónico, el BBVAH, cuya existencia se basa en la racionalidad económica, el individualismo y la competitividad. Así pues, se subalterniza aquello que supone un riesgo para la perpetuación del orden vigente, el orden que coloca en un lugar privilegiado al "super-humano", al BBVAH. Cuantas más líneas de opresión atraviesan al sujeto, mayor es la peligrosidad potencial que supone para el orden vigente.

Siguiendo la teoría de Ramón Grosfoguel de los cuatro epistemicidios[5] sobre los que se ha construido el orden vigente que coloca en un lugar privilegiado al super-humano BBVAH, hay que decir que éstos no han sido casuales. Los epistemicidios se han dirigido contra aquellas comunidades que suponían un peligro en sí mismo para la existencia del orden vigente. Las formas de vida inter-dependientes y eco-dependientes que suponían las comunidades indígenas americanas y africanas, o la epistemología de las mujeres sabias (brujas) en Europa eran realidades incompatibles con la construcción del sistema neoliberal y moderno. El orden vigente se puede analizar desde muchas perspectivas, pero la más sintética y completa a la vez, para mí, es la que hace el ecofeminismo. Según esta teoría política, el sistema actual está construido sobre la negación de dos realidades básicas, de la interdependencia de los seres humanos y de la ecodependencia de los seres humanos y la naturaleza. El capitalismo se construye sobre un falso individualismo del ser humano. Falso en dos vertientes: por un lado, ignora que la vida necesita un sustento, es decir, que para que la vida se desarrolle se necesita una interdependencia con las demás personas, y por otro saca al ser humano de la naturaleza y la convierte en un objeto infinito que puede consumirse sin límites, sin que el ser humano dependa de la existencia y sostenibilidad de la naturaleza. Un individualismo como motor de la acumulación de riqueza, o, en otras palabras: la propia reproducción del capital que invisibiliza la vida en sí misma. Una vida que necesita de la naturaleza y de los cuidados del común para existir.

---

[5] *Epistemicidio* es la destrucción de saberes propios de los pueblos, causada por el colonialismo europeo y norteamericano.

Mi hipótesis es que cualquier comunidad que por su forma de estar y vivir en el mundo suponga un cuestionamiento a este individualismo imperante ha de ser oprimida por el orden vigente. Con "oprimida" me refiero a ser subordinada, controlada y puesta a disposición del orden vigente, el cual necesita en sí mismo esta subordinación, no sólo para reproducirse materialmente, sino para aplastar y borrar cualquier atisbo de forma de vida que evidencie la gran falacia del individualismo sobre el que se sostiene esta "Cosa Escandalosa". Pues bien, de tener algo de cierto esta hipótesis, la estrategia emancipadora que acabe con este sistema de opresión globalizado pasa en primer lugar por tomar conciencia de estos "atributos" de la *otredad* que el orden vigente se empeña en oprimir, porque en ellos reside la mayor amenaza para la subsistencia de este orden. La pregunta a hacernos es: ¿qué es exactamente lo que el sistema ridiculiza, infantiliza, invisibiliza, criminaliza, reprime o extermina de la *otredad*? En primer lugar, plantearíamos esta cuestión frente a los sujetos que, como antes mencionamos, son atravesados por mayores líneas de opresión, aquellos que se sitúan en las antípodas del bbvah; de manera que la pregunta habría que formularla así: ¿qué atributos de las formas de vida de las mujeres pobres, racializadas y que habitan la periferia global son lo que el orden vigente necesita reprimir con mayor urgencia? Si hiciéramos esta misma pregunta dirigida a cada una de las comunidades situadas en la *otredad* y redactáramos juntas todas sus respuestas, saldría un manifiesto coral de las mejores herramientas para desmontar el orden vigente.

La mujer pobre y racializada en la periferia de Andalucía

La *otredad* más atravesada de opresiones en el territorio que habito sería la *mujer pobre y racializada que habita la periferia de Andalucía*. Antes de continuar, veo necesario definir muy brevemente algunos conceptos:

Mujer. Por *mujer* entiendo una categoría de no varón hegemónico. No utilizo un concepto esencialista de mujer porque su debate excede mis pretensiones en este modesto artículo. Es decir, en la categoría *mujer*, comprendo a todas aquellas personas identificadas como no varón, bien sea en el concepto convencional de "mujer" o todas las categorías que pueden caber en la identidad de género no hegemónico y no binario.

Pobre. Como contraposición a *burgués* (del concepto BBVAH), éste podría identificarse con un concepto amplio de trabajadora, es decir, la persona que se ve sometida al chantaje trabajo-renta para su supervivencia. Aquella persona que vende su fuerza de trabajo a cambio de un salario directo o indirecto que le permite cubrir necesidades básicas para la supervivencia. El salario indirecto sería aquel que reciben las mujeres que no realizan una actividad laboral directamente remunerada en el mercado de trabajo. Me refiero al trabajo reproductivo relegado al ámbito doméstico o familiar que no es remunerado directamente con salario, pero que supone una actividad económica imprescindible para el mantenimiento del orden vigente. También puede utilizarse un concepto más fiel de *pobre*, que sería aquella persona que no tiene acceso a los bienes materiales necesarios para la supervivencia. Obviamente, cuando mayor cercanía existe de la mujer al umbral de la pobreza, mayor será la línea de opresión que la atraviese como *otredad*.

Racializada. La racialización es el resultado de la diferenciación de grupos humanos en términos raciales. La idea de *raza* es un constructo social histórico, vacío de esencia, resultado de procesos complejos de identificación, distinción y diferenciación de los seres humanos de acuerdo con criterios fenotípicos, culturales, lingüísticos, regionales, ancestrales, etc. Por tanto, no existen grupos raciales *per se*, sino solamente grupos socialmente racializados en pos de mantener un imaginario de diferencias que justifique las relaciones jerárquicas entre unos grupos y otros.

Periferia. Aquellas zonas sociales situadas por debajo de la línea del *ser*, independientemente de su situación en el mapa global. En mi concepto de *periferia de Andalucía* se encontrarían, por ejemplo, las llamadas "zonas con necesidades de transformación social" (ZNTS). También podría considerarse en sí misma alguna de las zonas rurales como periferia social de la metrópolis. O en un escalón más abajo, en la zona del *no ser* estaría el *gueto* perfectamente definido por el director gitano Pepe Heredia en el documental *El Amor y la Ira, cartografía del acoso antigitano*.

Aclarada esta cuestión, lanzo la pregunta: ¿qué atributos de las formas de vida de las mujeres pobres, racializadas y que habitan la periferia de Andalucía son los que el orden vigente necesita reprimir con mayor urgencia? Antes de adentrarme en la respuesta, considero necesario aclarar desde qué mirada situada voy a contestar esta pregunta. Me identifico como mujer, racializada-gitana y andaluza. Estoy sometida al chantaje trabajo-renta y realizo una actividad laboral directamente remunerada en el mercado como trabajadora cualificada. Habito en la metrópolis y no en la periferia. Desde ahí voy a contestar la pregunta según mi experiencia directa con la realidad, centrando las respuestas en la mujer gitana de los barrios periféricos andaluces.

¿Qué atributos de las formas de vida de las mujeres gitanas de la periferia de Andalucía son los que el orden vigente necesita reprimir con mayor urgencia?

1. El no ajustarse a las formas de producción capitalistas.

> [...] Cada uno de ellos viva por oficios conocidos, que mejor supieran aprovecharse, estando atada en lugares donde acordasen asentar o tomar vivienda de señores a quien sirvan, y los den lo hubiese menester (Pragmática de Medina del Campo firmada por los Reyes Católicos. Leyes antigitanas).

La resistencia del pueblo gitano a vender la fuerza de trabajo y adaptarse a las formas de producción capitalista ha sido perseguida y castigada por el Poder desde 1499 hasta la actualidad. La idea que subyace detrás de esta represión es la concepción liberal de que la humanidad de un sujeto se mide según su productividad económica. La persona no productiva económicamente, es decir, la que no genera riqueza reapropiable por el Poder, no es considerada humana y, por tanto, es desprovista de sus/los derechos más básicos. Esta concepción es aún uno de los pilares ideológicos del sistema económico imperante. A modo de ejemplo, decir que la Política de Extranjería de la Unión Europea en general, y la de España en particular, está basada en esta lógica según la cual la persona migrante goza de derechos de ciudadanía en función de la productividad económica que suponga para el sistema. Los permisos de residencia y trabajo, el derecho a la reagrupación familiar o la asistencia médica se condicionan a que la persona tenga un contrato de trabajo, en consecuencia a esta lógica productivista que rige el reconocimiento de los derechos.

Si bien en la actualidad no existen leyes específicas que persigan y castiguen el no sometimiento de la población gitana al modelo de producción capitalista, sí existen otras formas de opresión que castigan este hecho. Las formas de vida de la población gitana que habita los barrios de la periferia andaluza cargan con el estigma de la vagancia, la delincuencia o el analfabetismo. La opinión pública, como nuevo ejército de contención social, se encarga de castigar con su exclusión y rechazo este no sometimiento a *oficios conocidos*. En esta misma lógica, las políticas sociales dirigidas a población gitana que vive en riesgo de exclusión se basan en el ideal de integración como parámetro de actuación. La humanidad de estas personas es medida por su capacidad de integración, o sea, para adaptarse al modelo productivo imperante de explotación de fuerza de trabajo que permite la acumulación de riquezas. El parámetro con el que se mide la idoneidad de la persona es si pone o no en el centro la carrera profesional o el trabajo como objetivo en la vida, castigando con la invisibilización o el rechazo el poner en valor otros aspectos vitales por encima del trabajo asalariado.

Las mujeres gitanas que habitan la periferia cargan doblemente con el estigma de la no productividad y el asistencialismo. El trabajo de cuidados por sí es invisible bajo el parámetro productivista. Las labores de sostenimiento de la vida que tradicionalmente han estado relegados al ámbito doméstico y realizados por mujeres no son reconocidos como productivos en la lógica liberal, a pesar de que sirven para reproducir y sostener la vida que genera la fuerza de trabajo. Este trabajo de mujeres cobra un plus de invisibilidad cuando tiene lugar en una comunidad de por sí considerada no productiva, como ocurre con la comunidad gitana que habita la periferia.

2. El no encajar en los modelos de consumo imperantes.

> Por tanto, mando que ellos y cualquiera de ellos no usen de la lengua, traje y método de vida vagante de que hayan usado hasta presente (Pragmáticas, Carlos III, 1783. Leyes antigitanas).

Las formas de vida y consumo, especialmente la autosuficiencia de la comunidad gitana, han sido perseguidas históricamente como uno de sus atributos a erradicar. La imagen bucólica de la vida errante de gitanos y gitanas *andarríos*, dedicados a la cestería hecha con las cañas que nacen en las riberas, representaba un modelo de consumo incompatible con el sistema económico que se pretendía imponer.

En la actualidad no existen leyes específicas contra la forma de vida o consumo de la población gitana, pero la idea de inferioridad gitana que durante siglos ha impuesto el Poder a través de la persecución y el castigo sigue presente en el imaginario colectivo. Un imaginario que se traduce en el rechazo social de lo gitano y se concreta, por ejemplo, en la marginación profesional o educativa que sufre una parte importante de la comunidad y que se agrava cuanto más se aleja una persona de los cánones estéticos imperantes. El efecto de este rechazo social es que muchas personas gitanas se ven obligadas a *blanquear* su apariencia en pos de la aceptación y la integración social. Lo moderno y lo desarrollado pertenecen a un modelo de consumo y estética no gitano. La resistencia a este imperativo de consumo es la organización y la creación de espacios propios donde preservar la identidad sin tener que hacer concesiones en pos de la aceptación.

En ciertos barrios andaluces los servicios sociales que atienden a población gitana exige como requisito a sus usuarias que vistan ropa de calle, prohibiendo a las mujeres que entren en las instalaciones con ropa de casa como pijamas, batas o zapatillas. Se naturaliza así un concepto de lo público y lo privado, de la casa y la institución no gitano en un claro ejemplo de la imposición social inspirada en la pragmática de Carlos III sobre la homogenización cultural.

La prohibición de algunas cadenas de supermercados que exige que las mujeres gitanas no accedan a ellos con faldas largas es otro ejemplo de este castigo a la resistencia al canon imperante.

3. El anti-autoritarismo.

> Los que llamándose gitanos o egipcianos forman una especie de república dentro del mismo Estado, se gobiernan según sus usos y caprichos particulares (El informe de la Chancillería de Valladolid con fecha 30 de octubre de 1783. Leyes antigitanas).

La comunidad gitana, como grupo histórico perseguido, ha desarrollado a lo largo de los siglos su propio sistema de autogestión de conflictos ante el peligro que le ha supuesto y le supone el auxilio judicial o policial. La legislación antigitana que venimos citando, y la exclusión social que hoy aqueja una parte importante de la comunidad gitana los ha convertido en personas altamente vulnerables al monopolio de la violencia por parte del Estado. Las mujeres gitanas abarcan el 1% en la sociedad española y, sin embargo, representan un 35% de la población penitenciaria,[6] lo cual es una muestra de esta vulnerabilidad social frente el sistema carcelario.

La respuesta histórica que ha dado la comunidad gitana a esta persecución y castigo ha sido el desarrollo de un avanzado sistema de mediación y autogestión de resolución de conflictos.

Esta capacidad está criminalizada por el Poder y, en el imaginario colectivo, se asocia al estigma de la peligrosidad y la violencia que reinan en las comunidades gitanas. Así los presentan una y otra vez los medios de comunicación de masas, que ponen en relación continuamente la palabra "gitano" con *reyertas*, *clanes*, *venganzas*, *y ajustes de cuentas* en inagotables titulares. La realidad

---

[6] Proyecto Barañí. Criminalización y reclusión de mujeres gitanas. Disponible en: [http://web.jet.es/gea21/].

es que un elevadísimo número de conflictos entre personas gitanas se resuelven gracias a la mediación y a los Consejos de mayores, que son espacios de seguridad donde la integridad y la libertad de las personas no están en riesgo.

Es obvio que si la violencia dentro de las comunidades gitanas fuera tan recurrente y sistemática como presentan los medios de comunicación de masas, la supervivencia de un pueblo a quinientos años de persecución y exterminio no habría sido posible hasta hoy. La propia existencia de personas que se identifican como "gitanas" hasta nuestros días es la más contundente prueba del éxito de la autogestión de sus diferencias y la prevalencia de la mediación a la violencia.

La criminalización de este antiautoritarismo por parte del Poder responde a salvaguardar su monopolio de la justicia y la violencia, que es incompatible con la autogestión de conflictos.

4. Las formas de vida colectiva.

> Mandamos a los egipcianos [...] donde acordasen asentar o tomar vivienda de señores a quien sirvan, y los den lo hubiese menester y no anden más juntos vagando por nuestros reinos como lo facen (Pragmática de Medina del Campo firmada por los Reyes Católicos. Leyes antigitanas).

Se castigaba el "estar juntos". Un modelo socioeconómico basado en el individualismo y la competitividad no puede permitir colectividades estables más allá de la familia nuclear como célula básica de la producción y el consumo. Como aboga el ecofeminismo, la interdependencia es negada por el sistema capitalista, los cuidados para el sostén de la vida salen de la vida pública y económica y forma parten de la vida privada y el ámbito familiar. Las redes sociales amplias y las familias extensas suponen para las comunidades vulnerables una estrategia de resistencia y, para el Poder, una amenaza a su paradigma de individualidad personal sobre el que levanta su modelo de producción liberal.

En la actualidad no existen legislaciones que persigan y castiguen el "estar juntos", no obstante, los modelos urbanos se encaminan a desarraigar a las personas que habitan colectividades amplias como modelo de resistencia. En Andalucía es extensa la historia de desalojos de barrios gitanos y la política de dispersión que se ha impuesto en nombre del progreso, el desarrollo y la integración; una política de persecución a la colectividad que la opinión publica justifica en aras de la sacrosanta "libertad individual", presentándose como arcaicos o atrasados los modelos de *familia extensa*, o enjuiciando las obligaciones de personas gitanas con su comunidad, y especialmente las de las mujeres, como un recorte de libertades individuales desde una visión paternalista y occidental.

Respuesta

La contestación desde mi posición a la pregunta "¿Qué atributos de las formas de vida de las mujeres pobres, racializadas y que habitan la periferia de Andalucía son los que el orden vigente necesita reprimir con mayor urgencia?" daría como respuesta que aquello que más pone en peligro al orden vigente son las formas de vida que abogan por fórmulas de producción y consumo alternativas a las imperantes, por una organización social mutualista, y por formas de autogestión de los conflictos propias.

Conclusiones

1. Tomar conciencia de nuestra posición. Mi propuesta de un feminismo desde los propios referentes identitarios (en este caso desde una posición gitano-andaluza) pasaría por tomar conciencia de las opresiones que nos atraviesan según la posición que habitamos, y por construir desde la potencialidad de nuestras identidades oprimidas; poner en valor nuestros discursos y estrategias de resistencia y construir la propuesta emancipadora desde ella.
2. Construir la emancipación desde los referentes oprimidos. Según lo que he expuesto en el artículo, cuando (como mujer gitano-andaluza) apuesto por el trabajo cooperativo y la eco-

nomía social, el decrecimiento, la autogestión de conflictos o las redes socio-afectivas basadas en el mutualismo de base o el apoyo mutuo, no estoy importando un modelo de emancipadores occidentales y blancos, sino que construyo desde mis propios referentes históricos y culturales.

3. Las mujeres andaluzas y gitano-andaluzas albergan en sus prácticas colectivas de vida estrategias de resistencia al capitalismo, al patriarcado y al colonialismo que deben ser pilares en los discursos y prácticas feministas. Es el momento de poner en valor esta herencia escondida bajo las categorías de no modernas o no desarrolladas porque en ella reside la potencialidad de las luchas venideras. Nuestra alianza en este reto son las prácticas feministas del Sur global. Hemos venido a cambiarlo todo.

Bibliografía

Fanon, F., *Piel negra, máscaras blancas*, Madrid, Akal, 2009.

Federici, S., *Calibán y la bruja: Mujeres, cuerpo y acumulación originaria*, Madrid, Traficantes de Sueños, 2004.

Gil, S., *Nuevos feminismos. Sentidos comunes en la dispersión. Una historia de trayectorias y ruptura en el Estado español*, Madrid, Traficantes de Sueños, 2011.

Grosfoguel, R., "Diálogos descoloniales con Ramón Grosfoguel: Transmodernizar los feminismos. Entrevista realizada a Grosfoguel por Doris Lamus Cañabate", *Tabula Rasa* 7 (2007b).

—, "Hacia un pluri-versalismo transmoderno decolonial", *Tabula Rasa* 9 (2008).

—, "La descolonización del conocimiento: diálogo crítico entre la visión descolonial de Frantz Fanon y la sociología descolonial de Boaventura de Sousa Santos" en A. Vianello y B. Mañé (eds.), *Formas-Otras: saber, nombrar, narrar, hacer*, Barcelona, Fundación cidob, 2011.

Haraway, D. J., *Ciencia, cyborgs y mujeres: la reinvención de la naturaleza*, Valencia, Universitat de València, 1995.

—, "Las promesas de los monstruos: Una política regeneradora para otros inapropiados/bles", *Política y sociedad* 30 (1999), pp. 121-164.

Herrero, Y., *Cuidar una práctica política anticapitalista y patriarcal*, Carlos Taibo (dir.), 2010, pp.17-31.

—, *Vivir bien con menos. Ajustarse a los límites físicos con criterios de justicia*, Manu Robles - Arangiz - ela Euskal Sindiktua, 2012. Disponible en internet.

Moreno, I. y J. Agudo (coords.), *Expresiones culturales andaluzas*, Sevilla, Centro de Estudios Andaluces - Asociación Andaluza de Antropología, 2012.

—, *La identidad cultural de Andalucía. Aproximaciones, mixtificaciones, negacionismo y evidencias (introducción y selección de textos)*, Sevilla, Centro de Estudios Andaluces, 2008.

Moto Pérez, I., "Lo que no se olvida: 1499-1978", *Anales de Historia Contemporánea* 25 (2009).

Pérez Orozco, A., *Subversión Feminista de la Economía. Aportes para un debate sobre el conflicto capital-vida*, Madrid, Traficantes de Sueños, 2014.

Santos, B. de S., *Sociología jurídica crítica*, Madrid, Trotta, 2009.

—, "Más allá del pensamiento abismal: de las líneas globales a una ecología de saberes" en B. de S. Santos y M. P. Meneses (eds.), *Epistemologías del Sur (Perspectivas)*, Madrid, Akal, 2014, pp. 21-66.

CAPÍTULO VI

FOMMA: Teatro popular desde el cuerpo y la memoria como pensamiento descolonial creado por mujeres mayas

Doris Difarnecio[1]

> *En 1993 comenzamos a organizar y planear con otras mujeres tímidas y calladas nuestra asociación Fortaleza de la Mujer Maya (FOMMA). Encontramos la principal herramienta para poder aliviar las heridas del alma en su autoestima y en su mente: el teatro. Por medio de los movimientos corporales se toma la confianza entre compañeras. Comienzan a platicar de lo que tienen guardado por mucho tiempo y que hasta entonces no habían contado por el temor a que lo divulguen las mismas compañeras. Una vez que pierden el miedo a la burla o al chisme, nos brindan su confianza y nos abren su corazón contándonos lo que les ha pasado en la vida. Muchas personas han cambiado la situación de violencia en una armonía familiar. Otras han tomado el valor para denunciar a sus agresores y demandar la igualdad de género.*
>
> Isabel Juárez Espinosa, fundadora de FOMMA.

Debido a mi formación en literatura y artes escénicas, comencé a interesarme en el teatro como método y herramienta tanto educativa como política. En San Cristóbal de Las Casas, Chiapas, México, trabajé desde 1999 hasta el 2013 con FOMMA (Fortaleza

---

[1] Dirigió el Centro Hemisférico, satélite de la Universidad de Nueva York en Chiapas, México, del 2007 al 2013, y ahí mismo fue directora de teatro de FOMMA (Fortaleza de la Mujer Maya) desde 1999 hasta 2015. Actualmente dirige una plataforma Arte Acción, la cual se enfoca en el arte, la política y el performance. Las ponencias, proyecciones, acciones públicas y políticas, performances, exposiciones de arte, instalaciones y presentaciones de libros que ha realizado han contribuido al fortalecimiento de un consorcio colaborativo, global, multilingüe e interdisciplinario de instituciones, artistas, académicos y activistas. [dorisdifarnecio@gmail.com]

Foto de archivo original de FOMMA, 1995.

de la Mujer Maya) y dirigí desde el 2007 al 2013 el satélite, en Chiapas, del Instituto Hemisférico de Performance y Política de la Universidad de Nueva York, instalado en el espacio teatral de FOMMA. Logramos una colaboración artística, teatral y solidaria que tuvo como fruto quince obras teatrales basadas en los testimonios autobiográficos de las actrices, todas mujeres mayas. Las experiencias de vida, recordadas, escritas y actuadas nos permitieron experimentar con diversas prácticas teatrales, actorales y creativas, utilizando como estrategia primaria el cuerpo y la memoria. En este sentido, los relatos de vida representaron el vehículo escénico que permitió transportar la memoria a la reflexión crítica, como señala Petrona de la Cruz Cruz, actriz y fundadora de FOMMA:

> No dejarse, digamos mandar y sobrellevar ni por familiares, ni por las personas. Lo que nuestro corazón diga, lo que nuestra mente y corazón nos dicte y nos diga es lo que debemos de obedecer, porque es una misma, si una dice: "Yo quiero salir e ir a otro lado", hay que irse, no hay que quedarse. Yo creo que hay que obedecer lo que nuestro pensamiento dice y nuestro corazón nos dicte. Eso es lo bueno (Entrevista, 2012).

El teatro es un vehículo para nombrar lo subjetivo, lo inmediato, lo mágico y lo misterioso, FOMMA lo utiliza como táctica y método para revelar la opresión y marginación de género. Sus obras hacen referencia inmediata *de lo político*, puesto que allí nacen las preguntas sobre quién tiene la responsabilidad o el poder para decidir en dónde se pone el acento a esa realidad que vive la mujer, es decir, "el conjunto de acciones que tienden a controlar y eliminar a las mujeres a través del temor y el daño, obligarlas a vivir en el temor y la inseguridad, amenazadas y en condiciones humanas mínimas al negarles la satisfacción de sus reivindicaciones vitales" (Lagarde, 1997: 171). Entonces, pensar, reflexionar y escenificar una historia desde el acervo íntimo permite a las actrices narrar, recordar y repetir, desde la actuación, lo no visible que si no se nombra y toma forma, no emerge para interpelar, transformar y cuestionar las significaciones impuestas sobre el cuerpo de la mujer. Así, al cuestionar nociones de género, especialmente al vestirse como hombres y decidir no incluir hombres en su repertorio teatral, alteran los códigos de género impuestos e incluso alteran representaciones sobre *indigeneidad*. Demuestran entonces, en el proceso creativo, cómo los códigos de género, raza y sexualidad están en continuo movimiento y siempre con relación a otras formas de identificación.

En efecto, sabemos que el género se construye y podemos identificar los hábitos, las convenciones y los estereotipos que dictan las ideas existentes en distintas culturas sobre lo que cada género debería ser "idealmente", de acuerdo con el sexo biológico con el que se nace, mismo que justifica las desigualdades y los roles establecidos que marginan y oprimen a la mujer. Graciela Reyermuth Enciso (2008: 130) habla de la "internalización" por parte de las mujeres de su subordinación, situación que las inhibe de emprender acciones para prevenir y cambiar la situación violenta que sufren. La mujer experimenta la violencia no sólo por parte de individuos, sino también por parte de sistemas socioeconómicos, culturales y políticos que fallan en protegerla. A propósito, Isabel Juárez Espinosa habla sobre las condiciones de violencia que vive la mujer indígena y cómo por medio del teatro como estrategia se busca ayudar a este sector:

Cuando empezamos esta asociación pensábamos en el teatro y no en la cultura, pero con las mujeres. Cuando estaba en el otro grupo yo salía mucho a las comunidades a recopilar cuentos, historias y hablaba mucho con las mujeres y veía que la situación era muy difícil, allá en la comunidad, y más al estar en la ciudad sin saber leer ni escribir, buscar trabajo con bebé... a las artesanas las engañan, no saben sumar y no dan bien su cambio, sus hijos no van a la escuela. En el teatro que hacíamos se refleja mucho la situación de la mujer, los problemas que enfrentan. Entonces, tomando esa conciencia, lo que me llamó la atención fue el por qué no formar un grupo de asociación civil donde podamos ayudar a las mujeres, a los niños y después ellos van tomando su camino. Con el teatro aprenden a leer y escribir, a contar su problema, porque muchas ocultan su problema, se encierran en el mismo problema que tienen ellas. Empezamos a contar nuestras vidas, nuestra situación (Entrevista, 2012).

Marcela Lagarde (2005) afirma que el maltrato y la violencia misógina "se dan en todo el mundo y son el resultado de la violencia misógina llevada al extremo y por ende son la muestra más visible de múltiples formas de hostigamiento, maltrato, daño, repudio, acoso y abandono" (206). Mercedes Olivera, por su parte, atribuye el aumento de la violencia feminicida en Chiapas a "la crisis de gobernabilidad", y "a causas estructurales" como "la pobreza, el desempleo, la desestructuración de la economía campesina" y otros factores que, para Olivera, crean profundas rupturas en el núcleo familiar como parte de un sistema que desaloja e ignora los derechos humanos de la mujer (2008: 33). Por último, Rita Segato (2010) busca estrategias descoloniales y afirma que las violencias de género que llevan al feminicidio en América Latina son "prácticas casi maquinales de exterminio de las mujeres, son la barbarie de la colonial modernidad" (2010: 19). Para Segato la estrategia descolonial consiste *no* en buscar justicia por parte de los derechos humanos universales, sino en entender la pluralidad regional de cada pueblo en toda su complejidad. En este sentido, el teatro de FOMMA se distancia de estrategias estatales y movimientos políticos para denunciar y hacer visible la violencia de género desde su propio espacio, tanto físico como político y personal.

Foto: Doris Difarnecio, 2012.

Ciertamente, en FOMMA las actrices no están vinculadas a ningún movimiento político amplio. Su trabajo teatral viene de la materialidad de sus cuerpos, recuerdos y experiencia de vida. Las raíces de su labor y práctica teatral podrían describirse dentro de tres ejes y marcos feministas que descienden principalmente de *lo erótico, lo descolonial* y *lo pedagógico*. Como referente feminista, cito a Audre Lorde (1978) quien, en un texto revolucionario, *The Uses of the Erotic*, separa lo erótico y lo sexual como diametralmente opuestos. Lo erótico como una fuerza de vida que nos abre a las amplitudes de los sentidos y nos conecta con nuestro ser y que nos permite profundizar en el trabajo de las acciones de una manera en que todos los cuerpos presentes tienen una conexión de vitalidad. "Lo erótico" como la imaginación, es un recurso que reside adentro de todas nosotras como fuente de poder y energía. La imaginación que nace cuando escribes sobre el pasado, como lo describe Petrona Cruz de la Cruz, es un perfecto ejemplo de cómo los hechos, sentimientos y lo vivido son conexiones vitales:

Antes me rechazaba yo que era yo mujer, cuando me entraron a pedir yo me acuerdo que le decía a mi mamá "por qué nací mujer, por qué no nací hombre, así no me entrarían a pedir y no me están pidiéndome para ser su esposa"; entonces mi mama siempre me decía, "es que no debes de rechazarte"; y como es muy creyente mi mamá siempre hablaba de Dios. Dios quiso que fueras mujer y para ser mujer también hay que ser fuertes, hay que luchar; mira, yo estoy sola con todos ustedes y no los estoy matando de hambre, sí somos pobres, la ropa remendada, pero no los mato de hambre, y eso es ser fuerte y es tener valor; entonces para mí eso no se me olvida nunca y ahora que como adulta de ser mujer es un orgullo para mí, es un orgullo porque de ser mujer tienes muchas posibilidades de obtener muchas cosas, no sólo los hombres porque antes lo hombres tenían el derecho de ir a la escuela, de ir a trabajar, de vestirse mejor, de tomar, de descansar, de convivir con los amigos, pero ésa es la idea que tenemos como mujeres, y yo como mujer también lo puedo hacer, puedo vestirme, puedo ir a un café con mis amigas, amigos, puedo ir a un antro a bailar, puedo hacer tantas cosas (Entrevista, 2009).

Es muy posible que muchas de las historias que comparten las actrices les hayan sucedido a otras y otros. Y el hecho de crear teatro con estas experiencias, logra un sueño liberador, vital, erótico desde las nociones feministas descoloniales. Me refiero a la necesidad de reevaluar la calidad de todos los aspectos de nuestra vida y de nuestro quehacer y, también, preguntarnos cómo nos movemos en ellos y hacia ellos. Así pues, para mí "lo erótico" es una afirmación de la fuerza vital de las mujeres, de esa energía creativa y fortalecida, cuyo conocimiento y uso estamos reclamando ahora en nuestro lenguaje, nuestra historia, nuestra danza, nuestro amor, nuestro trabajo y nuestras vidas. También es un acto pedagógico y rebelde que construye saberes desde un lugar activo, en donde educar por medio del teatro es educar para la salud, el bienestar y un buen vivir, como lo afirma Petrona Cruz de la Cruz:

Por ejemplo, en nuestra obra teatral *Crecí con el amor de mi madre*, los hombres espectadores se involucran a hacer el personaje machista representado en la puesta de escena, resulta que ellos piensan que no es lo mismo verlo que pensarlo. Se mueren de la risa como espectadores y puede ser que se rían de lo que ellos son o pueden desatar su rabia de ser machos. También, las mujeres cuando son despreciadas o maltratadas no descubren que es una violencia hacia su persona y cuando entra en el escenario quizás se da cuenta cómo es que viven en su vida cotidiana y esta experiencia les hace reflexionar y pensar sobre su forma de vivir y de ser para poderse transformar de una cultura cerrada a una vida con oportunidad de progreso y autonomía hacia su futuro (Entrevista, 2010).

La descolonialidad no es una teoría por seguir, sino un proyecto por asumir. El andar descolonial feminista, de la misma manera, es una teoría en práctica con base en las luchas sociales. La memoria, que no olvida, como puesta en escena reconstruye con intencionalidad una actividad relacional y afectiva en la que obra y espectador se organizan entre realidad y representación. La capacidad de una mirada diferenciada y diversa que procede de un lugar autobiográfico es un acto descolonial que puede concebir la relación con el otro, con las otras, con todos los demás. En la sociedad occidental se nos ha enseñado a desconfiar de este recurso, a desconfiar de este poder que surge de nuestro conocimiento más profundo y no racional. Al disfrutar de *lo erótico* en todos nuestros actos, nuestro trabajo, sexualidad, ser se convierte en una decisión consciente.

Durante la década de los años sesenta, pensadores críticos como Paulo Freire —filósofo y teórico de la educación— y Augusto Boal —actor y director conocido por el desarrollo del Teatro del Oprimido— cuestionaron el *statu quo* pedagógico del momento utilizando un fuerte enfoque anticapitalista. Método que ha formulado una teoría y práctica de un teatro democrático/popular donde el ser humano descubre que puede observarse a sí mismo y, con ese descubrimiento, empieza a inventar otra manera de comportarse. La pedagogía del teatro popular, citando a Paulo Freire y Augusto Boal, no está limitada a situaciones institucionales o escolares, sino también viene de los participantes de luchas sociales de liberación que demuestran y enseñan sus aprendizajes, desaprendizajes, reaprendizajes, reflexiones y acciones.

Por ello, un concepto que se acerca más al objetivo esencial del teatro de FOMMA es la intervención social desde el teatro que cuestiona la subordinación de las mujeres, la expropiación del cuerpo, la discriminación, el trabajo, los roles de género impuestos, las relaciones sociales y las formas de participación, tanto social como política, en el mundo. Así, repasar las diferentes formas de relacionarnos en el transcurso de nuestro trabajo teatral conlleva entender y recalcar que, desde el inicio de nuestra colaboración artística, el proceso creativo siempre implicó el aporte de cada una de nosotras, al actuar de acuerdo con nuestras ideas, sentir, espiritualidad, crianza y cultura. Este intercambio artístico diverso y transformador permitió a cada una aportar desde su trinchera un pedazo de nosotras. Por supuesto, las mujeres con tanto poder son peligrosas. De ahí que se nos enseñe a eliminar la exigencia erótica, descolonial y pedagógica de la mayoría de las áreas de nuestra vida, excepción hecha del sexo. Entonces, posibilitar y generar formas alternativas de resistir la violencia de género desde *lo espiritual* y *lo político* es el puente que nos conecta hacia una mayor equidad de género en los procesos creativos. Nuestra lucha que compartimos como mayor objetivo es la pasión por la vida en su sentido más profundo, como señala Francisca Oseguera, actriz, educadora y una de las fundadoras de FOMMA:

> La intención es de que vean de que las mujeres podemos hacer cosas diferentes. Entonces si hay gente que diga, porque mucha gente dice "esta doña Francisca se convierte en otra personaje", pero si estoy en máscara no saben quién soy, no sabes quién es; entonces para mí es muy importante darle fuerza a otras fuerzas a otras personas y decirles que se puede hacer y sin pena, sin vergüenza. Yo no me da pena, no me da vergüenza, pero es de un tiempo para acá, antes sí me daba mucha pena, mejor si eran todas las obras con máscara para que nadie me conociera, para que nadie me viera (Entrevista, 2009).

A propósito, afirma Boal en su libro *Teatro del oprimido: Teoría y práctica* (1978), el teatro es un espacio de conflicto y de enfrentamiento, pero también de diálogo y aprendizaje puesto que, en palabras de Freire: "la educación debe comenzar por la superación de la contradicción educador-educando" (1970: 79). De esta manera, el sujeto que aprende desde un lugar activo tendrá la libertad para transformar, junto con otros, las condiciones que lo ponen en el lugar del oprimido. Así, "una vez que el ser humano conozca y torne expresivo su cuerpo, estará pues habilitado para practicar formas teatrales que lo liberen de su condición pasiva, y lo transformen en sujeto de la acción: actor y protagonista, (Boal, 1978: 27). Por lo tanto, el teatro popular es una herramienta liberadora que permite, por medio de la creación colectiva, narrada, escrita y actuada, una especie de recuento autobiográfico que, de igual manera, plantea una crítica al sistema social, cultural y patriarcal en el que se ven inmersas las actrices: "Sí, mas ésa es la intención de decir: '¿pues saben qué, mujeres? no crean que sólo somos así como estamos, sino que podemos hacer cosas diferentes'. Podemos actuar de tal forma… y podemos decir las cosas, así como nos la dicen" (Oseguera, entrevista, 2009).

En efecto, los géneros considerados autobiográficos, como las cartas, los diarios íntimos o las memorias no sólo no individualizan la escritura, sino que le confieren una categoría de experiencia compartida por el resto de las mujeres. En este sentido, cabe decir que no se trata de historias de vida, sino de historias de *la* vida, donde se asume la difícil tarea de recordar acontecimientos relacionados generalmente con la violencia, de contar la historia personal y hablar de los sentimientos:

> El teatro me ha sacado muchas cosas negativas o tristezas, problemas que tengo desde niña. Entonces he sacado mucho del transcurso de cada etapa de mi vida, lo que ha pasado desde mis papás, mis abuelos, mis hermanas; de mí misma, de mi familia, de mi pareja, de mis hijos. Eso me ha dado mucha fuerza, energía para poder hacer lo que estoy y donde estoy ahora […] de hablar, de decidir, de tomar decisiones, de observar, pero positivo. Si yo no hago porque le hago mal a la compañera o porque me cae mal y lo voy a decir, mi carácter también me lo hace así de decir enfrente las cosas qué cosas buenas veo, qué cosas malas y cómo mejorarlas. Entonces es eso también que nos hace cambiar nuestra actitud. El teatro es como una terapia,

y también para el espíritu; el alma te mejora y tu visión también, no estás encerrada... se abren las puertas, se abre el panorama más grande. Y también te hace crecer, te hace pensar, te hace querer, investigar, estudiar (Espinosa, entrevista, 2012).

Al mismo tiempo, teatralizar testimonios de vida es un acto de desobediencia civil. Es decir, contar de otra manera, conforme a un propósito descolonial feminista, es aprender a contar nuestra propia historia desde un punto de vista extraño al nuestro. Contar de otra manera es también dejarse "contar por otros y otras". Entonces, lo más difícil no es contar de otra manera o dejarse contar por otros, sino contar de otra manera los acontecimientos fundadores de nuestra propia experiencia de vida, lo cual resulta todavía más difícil. Habría que poder emplear la noción de "sí mismo como otro", como afirma Francisca Oseguera: "Alonso en esa obra es lo que yo viví con mi esposo. Así me trataba, así me decía. Es difícil, pero a la vez me gusta hacerlo porque de esta manera yo demuestro cómo me trataba. No es muy agradable para mí hacerlo, pero también de esta manera yo saco lo que tengo adentro. Yo puedo imitarlo a él: las palabras, la actitud, todo lo que él hacía es lo que yo hago en esa obra" (Entrevista, 2009).

En realidad, sólo el hecho de recordar, escribir y actuar ya crea una metodología teatral fundamentada en la memoria que constituye en sí un acto que construye una dinámica relacional. Es decir, actor y espectador, ante la dinámica teatral, se encuentran en una relación afectiva creando una relación de reciprocidad que permite pensar sobre el reconocimiento de las diferencias y los modos en que habitamos el cuerpo, no obstante nuestra sexualidad. De esta manera se ilustra, desde la actuación, el debate crítico acerca de cómo los códigos de género requieren continuidad y repetición para mantenerse en el poder. Aunque las actrices dan cuenta de encuentros normativos entre hombres y mujeres, al vestirse como hombres reproducen más de una categoría de género con las cuales las mujeres puedan identificarse. La importancia está en que su trabajo teatral demuestra que la identidad nunca es estática, y que los cuerpos son atravesados por múltiples dimensiones, como identidad, género y sexualidad. Al representar otras opciones para mujeres, el teatro se convierte en una referencia inmediata a *lo político*, como se ha afirmado arriba: "Antes, por ejemplo, cuando me decían que tenía que aprender todo sólo para atender al marido, para lavar, para planchar… todavía me acuerdo que me quemaron las manos con tortillas calientes para que yo aprendiera a tortear" (Petrona, entrevista, 2013).

Foto: Grace Remington, 2012.

Para las actrices han sido múltiples los factores que han influido en sus vidas, como los conflictos religiosos, agrarios, por partidos políticos, el abuso por los *kálanes y coletos*,² además de los proyectos de desarrollo indigenista que han generado mayor desigualdad y división y el saqueo de sus recursos naturales. A propósito, parafraseando a Olivera, podría afirmar que las mujeres reproducen la cultura, pues como madres deben educar a sus hijos en el marco de un sistema de valores donde los hombres tienen privilegios, dentro y fuera de la familia y en donde, además, existe una división social del trabajo que produce una doble jornada para las mujeres al someterlas a este tipo de poder (2008). FOMMA, en su lucha social en contra de este modelo de violencia y sometimiento es una asociación civil cuyo objetivo principal es trabajar por el bienestar de las mujeres indígenas, particularmente las que son viudas, madres solteras y niñas.

En su sede se capacita a mujeres en talleres de salud, costura, panadería, alfabetización y teatro. Las mujeres integrantes y fundadoras de la asociación son: Petrona Cruz de la Cruz, Isabel Juárez Espinosa, Francisca María Oseguera, María Pérez Santiz y Victoria Patishtan. Dos de ellas, Petrona e Isabel, cuyas lenguas autóctonas son el tseltal y tzotzil, de niñas salieron cada una por su lado de sus pueblos, de Venustiano Carranza y de Zinacantán, Chiapas, para trasladarse a San Cristóbal de Las Casas. A la edad de once y quince años respectivamente, emigraron para mejorar las condiciones de vida de sus familias y de ellas mismas, dejando atrás sus comunidades. Las dos se conocieron en la organización de escritores *Sna Jtz'ibajom*, Cultura de los Indios Mayas, A. C., una de las más antiguas asociaciones civiles indígenas que trabaja sobre las tradiciones y culturas de los pueblos originarios en Chiapas. Por un tiempo trabajaron con esta organización, mayor-

---

² San Cristóbal de Las Casas, lugar donde conviven los indígenas y mestizos del cual se deriva un grupo que se autodenomina auténticos *coletos*, quienes proclaman ser herederos de la tradición española y ostentan cierto poder socioeconómico al ser dueños de comercios y tierras. Han manifestado un rechazo hacia los indios por considerarlos inferiores tanto física como culturalmente.

mente integrada por hombres, como actrices y escritoras de cuentos y obras teatrales. En aquellos años, Petrona escribió *Una mujer desesperada*, obra en la cual denuncia la violencia y el abuso sexual que enfrentan muchas mujeres zinacantecas, y de las cuales ella misma fue víctima:

> En el caso mío, nacen los textos del coraje mío, de lo que conozco, del trabajo de entrevistas que hice con otros proyectos de mujeres. Cuando llegué al teatro me puse a escribir y a sacarlo todo. Escribí *Una mujer desesperada*, subí al escenario y tomé un cambio de vida positivo. El teatro te saca lo malo y lo bueno, a mí me ha ayudado mucho (Cruz de la Cruz, entrevista, 2013).

A pesar de que ella creía que la obra tenía méritos para que la montaran los miembros de *Sna Jtz'ibajom*, los hombres se rehusaron a presentar la obra porque estaban en contra de exponer la realidad de la violencia sexual y el secuestro, afectando a las mujeres en las comunidades indígenas de la región. Sintiéndose capaces y con seguridad en sí mismas, Petrona e Isabel decidieron separarse del grupo y formar, con otras mujeres, un colectivo que utilizara el teatro como principal medio de expresión. De acuerdo con lo que señalan las integrantes de FOMMA acerca del sentido de su trabajo, podríamos decir que su teatro propone desmantelar dispositivos políticos que reproducen estereotipos de género, como se ha venido argumentando. Por ello, el teatro y la creación de sus obras les significa más que un lenguaje; es una manera de repensar sus propias vidas; un espacio donde interactuar y transitar en distintos ámbitos, entre la realidad, la creatividad y el imaginario, entre el público espectador, el escenario y los personajes que reflejan una realidad sobre la vida que enfrentan específicamente las mujeres:

> Escribimos el guion, llamamos a la directora para ensayar. Hay escenas fuertes, de palos, de maltratos. Las vivimos muy intensamente, las padecemos, la pobreza, la familia. Si nosotras nos hubiéramos quedado en la comunidad, hoy en día tendríamos muchos hijos y nada más, estaríamos atendiendo al marido y a los hijos, trabajando

la tierra si tuviéramos. Sin embargo, aquí hay oportunidades que podemos llevar adelante para otras mujeres. Salen cosas muy positivas, muy duras, lloramos y gritamos, así es como montamos las obras. Más que nada, cuando decimos las verdades, concretizamos a la audiencia sobre lo que todo ser humano padece, indígena o no indígena, de baja o de alta sociedad, llámese de alta sociedad, de alto nivel económico o niveles de estudio. Todos lo padecemos de una u otra forma y en todo el mundo. Los problemas que contamos, a veces, les damos solución ahí mismo o lo dejamos en puntos suspensivos para que la gente los analice y le busque por su cuenta una solución. Empezamos enseñando movimientos corporales, porque en las comunidades son muy tímidas a la comunicación. Con los movimientos obtenemos más confianza en el grupo, entonces ya se ríen y hablan después. Es muy importante la confianza. Las mujeres van sacando lo que tienen dentro y van confiando en las compañeras. Nosotras las indígenas no contamos nuestros problemas personales: culpable. Cuando se viene de grande a la ciudad, hay una tristeza interior que todas tienen por dejar su pueblo, la comunidad, la casa, todo. Empezar una nueva vida donde no hay nada de lo anterior, ni tierra donde labrar. Es como una terapia individual pero colectiva, para todas. A lo mejor al principio no lo notan, pero al final ven sus cambios. El teatro nos enfoca en nuestra tradición, nuestras costumbres, nuestra curación tradicional, los que curan con rezos y plantas, la casa, nuestra madre tierra que nos ayuda para el alimento, la cosmovisión, la lluvia, las fiestas de cada comunidad, la convivencia. Eso lo rescatamos en las obras con pláticas con jóvenes, mujeres y niños. Lo que queremos es que esas mujeres que vienen agachadas, temerosas, amargadas, tristes, sumisas y calladas, cuando salgan de FOMMA sean otras: alegres, dulces, con la frente en alto hablando y en particular con sabiduría y la capacidad de trabajar y progresar adelante sin ser maltratadas o humilladas (Juárez Espinosa, entrevista, 2000).

FOMMA es un punto de referencia para comprender cómo las formas contemporáneas de participación política y creativa transforman e intervienen el espacio entre actor y espectador, para poner en práctica el diálogo y la oportunidad de plantear reflexiones e ideas que busquen cambiar las condiciones que marginan y vio-

Foto: Doris Difarnecio, 2003.

lentan el cuerpo de la mujer. La memoria como estrategia teatral es un ejercicio dinámico que puede organizar procesos tanto artísticos como personales en la práctica de la ciudadanía. Recordar —*repasar, pasar de nuevo por la memoria*— provoca un posicionamiento que camina hacia la toma de decisiones; es decir, se acompaña el pensamiento desde la vivencia crítica y reflexiva sobre lo que es o no aceptable, lo que condiciona o no la vida de las mujeres. La creación y producción de una obra teatral colectiva permite a las actrices tejer e hilar relatos desde sus propios saberes y experiencias de vida, convocando así un espacio íntimo y personal. Esta práctica teatral basada en el cuerpo y la memoria desafía y cuestiona los sistemas de opresión que violentan a las mujeres como seres "inferiores" al hombre. A través de este mecanismo, FOMMA busca generar otro "lugar" desde donde poder pensar y accionar. Las obras incitan la lucha por la igualdad y la libertad desde la exigencia de un derecho que les fue arrebatado. Se puede y se logra cuestionar espacios, poderes y relaciones que fabrican regulaciones sobre quién ocupa un determinado espacio y quién queda excluido.

Las transformaciones por las que abogan las actrices cuestionan el carácter universalista, esencialista y naturalista de la condición masculina sobre la femenina. Ante un mundo que establece como "natural" la violencia de los hombres hacia las mujeres, el teatro basado en el testimonio es una acción e instrumento valioso para exponer conocimientos acerca de condiciones de vida que deben y pueden mejorar. En sus obras, las condiciones de vida que otorguen poder y autonomía a la mujer siempre son un objetivo situado, central, fruto de las experiencias de vida de cada una de las integrantes. El cuerpo como una metáfora fundamental del orden político y social, entendido como un microcosmos del cuerpo social, se convierte mediante la actuación en un acto de territorialidad que potencia la resistencia hacia normas patriarcales.

Ciertamente, gran parte del teatro ha representado históricamente la subjetividad masculina, en la que la mujer aparece como modelo, como el *otro sexuado*, que puede recrearse según la economía física masculina. FOMMA interviene en esencia esta noción sexista al crear desde el teatro un mundo en disponibilidad a quien observa con la intención de intervenir en lo que pasa. Fundamentalmente, lo que evidenciamos es un proyecto de *re-existencia*, re-sentir y re-vivir que cuestiona las actuales estructuras del poder que dominan la vida de la mujer, y que otorga voces al silencio de las mujeres más allá del lenguaje de los hombres. De esta manera, la apuesta es hacia la intuición, la creatividad, la capacidad de encontrar posibilidades en la resistencia a la violencia de género. La transformación se hace interviniendo, intercambiándose. Las obras documentan de qué manera se vive, piensa y se lucha. La memoria es un ejercicio dinámico, continuo y creativo que interviene y cambia no sólo a las actrices, sino también a su audiencia que, al verlas, se descubre viéndose a sí misma.

Mi trabajo con FOMMA inculcó en mi cuerpo un sentido de historia, territorio, comunidad. Los momentos performativos/teatrales nos permitieron a cada una de nosotras ejercitar nuestro propio campo de acción y pensamiento. Cada una de nosotras, más empoderadas, por reclamo en un rendimiento prolongado y protegido. Esta experiencia como directora teatral me lleva a preguntar, ¿cómo vamos más allá de nuestras nociones sobre género, sexualidad y raza?

Foto: Luis Aguilar, 2010.

¿Cómo resolvemos los asuntos de traducción y diversidad cultural para crear e imaginar fuertes alianzas artísticas, a través del sentido del lugar, con las formas en que concebimos y posicionamos nuestros cuerpos, almas, espíritus, subjetividades y mentes en el mundo?

En un mundo globalizado plagado de intereses políticos y violencia global y militar continua, las colaboraciones reclaman un sentido de comunidad, alianza y complicidad. Admiro a los artistas que se arriesgan en intervenciones de señalización política y que defienden su discurso artístico. A aquellas que no se esconden y que intervienen con resolución sin detenerse demasiado a considerar el riesgo de nombrar las injusticias de la violencia de género que afrontan miles de mujeres. Admiro también a quienes siguen más bien el modelo de personas que entregan meses o años de su vida a la práctica teatral de contenido testimonial en colaboración con otros y otras, y de cuya visibilidad depende la supervivencia cultural. Pero me gusta también el teatro que reta mi sensibilidad, que me hace reír de las experiencias tanto positivas como negativas inteligentemente, que reta mi constante acomodo en lo conocido y en lo confortable, y aquel que me obliga a hablar, actuar y posicionarme.

Me interesa el teatro que me anima a dialogar con sus autores, y me interesan las autoras/escritoras/activistas de FOMMA precisamente porque despliegan en su práctica teatral una inteligencia creativa, productiva y abierta. La creación escénica es el resultado de un esfuerzo, de un reto a las propias capacidades de resistencia intelectual, física o emocional. Aplaudo a las actrices que saben que esa responsabilidad de crear no puede cederse al intérprete, ni siquiera cuando las intérpretes son ellas mismas. Abordan el juego de la creación teatral con una entrega al límite de lo tolerable, como cuando se visten de hombre con el máximo rigor y la máxima seriedad, que en absoluto está en conjunto con el buen humor. Me interesan como creadoras que no se conforman con el dominio del oficio y el aplauso de la profesión, pues buscan la formulación de ideas concretas sobre realidades vividas de un modo que ningún otro artista en otro medio podría alcanzar. La reconstrucción del recuerdo se realiza mediante testimonios reales, preparados, fragmentos documentales y dramatizaciones descubiertas como tales entre las actrices.

El teatro como forma de activismo y práctica feministas descolonial significa "historias pasadas que guían hacia pensamientos y escrituras futuras unidas por una tenaz voluntad de perseguir estrategias de discurso que otorguen voces al silencio de las mujeres dentro, a través, contra, por encima, por debajo y más allá del lenguaje de los hombres" (De Lauretis, 1989: 3-37). El cuerpo como territorio, de acuerdo con lo que señalan las mujeres de FOMMA, reivindica como no eliminable el diálogo sobre la descolonialidad de un: "cuerpo y sexualidad sobrevalorados, ejes sobre los que se estructura su condición genérica y la opresión. Son los principios que las mantienen en la dependencia y son también los espacios en los cuales se funda y se desarrolla la opresión que totaliza sus vidas, como grupo social y como particulares" (Lagarde: 1993, 200). En esencia, las actrices de FOMMA al recordar —*repasar, pasar de nuevo por la memoria*—, escribir y actuar crean una identidad narrativa: la de la intriga de relato testimonial que permanece situado desde lo femenino, abierto a contar de otro modo y visibilizar la opresión y violencia de género.

Al crear un mundo en disponibilidad al otro, intervienen en lo que pasa, en lo que se vive y siente. Actuar, expresar, proyectar la voz, vestirse de hombre, cuervo, coyote, crío, luna, río, permite transformarse a partir del juego y la disciplina teatral. Desde el testimonio autobiográfico plasman su pasado como un puente hacia la construcción de un futuro desde la colaboración artística y la ternura radical. En cada acción teatral regresamos a *lo erótico*, decolonial y pedagógico, como tejido que nos dirige a abrir otros espacios y diálogo como método descolonial. Regresamos al cuerpo en cada instante como acto de territorialidad, para perseguir cambios genuinos en nuestras vidas, por ellas, por nosotras.

Bibliografía

Erdman, H., *Gendering Chiapas: Petrona de la Cruz Cruz and Isabel J. F. Juárez of la fomma (Fortaleza de la Mujer Maya/Strength of the Mayan Woman)* en R. Uno y L. Mae San Pablo (eds.), *The Color of Theatre: Race, Ethnicity and Contemporary Performance*, Londres, Athlone Press, 2002, pp. 159-170.

Butler, J., *El género en disputa: El feminismo y la subversión de la identidad*, col. Studio, México, Paidós, 2009.

Olivera, M., *Violencia feminicida en Chiapas: Razones visibles y ocultas de nuestras luchas, resistencias y rebeldías*, col. Selva Negra, México, Universidad de Ciencias y Artes de Chiapas (Unicach), 2008.

Freire, P., *Pedagogy of the oppressed*, Nueva York, The Continuum International Publishing Group Inc., 2005.

Boal, A., *Teatro del Oprimido. Teoría y Práctica*, México, Nueva Imagen, 1978.

De La Cruz Cruz, P., *Entrevista. San Cristóbal de Las Casas*, México, 2013.

Juárez Espinosa, I., *Entrevista. San Cristóbal de Las Casas*, México, 2008.

De Laurentis, T., "The Essence of the Triangle or, Taking the Risk of Essentialism Seriously: Feminist Theory in Italy, the us and Brittain", *Differences* 1,1 (1989), pp. 3-37.

AUDRE, L., "Uses of the Erotic: The erotic as Power" en *Sister Outsider: Essays and Speeches*, CA, Crossing Press, 1984, pp. 53-59.
DELIVERED at the Fourth Berkshire Conference on the History of Women at Mount Holyoke College on August 25, 1978. (Published first as a pamphlet by Out & Out Books and later by Kore Press.)
Gender Trouble: Feminism and the Subversion of Identity, New York, Routledge, 1990.
MIGNOLO, W., "Epistemic Disobedience, Independent Thought, and De-colonial Freedom", *Theory, Culture & Society* 26, 7-8 (2009), pp. 1-23.
TAYLOR, D., "Hacia una definición de *performance*" en P. VIGNOLO, *Ciudadanías en escena: performance y derechos culturales en Colombia*, Bogotá, La Cátedra Manuel Ancizar, 2008, pp. 29-37.
TAYLOR, D. y M. FUENTES (eds.), *Estudios avanzados de performance*, México, Fondo de Cultura Económica (FCE), 2011.
GRUPO DE MUJERES MAYAS KAQLA, *La palabra y el sentir de las Mujeres Mayas de Kaqla*, Guatemala, Hivos, Tikal III, 2004.
HERNÁNDEZ, R. A., *Etnografías e historias de resistencia. Mujeres indígenas, procesos organizativos y nuevas identidades políticas*, México, Universidad Nacional Autónoma de México (UNAM) - Publicaciones de la Casa Chata, 2008.
SPIVAK, G., "Subaltern studies. Deconstructing Historiography" en R. GUHA (ed.), *Subaltern Studies IV. Wrtings on South Asian History and Society*, Delhi, Oxford University Press. Traducción de Ana Rebeca Prada y Silvia Rivera Cusicanqui (1985).

Fotografías

Grace Remington, Luis Aguilar, Doris Difarnecio, Archivo original de FOMMA.

Un largo beso de despedida.
Una lectura de la *blanquitud* en tres novelas colombianas[1]

María Teresa Garzón Martínez[2]

Habitar la pregunta

"—De los españoles", fue la respuesta contundente que me dio la abuelita Ceci cuando le pregunté de dónde venía nuestra familia. Para ella no existe asomo de duda en que la genealogía familiar, su linaje, comienza en algún lugar al otro lado del Atlántico. Por lo tanto, es imposible cuestionar su blanquitud, y por extensión, la mía. Entonces, como una narradora de historias que soy, decidí hace un tiempo hacer de mi carne una pregunta de investigación y alimentarla, sobre todo, con las historias de mis dos abuelas, los libros que me gustan y las teorías que construyo desde un posicionamiento feminista descolonial que exige de mí un desaprender profundo, un escuchar con humildad y una sospecha constante. En ese sentido, he apostado por habitar la pregunta y, tal vez así, desenredar los hilos que construyen el mundo simbólico y el sentido común que da sustento a nuestra experiencia de colonialidad en tanto mujeres, para contar otras historias

---

[1] La presente reflexión se desprende de mi tesis doctoral titulada *Un olvidado racismo. Blanquitud en la literatura escrita por mujeres en Colombia, siglo XX*, dirigida por la Dra. Elionor Bartra, presentada en la Universidad Autónoma Metropolitana (UAM), unidad Xochimilco, y financiada gracias a una beca concedida por Conacyt.

[2] Fundadora del Comando Colibrí y coordinadora del Comando Colibrí Lacandona, miembra del Grupo Latinoamericano de Estudios, Formación y Acción Feminista (Glefas) e investigadora del Centro de Estudios Superiores de México y Centroamérica (CESMECA-Unicach), donde coordina la Cátedra en Estudios Feministas Mercedes Olivera. Crítica literaria, especialista en Estudios culturales, magíster en Estudios culturales, magíster en Estudios feministas y doctora en Ciencias sociales. [maria.garzon@unicach.mx]

sobre aquello que pareciera no verse, no tener un lugar de enunciación ni una historia, ni un cuerpo que hable de sí mismo: la *blanquitud* (Castro-Gómez, 2005; Haraway, 1994; Quijano, 2000).

A continuación, propongo una lectura de este concepto por medio del análisis de tres novelas colombianas escritas por mujeres en el siglo XX: *Bogotá de las nubes* (Elisa Mújica, 1984), *En diciembre llegaban las brisas* (Marvel Moreno, 1987) y *¡No give up, maan! ¡No te rindas!* (Hazel Robinson Abrahams, 2010). En estos universos narrativos la blanquitud es considerada motor fundamental de las historias narradas y sustento biopolítico de la organización socio-racial moderno colonial que se representa allí. En lo particular, elijo seguir las historias de Mirza, Catalina y Elizabeth, las protagonistas de estas tres novelas, para exponer cómo se construye la blanquitud, cómo se desconstruye y cómo se reconstruye en sus ficciones.

BLANQUITUD: UNA DEFINICIÓN TRANSITORIA

La *blanquitud*, en Colombia, se remite en sus orígenes al discurso sobre la "limpieza de sangre", el cual operó en el siglo XVI como primer esquema de clasificación de la población mundial, pese a que el mismo no surgió en aquella época, sino que se gestó durante la Edad media cristiana (Castro-Gómez, 2005). Luego, esta idea se traslada a España para dar fundamento a los llamados "Estatutos de limpieza de sangre", instaurados por el Consejo de Toledo, en 1449, con miras a trazar una frontera entre los "cristianos viejos" y los judíos conversos y moros. Tales estatutos prohibían el acceso de los conversos a colegios mayores, órdenes militares y monasterios. Para acceder a tales instituciones, los candidatos debían someterse a la "prueba de sangre", en la cual era menester certificar el árbol genealógico de la familia y experimentar un intenso interrogatorio con el fin de eliminar toda sospecha de "mancha" o "sangre judía" (Böttcher *et al.*, 2011). Aquí, la "limpieza de sangre" está relacionada con la noción de linaje, pero cuando este discurso llega a América, las cosas cambian.

Ciertamente, en tierras americanas, la "limpieza de sangre" fue una estrategia de colonos, terratenientes y encomenderos criollos para diferenciarse y trazar fronteras con ciertos grupos poblacionales que eran tenidos como inferiores racialmente:

> Para lograr esto, los criollos se apropian de los estatutos de limpieza de sangre a los que hacíamos mención antes, pero sometiéndolos a una transformación muy importante. Aquí no se trataba ya de trazar una frontera religiosa entre los cristianos viejos y los moros o judíos, sino una frontera étnica entre los criollos y los indios, negros y mestizos, a los que se denominaba despectivamente "castas de la tierra". El punto clave es el hecho de que los miembros de los clanes familiares empiezan a escenificarse ya no como "cristianos viejos" —como ocurría en España— sino como "blancos". No sobra insistir aquí que *lo blanco* nada tiene que ver aquí con el color de la piel sino con la limpieza de sangre. Es blanco quien logra probar que desciende directamente de los primeros pobladores españoles (Castro-Gómez, 2014: 7-8).

En Colombia, para la época colonial, la "limpieza de sangre" era una aspiración internalizada por muchos sectores de la sociedad, y actuaba como eje alrededor del cual se construía la subjetividad de los actores sociales. Así lo expresa Zandra Pedraza Gómez:

> El principio de ordenamiento social y discriminación al que se le reconoció mayor injerencia en los siglos XVII y XVIII en la Nueva Granada es al de pureza de sangre. Tras un proceso de mestizaje ocurrido a lo largo de los primeros siglos de la Colonia, la situación en el siglo XVII mostraba en la Nueva Granada un porcentaje de mestizaje del 80%. Es difícil traducir este proceso de miscegenación en imágenes concretas acerca del aspecto de la población. Para ello se produjeron en el siglo XVIII los cuadros de castas en los que se establecía una sutil progresión de diferencias. Lo poco que estas pequeñas diferencias podían efectivamente revelar en el aspecto de las personas, fue sin duda motivo de tantos pleitos entablados con el propósito de demostrar la consabida pureza de sangre. Lo más so-

bresaliente de las exposiciones hechas en tales litigios es que distaban de ser contundentes, es decir, que lo que iba de un mestizo a un castizo o de un cambujo a un zambaigo, aparte de identificarse como tipo de sangre y de localizar al individuo en la correspondiente escala, no tenía un inconfundible correlato fisionómico (2010, 64).

En efecto, ser blanco en nuestro contexto colonial era principalmente la escenificación personal de un imaginario cultural que incluía creencias religiosas, títulos nobiliarios, vestimentas, formas de cortesía, formas de producir conocimiento. No obstante, siguiendo a Bolívar Echeverría (2010), esa blanquitud empezó a requerir una base corporal, una apariencia, donde cualidades como el color de ojos, piel o tipo de cabello empiezan a importar. Evidentemente, sólo es en América que la blancura deja de ser sólo una cuestión genealógica, para transferirse a las "calidades" y al cuerpo:

> De esta suerte, adentrado ya el siglo xviii, las prácticas de la limpieza de sangre en las américas dejaron de ser, por lo menos en un primer plano, la obsesiva búsqueda de un antepasado judío o musulmán. En otros términos, la supuesta impureza judía o musulmana, palpable solamente a partir de la memoria y de las categorías genealógicas, se transformó en color de la piel y se articuló a la calidad de las personas. Fue así como negros, mulatos, zambos, tercerones, cuarterones, etc., se convirtieron en nuevos objetos de exclusión, subordinación y menoscabo en el sistema de valores de la limpieza de sangre. De ahí que el "blanqueamiento", esto es la búsqueda de un mejor estatus mediante casamientos con personas "más blancas", se convirtió en un eje paradigmático de conducta con el fin de evitar la impureza del color o del linaje (Böttcher *et al.*: 2011: 13).

Más adelante, el discurso de "limpieza de sangre" se actualiza en las nacientes repúblicas del siglo xix y en los Estados de bienestar del siglo xx, pero ahora basado en argumentos de tipo eugenésico. En efecto, frente a la consolidación de la identidad nacional y los emergentes procesos de modernización, en el año de 1920 se llevaron a cabo en Bogotá las conferencias sobre la raza, que reunieron a lo más selecto de los intelectuales del país para responder a la inquietud del médico Miguel Jiménez López sobre la "degeneración" de la raza colombiana. Dicho médico pensaba que la única solución era traer razas fuertes al país desde Europa y producir una especie de "guerra de razas" (Foucault, 1992), en la cual las más débiles terminarían por desaparecer y lo blanco se impondría.

Ahora bien, la blanquitud funciona de forma diferenciada según los sexos. Como lo han expresado diferentes autoras para el caso de África y América, en los contextos coloniales dados después del siglo XVI, las mujeres fueron "creadas" desde una perspectiva imperial que dividió sus cuerpos entre los ontológicamente valiosos y los que no (Stoller, 1995; Lugones, 2008). Las mujeres nativas de Abya Yala, por ejemplo, junto con las negras esclavizadas, fueron vistas como animales de carga, mano de obra en el sentido más esencial, por lo tanto, y aunque cumplían funciones como la maternidad o la prostitución, no fueron representadas como mujeres, sino como menos que animales. Por su parte, las mujeres que llegaron con la ocupación fueron re-creadas como mujeres siempre y cuando cumplieran dos funciones: guardar el orden moral y dar crías blancas. A esta división ontológica entre cuerpos investidos de humanidad y otros que no lo están por razón de raza y sexo, sus efectos y las herencias que nos ha dejado es a lo que denomino, siguiendo a María Lugones (2008), *colonialidad de género* y es esta colonialidad la que funciona como condición de posibilidad para la blanquitud.

En los universos narrativos de las novelas que analizo la articulación entre blanquitud y colonialidad de género se puede observar a través de tres de los varios hilos que componen este entramado complejo: cuerpo, "tráfico de mujeres" y mestizaje. Veamos en detalle.

Mirza: Al fin y al cabo, no se trató de una derrota

En su tercera novela, *Bogotá de las nubes* (1984), la escritora Elisa Mújica (Bucaramanga, 1918-2003) presenta la historia de Mirza Eslava: una niña inmigrante que llega a la Bogotá en busca de una vida mejor. A través de esta historia, *Bogotá de las nubes* constituye un testimonio de cómo se da el proceso de modernización de la ciudad, la cual pasa de ser una "villa de tercera categoría" a una metrópolis. Pero hay más, la novela es también una historia que narra cómo cierto reducto de la sociedad —hijos de los criollos ilustrados de antaño— se resisten a aceptar los procesos de modernización y a las nuevas vecinas que vienen con ellos, de orígenes inciertos, de costumbres extrañas y de pieles de color:

> no en vano los bogotanos eran los descendientes de don Gonzalo, el abogado que, el día de la fundación de Bogotá, al tiempo que retaba a singular combate al forajido que se atreviese a oponerse, debió redactar furtivamente un pacto con los genios tutelares de aquellas soledades, como si les dijera: "Acepto para mi capital este paisaje tiritante, con sus grises y sus sepias, sus líquenes y sus musgos y ramas azotadas, en vez de otro más benigno, en tierra templada, a cambio de que mis herederos, los hombres de incisos y parágrafos, trucos y dilaciones, chanchullos y comprendas, detenten perpetuamente el mando, no se dejen barrer por la gente de otros lares (Mújica, 1984: 27).

Frente a la gran masa de inmigrantes y ante el poco ensanchamiento del espacio público que obligaba los criollos y a los inmigrantes a vivir en los mismos barrios, desde los años veinte del siglo XX, las fórmulas de distinción se refuerzan para dejar en claro quién es quién, lo cual permite imaginar una élite bogotana en sintonía directa con un origen hispano, en diálogo entre iguales con Europa y sentando hondas diferencias con el resto de la población. Estas fórmulas de distinción usan la práctica de la urbanidad pensada como disciplina corporal y código urbano (Muñiz, 2010), con miras a (r)establecer la blanquitud como diferencia entre razas, estratos económicos, sexos y linajes; en suma, como un capital cultural que ha sido obtenido por herencia, según la acumulación de educación del tronco familiar y que hace de cada acto corporal un acto de supremo refinamiento y mayor inteligencia.

Así pues, habitar una ciudad que se imagina blanca no es cuestión de transitar la calle, sino de comprender, asumir y encarnar sus códigos urbanos haciendo parecer como "naturales" para cerrar filas. Ciertamente, como Isaac Joseph lo indica:

> Habría que decir entonces que una ciudad sólo adquiere toda su verdad en la medida en que gravita alrededor de una sociedad relativamente inaccesible, una sociedad que retrocede en relación con el espacio de lo vulgar, una sociedad que está en la cima de las cascadas de los ejemplos, como diría Tarde. La urbanidad sería pues la ciudad antes de la ciudad, por encima de la ciudad, la ciudad superior y paradigma de la ciudad (2000: 28).

No obstante, las dificultades para insertarse de manera exitosa en una Bogotá de las nubes blindada, los padres de Mirza Eslava abandonan el fundo rural con la esperanza de hacerse a un lugar de distinción en la capital. Ahora bien, mientras el padre y la madre de Mirza están convencidos del éxito de su empresa, Mirza, la pequeña niña, es consciente de su fracaso. Ella intuye que algo no va a salir bien o, por lo menos, no para ella. Desde su llegada a la ciudad, la niña experimenta una sensación de extrañamiento pues, a causa de su ignorancia respecto a los códigos urbanos y al no tener otro referente que su vida anterior en el pueblo, ciertas prácticas le parecen indescifrables. Por ejemplo, cuando escucha a las "amigas de su tía Soledad y de doña Isidora llamarse 'mis queridas', 'mis reinas', 'amorcitos'", considera que aquellas son "fórmulas impracticables en el pueblo natal, en caso de dirigirse a personas mayores del mismo sexo" (Mújica, 1984: 16). Y esto es fundamental, porque mientras padre y madre mueren de forma temprana, la que sobrevive es Mirza y, de esta forma, es ella la que debe aprender a habitar Bogotá como una "bogotana legítima" lo haría.

Ese aprendizaje, en el caso de la pequeña Mirza, está mediado por el aprendizaje de la urbanidad, la cual impone ciertas disciplinas corporales como expresión de "buenas costumbres". Pero Mirza no logra entender los códigos y sus implicaciones y, frente a este desafío, fracasa siempre. Dicho fracaso se puede observar en tres escenas de su infancia que marcaran de manera irrefutable su vida toda.

Primera escena: Mirza se sobreactúa. Su primer error tiene que ver con uno de los pilares de la urbanidad en la ciudad: el vestido. Y es que una "bogotana legítima" no olvida ciertos usos normativos de las prendas de vestir. En el caso de Mirza, tal afirmación no se aplica en toda su dimensión, en tanto ella no participa del intercambio comercial que la moda supone, pues su madre continúa con el hábito del medio rural de coser los vestidos a su hija, lo cual lleva a Mirza a siempre vestir como "loba". "Loba" es una designación para calificar negativamente a una mujer que se considera inferior en términos de clase y, en consecuencia, falta de elegancia. Pero, realmente, la sobreactuación de Mirza se da en el contexto de la escuela. Para el día especial de entrega de calificaciones, las estudiantes se engalanan con sus mejores prendas o lucen los elegantes abrigos de las madres reducidos a sus dimensiones. No obstante, en el caso de Mirza, "el día que estrena para ir al colegio la obra maestra de doña Mónica, el vestido solferino bordado de mostacilla, reducidas sus proporciones a las suyas, lo que espera al entrar en el salón, desde la tarima que domina Sor Matilde, es la mirada burlona de la profesora" (Mújica, 1984: 38). A Mirza no le queda más que la vergüenza.

Sin embargo, Mirza no se da por vencida. Segunda escena. Mirza representa el papel equivocado. Un día, en el patio de la escuela, sucede lo impensable. La niña Gala Urbina, una niña que pertenece a la élite colonial, invita a Mirza a jugar con ella. Mirza, sin pizca de duda, acepta. Esta amistad trae sorprendentes ventajas a la vida de la Mirza, pues con ella gana el respeto, la aleja de la situación de soledad en que comúnmente se encuentra y, sobre todo, puede ver de cerca la vida de la élite cuando es invitada a la casa de la otra mejor amiga de Gala Urbina: Natalia Colmenares. En la novela, la visita que Mirza y Gala hacen a Natalia Colmenares expone su lugar en el tejido social y en la ciudad y que sus intentos por imitarla y sus deseos de llegar a ser como ella están llamados al fracaso:

> Con el vestido nuevo y recién embetunados los zapatos de uso diario, todavía quedaba sin resolver la cuestión del sombrero, del cual no podía prescindir en esa época ni siquiera una niña. Ponerse

en la cabeza un modelo debía ser como adquirir un prestigio concluyente e inusitado. Claro que las pastoras se confeccionaban para que las lucieran las damitas de honor en las fiestas de matrimonio. Llevarlas en otra oportunidad, a pie y no en coche, por la calle, resultaba sencillamente ridículo. Por fortuna madre e hija lo ignoraban, detalle que les permitía seguir orondas (Mújica, 1984: 87).

Tercera escena. Mirza olvida el libreto. Según avanza la novela, se observa que todos los intentos por ocultar aquel defecto físico que la traumatiza, avergüenza, incomoda y estigmatiza como la "lunareja" son en vano: "se sentía inferior y excluida, y nunca dejaba de estar consciente de su lunar en la cara. En *Bogotá de las nubes* [...] se la menciona siempre como la 'lunareja' o 'la calentanita', dos calificativos que la marcan como excluida, limitada e incapaz" (Berg, 1995: 223). El lunar en el rostro de Mirza no es un dato menor. En su niñez representa estigma; en su madurez fatalidad, en su vejez enfermedad y muerte. Y aunque pretenda una y otra vez "hacerse pasar", su lunar está ahí para recordarle su fracaso, pues su supuesta blanquitud se ve manchada por ese lunar que le recuerda siempre quién y cuál es su lugar en la ciudad. Para colmo, antes de morir, la madre de Mirza le hereda un morrocoy de plata, la última joya de valor que le quedaba. El morrocoy es una figura misteriosa y aterradora, pues es símbolo de la no "limpieza de sangre" de Mirza, de un linaje manchado: una blanquitud doblemente negada.

En efecto, el morrocoy, en la novela, es uno de los símbolos que utiliza Elisa Mújica para hablar de las genealogías de las mujeres. En ese sentido, el morrocoy ha saltado de mujer a mujer, generación tras generación. Por esta vía, es posible darse cuenta de que, en la sangre de estas mujeres —y en la de la misma Mirza— corre una cepa negra que les viene de Ondina del Lago, una tía abuela de la "lunareja" que se crió entre esclavos y que, posiblemente, parió una niña mestiza hija del brujo Cuscopa: "La otra se daba a conocer únicamente en las haciendas que la familia poseía en el Chocó, donde Ondina se mezclaba con los negros y bailaba con ellos. Antes de que el capataz pesara el oro lo pulseaba ella misma. Allá todo se reducía al metal amarillo, a los guacamayos, las flores enormes y rojas y las serpientes venenosas. Y al brujo Cuscopa" (Mújica, 1984: 74).

En este universo narrativo de una ciudad que aún es una "villa colonial", un cuerpo blanco de mujer es garante de la reproducción racial y social de la blanquitud, pues se considera que "eso" que hace valioso a este cuerpo es natural, se hereda y se pone en escena a través de la urbanidad, con el fin de distinguir quién es quién. Aquí saber "actuar" la blanquitud, interpretar de manera correcta sus códigos es una puesta en escena que no todos pueden representar, pues sólo algunos tienen las herramientas para entender el libreto. Mirza no las tiene, por lo que jamás pudo entender los códigos de la ciudad. Y sin embargo, de algún modo, no se trató de una derrota. Sí, Mirza fracasa, pero sobrevive sin entregarse. Ella guarda la esperanza de un mejor vivir. Y en ese movimiento hace suya la ciudad. Mientras tanto, y según pasa el tiempo, la ciudad crece, se desborda, no cabe en los ojos de quien la recuerda en su banco de iglesia, en una vieja casa del barrio la Candelaria o, como un fantasma, recorriendo sus calles. Llega a tener con sus rascacielos otras angustias, con sus avenidas otros destinos.

Catalina: Resplandor asesino y sosegado

Marvel Moreno (Barranquilla, 1939-1995), en su primera novela —*En diciembre llegaban las brisas* (1987)—, cuenta la vida de varias mujeres blancas de élite, empezando por las abuelas y terminando con las nietas, en la ciudad de Barranquilla, en los años cuarenta y cincuenta del siglo XX; aunque la narración no es lineal, sino que se mueve entre el pasado, el presente y el futuro que son los años sesenta. La apuesta en ese universo literario dolorosamente clasista, misógino y racista: casar a las hijas con el mejor "partido" en pro de perpetuar la blanquitud o blanquearse mediante un tráfico de mujeres consagrado en el matrimonio, es decir, a través de contratos matrimoniales y el establecimiento de relaciones de parentesco donde la condición sea, justamente, la herencia de la "limpieza de sangre", sin importar que ello destruya los sueños de niñas de las protagonistas y su identidad como adultas. En efecto, aquí el cuerpo no es suficiente, como no es suficiente actuar los códigos de la blanquitud, ya que ésta siempre se puede manchar. Por ello es preciso "cerrar filas", para garantizar un orden estricto de parentesco en condiciones de heteronormatividad y domesticidad:

> Su misión única era la de procrear y conceder el cuidado de los hijos a las "criadas", en medio de una vida rodeada de simpleza, donde los principios legítimos del ser humano no se conocían, por tanto, menos se trataban. La vida romántica para ellas existía en los sueños de la adolescencia; ésta terminaba al contraer matrimonio, que se convertía en un infierno por el comportamiento "moral" del hombre, también por muchas causas confundido, que no sabía amarlas. El fulgor de la esperanza y del corazón de las niñas se les volvía tenue y nublado como adultas casadas, vulnerables e inestables (Boekhoudt de Marenco, en red).

La segunda parte de la novela narra la historia de Catalina. Sin embargo, no se puede hablar de Catalina sin hablar de su madre: Divina Arriaga. Divina Arriaga no tiene nada que disputar. Duodécima hija de un matrimonio de millonarios, cuyos herederos habían muerto antes de cumplir un año (tal vez por el clima "endemoniado" de Barranquilla), Divina sobrevive para crecer en Europa, junto a una institutriz, antropóloga de profesión, que la llevó a viajar por todo el mundo "civilizado". A los veinticuatro años, Divina Arriaga arriba a Barranquilla. Divina es la mirada del colonizador. Trae el asombrado desdén de los primeros conquistadores y un ojo antropológico, pero ninguna cruz en la mano. En la ciudad, Divina Arriaga se transforma en agente de "civilización" y modelo a seguir: la copian hasta en el más mínimo detalle. Un buen día, después de convertir a la conservadora Barranquilla en una Sodoma, Diva toma un barco y se va sin despedirse de nadie. Veinte años después de fascinar a la ciudad con su simple presencia, Divina Arriaga regresa a la ciudad, con una niña y un ataúd:

Ella había llegado a la ciudad de diez años ya cumplidos, balbuceando apenas el español y su madre, Divina Arriaga, la hizo registrar como colombiana nacida en Saint-Malo el 21 de agosto de 1937, hija legítima de un tal Stanislas Czartoryski, sin suministrar ningún papel o documento capaz de confirmarlo porque la alcaldía donde se encontraban había ardido bajo el bombardeo de los aviones aliados. La gente supo que Divina Arriaga había vuelto a Barranquilla acompañada de una niña que era su vivo retrato y cuyo apellido resultaba imposible de pronunciar. Supo también que había tomado posesión de la antigua quinta de sus padres invirtiendo a cuentagotas el dinero necesario para sacarla del abandono que lentamente la carcomía, pero sin recibir visitas ni aceptar invitaciones ni iniciar de modo alguno aquel fabuloso tren de vida que veinte años antes había maravillado a la ciudad. Entonces se habló de ruina. Con júbilo. Con alivio (Moreno, 1987: 104).

Nadie puede imitar a Catalina o parecerse a ella. Catalina es única. De luminosos ojos verdes, cabello color ébano y piel rosada como el interior de los caracoles de mar, Catalina es objeto de deseo, de desprecio y de desespero. Hija de un aristócrata polonés, su "limpieza de sangre" no está en cuestión. Lo único que está en entredicho aquí es su "decencia": ¿será ella la verdadera copia de su madre? Ahora bien, Catalina también enloqueció a la gente como lo hizo su madre alguna vez. Fue en la época en que la invitaron a ser candidata para el reinado del periodismo. Un día, los miembros del Country Club, el lugar de reunión de la élite, prepararon un agasajo en su honor. Vestida con su mejor gala, Catalina hizo su entrada triunfal al salón del club. Los hombres empiezan a aplaudir, se ponen de pie y aclaman a Catalina, pero esa visión no es propiamente la de Catalina, sino la de Divina Arriaga. Entonces, una mujer lanza un tomate contra su vestido inmaculado. Luego le pega una cebolla, luego otro tomate y uno más y otro más. Los gritos de admiración se ven ahogados por el abucheo. Otra mujer la empuja y le rompe el collar de perlas. Otra le hala los cabellos y le deshace el peinado. Catalina está absorta, no sabe qué hacer ni cómo escapar.

Como una salvación divina, alguien abraza a Catalina y la lleva hasta la puerta, le limpia las lágrimas y la conduce de regreso a casa. Su nombre: Álvaro Espinoza. Siquiatra de renombre, estudiante destacado de jesuitas e hijo de un conservador, Álvaro pasó su infancia en Cartagena alimentándose de una empleada negra y reprimiendo su deseo homosexual. Sabía que estaba llamado a perpetuar aquella "raza" de los hombres que llegaron no a conquistar, sino a gobernar. No obstante, su abuelo paterno tuvo la imprudencia de desposar a una mulata. A su vez, la mulata tuvo la imprudencia de quedar embarazada de un aventurero holandés. Por lo tanto, el padre de Álvaro Espinoza tenía un hermano de leche "no del todo blanco". Álvaro está obsesionado con Catalina, su belleza fue la excusa, pero él quería más: dinero, estatus, distinción.

Catalina, como la perfecta blanca, se transforma en un "don", pues a través de ella podrá acceder a relaciones de parentesco que garantizan un linaje, una sangre, una decencia, una apariencia y unos derechos diferenciados y, sobre todo, se podrá garantizar una descendencia que borre las "manchas de sangre" por medio del blanqueamiento (Rubin, 1978). Ciertamente, el matrimonio implica parentesco, y el parentesco, para este universo narrativo, es la única forma de acceder, producir y reproducir el orden sociorracial (en tanto es una alianza que tiene el poder de blanquear). Sin embargo, Álvaro Espinoza no contempló que Catalina, por definición, es la antítesis de la mujer que en buena lógica le convenía: "Una esposa poco inteligente, bien acostumbrada a someterse a los otros, habría aceptado vivir a su lado como una sombra. Catalina no: ignoraba el respeto y con habilidad de culebra de agua había eludido siempre la autoridad" (Moreno, 1987: 146). En silencio y de forma sistemática, Catalina tejió la red de la perdición de su esposo y la deconstrucción de la blanquitud.

En algún momento, Catalina decide pasar una temporada en Montería, ciudad cercana a Barranquilla. En esa excursión conoce a un indio de ojos dorados, indómito y salvaje, casi desnudo, que no rendía pleitesía a la civilización blanca que destruyó a la suya. Si Divina Arriaga es la conquistadora que libera, este indio sin nombre es el conquistado que resiste. El indio es un personaje representado desde el estereotipo, por eso no tiene nombre, no se le otorga singularidad. Como capataz de la hacienda donde descansa Catalina, es símbolo de mando, de autoridad, de masculinidad, pero también, en las noches, cuando huye al monte, es símbolo del deseo mismo, de lo que fluye y se hace uno con el paisaje. Conoce su tierra, habla con los animales. Catalina, a sabiendas de que es algo imposible, configura al indio como su fetiche, rompe el tabú del mestizaje, rompe con la monogamia y queda embarazada. En este momento, Catalina se vuelve una traidora, pues echa a perder la historia inmaculada de su propio linaje. Empero, Catalina hace objeto de su repudio al indio, pues también representa una masculinidad que es similar a la de su propio marido y con la misma pasión con que se enamora, lo abandona.

Catalina regresa a su hogar y hace el mejor descubrimiento que una mujer "ilustrada" puede hacer: la biblioteca de Divina Arriaga. Con la lectura, Catalina pasa de ser un ama de casa, con el bachillerato terminado, para asumirse como investigadora y estratega. Catalina encuentra a Henk, el hermano de leche del padre de Álvaro y lo persuade de visitar la ciudad. También invita a María Fernanda Valenzuela, una joven de buena familia de Cali, lesbiana masculina, que se prostituye como venganza hacia su familia. Catalina, además, compra un arma de fuego, con la excusa del miedo a los asaltantes. Y como detalle final, provee a su esposo de botellas de whisky, que reemplaza una tras otra, patrocinando su alcoholismo. Todo este cuadro lleva a la perdición a Álvaro. No tolera la presencia de Henk, su pariente blanco nacido de vientre oscuro; no tolera la presencia de María Fernanda Valenzuela, pues su aspecto de niño joven despierta su deseo homosexual y no tolera a su hija Aurora por mestiza. Aquí es importante subrayar que la: "homosexualidad [siempre reprimida por Álvaro] y mestizaje [el fruto de la aventura de Catalina con el indio, su hija Aurora] convergen como el exterior constitutivo de una heterosexualidad normativa que es, a la vez, la regulación de una reproducción racialmente pura" (Butler, 2002: 242).

En medio de una locura desmedida, con delirios de persecución, sabiendo que su apuesta por el blanqueamiento ha fracasado, Álvaro Espinoza se suicida con el arma que había comprado Catalina y que, "accidentalmente", había dejado sobre una mesa. Catalina, junto a su hija Aurora, y como alguna vez lo hizo Divina

Arriaga, abandona la ciudad en silencio para radicarse en el exilio y jamás volver.

En la Barranquilla de las brisas lo que hace a una blanca una blanca, Marvel Moreno lo demuestra, es su construcción como blanca en forma de "don", para ser intercambiada en ese sistema siempre inestable. Aquí, otro factor de gran impacto entra en escena. La blanquitud tiene que vérselas con el hecho corporal de las mezclas que pueden ir, en la pirámide racial, en ascenso como en descenso. Ello conlleva que una mujer blanca puede "blanquear", pero ella también se puede "oscurecer". Aurora, hija de Catalina, nieta de Divina, es una blanca oscurecida y, por lo mismo, en ella se presagia otro destino. En efecto, muchos años después, Lina, la voz narradora de la novela, estando en su exilio en París, guarda la imagen de Catalina envejeciendo con el corazón tranquilo después de haber comprendido que la lucha que debió emprender contra el mundo para defender su integridad había sido la travesía de un desierto. En cambio, a Aurora, Lina nunca la pudo imaginar, hasta aquel día en que, ya enferma, la viera retratada en la carátula de una lujosa revista, en París: "durante un segundo creyó encontrarse frente a la imagen de Divina Arriaga, su belleza indescriptible; luego, entre la bruma de la fiebre y sonriendo por primera vez después de mucho tiempo, descubrió que en los ojos amarillos de aquel retrato brillaba un resplandor asesino, asesino y sosegado" (Moreno, 1878: 158).

Elizabeth: La renuncia a lo irrenunciable

La primera novela de la escritora sanandresana Hazel Robinson Abrahams, *¡No give up, maan! ¡No te rindas!* (2002/2010), narra la historia de amor entre un mulato y una inglesa blanca, a mediados del siglo XIX, en el archipiélago de San Andrés, cuando fue abolida la esclavitud en Colombia. La novela:

> Narra una historia de amor que trasciende el plano individual para volverse *símbolo del mestizaje como camino y representación colectiva de una región*. Por ello ha sido considerada por la crítica como una novela

fundacional. Cuenta historias a la manera clásica, siguiendo un orden lineal con narrador omnisciente y una preocupación: no dejar que el interés del lector decaiga. El mismo título de la novela es una expresión que condensa la actitud de resistencia de los raizales: "¡No give up! ¡No te rindas!" (Banco de la República, en red. El subrayado es mío).

En efecto, la novela expone la actualización de un discurso decimonónico colombiano donde el mestizaje es útil como un tropo de la nación, pero nunca como un ideal para los cuerpos, aunque termine por implicarlos. Después de todo:

> Lo que los pueblos originarios de América y el esclavo africano estaban en capacidad de aportar a la fusión no era, de acuerdo con esta ideología, del mismo valor que lo que estaba en capacidad de aportar la herencia europea. En el imaginario de las clases dominantes e intelectuales, América y África nunca fueron algo más que paisaje exuberante a ser explotado por la razón. Tierra baldía, desierto, territorio amplio, abierto y disponible para la mano civilizadora, fue el icono que construyó en Argentina la ideología independentista dominante. El dilema al que se enfrentó la razón nacionalista fue al de civilización o barbarie, donde siempre fue claro qué lugar ocupaba cada herencia, y con ello, cada grupo que la componía. Si para la ideología del mestizaje Latinoamérica fue vista como lugar de nacimiento de una nueva raza fusión de otras, nunca dejó al mismo tiempo de proclamar la necesaria preponderancia de los aportes europeos, considerados como superiores en muchos aspectos. Para esta ideología el mestizaje no fue más que el medio para lograr la superación de la barbarie heredada de los pueblos originarios y africanos, y nunca fue puesto en duda que el proyecto occidental europeo era la única vía posible para hacer de los nuevos estados-nación proyectos viables (Espinosa, en red).

En ¡*No give up, maan!*, el nudo narrativo se da cuando el huracán hunde una goleta y hay una sobreviviente: Elizabeth Mayson. Elizabeth es la "niña ángel", la criatura más bella de toda la isla. Extranjera rica y migrante-colonizadora de Inglaterra que, venida de Europa, no quiere regresar a ella, como el propio huracán, turbia el orden de la isla con su belleza, su libertad y con sus opiniones. Al no aceptar ni la esclavitud ni la discriminación por el color de piel, al criticar la doble moral y su falta de caridad y tolerancia, decide permanecer en la isla, en busca de una vida mejor. Elizabeth empieza a ser visible y deseada, bajo la luz del progreso, cuando se descubre en ella la posibilidad de la maternidad. La cuestión biopolitica es sencilla: ¿Y si se puebla a la isla con una mujer joven, blanca y hermosa? En suma, mientras se aguarda por la cosecha de cocos se puede repoblar la isla no con gente que ha llegado, sino con personas que han nacido allí. Lo que no sólo garantiza la blanquitud de la población de élite, sino la posibilidad de ejercer el derecho de propiedad de un territorio que a todas luces va a reclamar el nuevo gobierno de la Nueva Granada. Así pues, el valor de Elizabeth como garante del blanqueamiento es evidente por sí mismo.

George, el protagonista de la novela, hijo de madre esclava y padre blanco, es quien encuentra ese cuerpo yaciente en medio de las ruinas de la goleta y lo lleva a la misión. En un principio, George no se percata de la belleza de Elizabeth, ni de su juventud, ni de su blancura. Tampoco le interesa, la cree una muy similar a las otras blancas que habitan la isla: mujeres al servicio de una empresa imperial que, de todas formas, les dota de privilegios a cambio de entregar su vida a la isla. Ellas quieren escapar, navegar hacia el continente, pero no pueden. El miedo a que sus maridos se acuesten con esclavas les puede más y, sin embargo, es un hecho en ese juego de concubinaje y matrimonios, son ellas las que han perdido la partida mucho tiempo atrás. Pero Elizabeth nada tiene que ver con aquellas mujeres. Viviendo una existencia ambivalente que produce ansiedad entre los blancos y también en George, Elizabeth elige enamorarse de George, proponiendo con ello un mestizaje que se transforma, tanto en su sentido material como simbólico, en un terreno en disputa que, a veces, apuesta por una "democracia racial" y, otras, por un "blanqueamiento" soterrado:

> George inclinó su cabeza hasta la espesa cabellera y siguió sin decir nada.

—¿George?
—¿Qué?
—¿Quieres casarte conmigo?

Se quedó atónito. La pregunta que no se había atrevido a repetir la había hecho ella, en el estrecho cubículo del campanario a más de seiscientos pies sobre el nivel del mar, a donde no llegaba más que el romper lejano y constante de las olas en los arrecifes y el lamento de los esclavos en las plantaciones de Hoag (Robinson, 2010: 189).

Ahora bien, las mujeres blancas pueden saltarse normas de género y autorizarse comportamientos "excéntricos" con un interlocutor devaluado socialmente. Obviamente, este tipo de atracción sexual de las mujeres blancas frente a hombres negros supone la construcción de un imaginario sexual sobre la base de una dominación social específica (Viveros, 2008). Establecer una relación erótica afectiva cuando se es blanca con un hombre subordinado es, también, ejercer el privilegio de *lo blanco* en un orden piramidal que, empezando con el colonialismo, la esclavitud y la explotación de mano indígena, ha estructurado *la raza* de esta manera jerárquica (Mendoza, 2002). En ese sentido, es crucial que *lo blanco* esté a la cabeza. Por supuesto, esta jerarquía es fundamental no sólo para el respectivo ordenamiento de *lo blanco*, *lo negro* y *lo indígena*, sino también para el mismo proceso de mestizaje. Objetivamente, en esta novela el mestizaje es un proceso de oscurecimiento como de blanqueamiento, pero la jerarquía real que interviene en él significa que los movimientos de mayor valor son los que avanzan hacia *arriba*, lejos de *lo indígena* o *lo negro*, por lo que el mestizaje toma connotaciones morales importantes: no es un simple movimiento neutral, sino jerárquico.

Sin embargo, al mismo tiempo, Elizabeth se "oscurece": pierde los vínculos con los blancos, se aísla. Ciertamente, aquí, Elizabeth no sólo pierde estatus social, sino prestigio como mujer, pues su relación con George la inviste de connotaciones sexuales indeseables para una mujer blanca como, por ejemplo, aquella que tiene relaciones sexuales sin casarse, como Elizabeth lo hace. Frente al anuncio de su matrimonio:

La noticia cayó como un latigazo de esclavo.
—Pero es blanca— decía la mujer de Hoag.
—¿Cómo se te ocurre aprobar un matrimonio con ese negro, con ese esclavo?
Las tres mujeres estaban histéricas. Emma, la mujer de Hoag, decía:
—Es porque no tienes hijos, ni los tendrás; por eso no te importa sentar ese precedente en la isla: unir a una blanca con ese bastardo, con ese hijo de nadie. Nadie sabe cuál de las hijas de perra de la goleta lo engendró, pero tiene que estar loco, Bennet (Robinson, 2010: 210).

Con este matrimonio no se sella una historia de amor o una de mestizaje sino, como lo he defendido aquí, de blanqueamiento tono "crema" que implica, al mismo tiempo, una operación de recolonización, en otros términos, para consolidar un privilegio blanco que ya no viene de los ingleses, sino que, en el "ahora" de la novela, de los criollos de la Nueva Granada. En efecto, cuando George y Elizabeth hacen pública su relación, se escucha el grito de: "*¡Sail ahoy!*" "¡Vela a la vista!", dando cuenta de la llegada de una nave, con veinte esclavos libres y tres funcionarios de la Nueva Granada, entre quienes viene el nuevo prefecto del archipiélago para declarar la libertad de los esclavos y tomar posesión de las islas. Esta recolonización por parte del continente no es sinónimo necesariamente de bienestar, puesto que la novela, aunque termina por afirmar que la "verdad" triunfó, no deja clara a cuál verdad se refiere: al definitivo blanqueamiento de George, al oscurecimiento de Elizabeth, la posibilidad de una sociedad mestiza equitativa o simplemente a la imposibilidad de todo ello.

En la isla del algodón, el coco y las goletas naufragadas, la historia de amor entre una blanca aristócrata y un mulato isleño se vuelve compleja. En una isla que vive de las riquezas que logran salvar de los naufragios que se dan en su bahía, Elizabeth es un botín de guerra que proporciona la base material, salvando algunas de sus riquezas, para asegurar el futuro económico tan necesario por la devastación de los cultivos de algodón a causa del huracán. Por su parte, el ser mulato educado de George lo deja en una posición válida para luchar por Elizabeth, pues no es completamente negro. Y, por último, al ser Elizabeth la blanca perfecta, no deja de representarse como una promesa biopolítica por su vientre. Así las cosas, aunque es cierto que Elizabeth se ennegrece, pues al estar con George pierde parte de su estatus y su posibilidad de regresar a casa, también es cierto que George se blanquea y la isla gana. Pero hay un detalle: a esto se debe sumar lo que Hatse representa.

Hatse es una mujer negra, de la misma edad que George; ha sido su amante durante diez años, pero él nunca quiso formalizar esa unión a través de un matrimonio, ni siquiera cuando el supuesto padre de ella se la ha dado como su propiedad. De ella no sabemos nada más allá que es una gran bailarina, tiene alrededor de veinticinco años y posiblemente es hija del esclavo líder Ben. Hatse es puro silencio, y cuando se habla sobre ella con relación a George siempre lo hace una tercera persona, por lo que no es nunca su versión. Y aquí vale la pena retomar la pregunta de Sylvia Winter (1990) sobre la ausencia más importante de todas, aquella de la mujer de Calibán en *La tempestad*. Indudablemente, en ninguna parte de la obra de Shakespeare y en su "sistema de fabricación de imagen" aparece la compañera de Calibán como alternativa al modelo erótico-sexual que representa Miranda. Ciertamente, con Hatse se accede a otra realidad, la de las mujeres negras en la isla: la madre de George, la esclava *tante Friday* y Hatse. Estas tres mujeres son la condición de posibilidad de Elizabeth. Así, pues, sin la violación de la madre de George, una mujer sin nombre y sin voz, George no hubiera nacido. Sin los cuidados de *tante Friday*, Elizabeth no hubiera sobrevivido. Y sin el abandono de Hatse, el amor de George y Elizabeth sería un imposible. Entonces, Elizabeth decide quedarse en una isla sin futuro y recolonizada por la Nueva Granada, George sube de estatus y se vuelve propietario y dueño de su destino, pero Hatse: ¿qué modificación radical sufrió su existencia con la llegada de la "niña ángel" a la isla? Es evidente que, como afirma Robinson al principio de la novela al hablar de los esclavos, Hatse nació en la isla y tal vez la abandone sin poder contar su historia.

Un largo beso de despedida

En las historias de Mirza, Catalina y Elizabeth observamos cómo sus cuerpos se vuelven garante de un linaje blanco, de un acceder al privilegio por parte de hombres que desean blanquearse para ganar poder y distinción y de la perpetuación de un orden de élite en la ciudad. Como posibles candidatas a esposas y madres, estas mujeres deben actuar de forma coherente. Su puesta en escena no puede tener errores, pues está en juego la blanquitud y, con ella, la colonialidad de género. Pero la blanquitud es una empresa nunca terminada y siempre amenazada, lo que abre la posibilidad a la renuncia: "Yo dejo este altar mío, lo abandono por decisión mía [...]. He descubierto que para ser feliz sólo hay que renunciar a mis privilegios" (Galindo, 2013). Indudablemente, entender la configuración de la blanquitud es una cuestión crucial para entender cómo funcionan los privilegios racializados, la colonialidad de género y la subordinación que los mismos generan.

Por eso, urge hacer un alto en el camino para meditar sobre nuestras diferencias. "Nuestras diferencias son nuestra responsabilidad", afirma con justa razón Audre Lorde en el documental *The Berlin Years* (Schultz, 2012). Quiero asumir mi responsabilidad, es mi tarea como sujeta histórica y agente de cambio: "y cuando hablo de cambio no me refiero al simple cambio de posición ni a la relajación pasajera de las tensiones, ni tampoco a la capacidad para sonreír o sentirse bien. Me refiero a la modificación profunda y radical de los supuestos en que se basa nuestra vida" (Lorde, 1984: 45). Así, escribir implica una lucha contra mí misma y el mundo que he conocido, mis supuestos más íntimos. Y toda lucha implica la muerte de la oponente y, con ella, la oportunidad de decir "hasta siempre" a través de un largo, muy largo, beso de despedida.

Bibliografía

Banco de la República (s. f.), "Robinson, Hazel". Disponible en: [http://www.banrepcultural.org/blaavirtual/biografias/robinson-hazel] (consultado el 11 de mayo de 2016).

Berg, M. G., "Las novelas de Elisa Mújica" en M. M. Jaramillo, B. Osorio, Á. I. Robledo, (eds.), *Literatura y diferencia. Escritoras colombianas del siglo xx*, 2 vols., Medellín y Bogotá, Uniandes - Universidad de Antioquía, 1995.

Böttcher, N. et al., *El peso de la sangre. Limpios, mestizos y nobles en el mundo hispánico*, México, El Colegio de México, 2011.

Butler, J., *Cuerpos que importan. Sobre los límites materiales y discursivos del cuerpo*, Buenos Aires, Paidós, 2002.

Castro-Gómez, S., *La posmodernidad explicada a los niños*, Bogotá, Cauca, Universidad del Cauca - Instituto Pensar, 2005.

—, "Cuerpos racializados: Para una genealogía de la colonialidad del poder en Colombia" en H. Cardona Rodas y Z. Pedraza Gómez (comps.), *Al otro lado del cuerpo: estudios biopolíticos en América Latina*, Bogotá, Colombia, Ediciones Uniandes, 2014. Disponible en: [http://www.arquitecturadelastransferencias.net/images/filosofia/Cuerpos_racializados.pdf] (consultado el 23 de julio de 2016).

De la Cadena, M., *La decencia y el respeto. Raza y etnicidad en el Perú entre los intelectuales y las mestizas cuzqueñas*, Lima, iep, 1997.

Echeverría, B., *Blanquitud y modernidad*, México, Era, 2010.

Espinosa Miñoso, Y., "12 de octubre: conmemorar la violación originaria" (2009). Disponible en: [http://academia.edu/3769592/12_de_octubre_conmemorar_la_violacion_originaria].

Foucault, M., *Genealogía del racismo*, Buenos Aires, Caronte, 1992.

Galindo, M., *No se puede descolonizar sin despatriacalizar*, Bolivia, Mujeres creando, 2013.

Haraway, D., *Ciencia, cyborgs, mujeres: la reinvención de la naturaleza*, Barcelona, Cátedra, 1994.

Lorde, A., *La hermana, la extranjera*, Madrid, Horas y Horas, 1984.

Lugones, M., "Colonialidad y género", *Tabula Rasa* 9 (2008).

Joseph, I., *El transeúnte y el espacio urbano*, Barcelona, Gedisa, 1988.

Mendoza, B., *El mito del mestizaje*, Buenos Aires, Manantial, 2002.

Moreno, M., *En diciembre llegaban las brisas*, Barcelona, Plaza y Janés, 1987.

Mújica, E., *Bogotá de las nubes*, Bogotá, Tercer mundo, 1984.

Pedraza Gómez, Z., "Alegorías del cuerpo: discurso, representación y experiencia" en E. Muñiz, *Disciplinas y prácticas corporales. Una mirada a las sociedades contemporáneas*, España, Anthropos - Universidad Autónoma Metropolitana (uam) – Azcapotzalco, 2010.

—, *En cuerpo y alma. Visiones del progreso y la felicidad*, Bogotá, Universidad de los Andes, 1999.

Quijano, A., "Colonialidad del poder, eurocentrismo y América Latina", 2000 (pdf).

Robinson Abrahams, H., *No Give Up, Maan!*, San Andrés, Universidad Nacional de Colombia - Ministerio de Cultura, 2010.

Stoler, A., *Race and the Education of Desire: Foucault's History of Sexuality and the Colonial Order of Things*, Duke University Press, 1995.

Wynter, S., "Afterword: 'Beyond Miranda's Meanings: Un/silencing the 'Demonic Ground' of Caliban's 'Woman'" en C. Baoyce Davies, E. Savory Fido, *Out of the Kumbla: Caribbean Women and Literature*, Trenton, N. J., Africa World Press, 1990.

CAPÍTULO VII

Historiografías feministas para la descolonización

Alejandra Londoño Bustamante[1]

Pensando en el punto partida

Aún me pregunto hasta dónde elegimos... Me explico: ¿Por qué nos preocupamos por unos temas y problemas y por qué no por otros? Las preguntas de investigación son a la vez pesquisa sobre uno mismo, son la vida colectiva que habla, por lo menos eso son para mí. Quizá por eso considero que los entramados que propone la objetividad borran o silencian lo mucho que de uno hay en lo que aparece científicamente como lo de todos, eso que aparece sin rostro, pero que finalmente son nuestras vidas siendo parte activa y a la vez resultado de muchas historias.

Y es justo desde este punto de partida, y reconociendo que mucha agua ha corrido en los análisis de la Historia, que aún considero necesaria una revisión crítica a la disciplina histórica tradicional en Colombia desde la mirada del feminismo descolonial. Si bien desde múltiples lugares disciplinares, temporales y espaciales

---

[1] Historiadora y magíster en Estudios de género por la Universidad Nacional de Colombia (UNAL). Es docente universitaria en temas étnico-raciales y de género en la misma UNAL e integrante del Área de Pedagogía del Centro Nacional de Memoria Histórica. Ha sido investigadora de temáticas vinculadas a la historia social y política de las mujeres en el siglo XX colombiano, indagando por las implicaciones de la reconstrucción histórica desde una perspectiva feminista y descolonial; así mismo se ha ocupado de indagar la construcción de pedagogías para los procesos de memoria histórica en Colombia y, específicamente, para la enseñanza de la historia del pasado reciente. Además, se ha ocupado de trabajar temáticas vinculadas a las dinámicas del militarismo y la militarización en el capitalismo neoliberal en territorios latinoamericanos y del Caribe. Columnista y cofundadora de la revista *Marea*, es afrodescendiente y activista feminista.

se han construido críticas agudas a la narración hegemónica de la Historia, urge una mirada en la que se integren: el análisis sobre la colonialidad del género, del poder, del saber y del ser presente en la discursividad histórica; la pregunta por la experiencia de quien investiga; las implicaciones de pensar los tiempos de las historias no como líneas evolutivas, y el diálogo con "fuentes" consideradas no legítimas desde esta disciplina.

Así, este artículo, que hace parte de un largo camino y no es el punto de llegada, abre una serie de preguntas y reflexiones en torno a la construcción de las historias, al tiempo que esboza algunos retos políticos, epistemológicos y metodológicos de la observación e interpretación del tiempo pasado.

Será necesario en este punto de arranque aclarar que una buena parte de las reflexiones que aquí expongo son un fragmento del resultado de mi investigación de tesis para optar al título de magíster en Estudios de género, trabajo en el que, a partir de teorías feministas críticas, descoloniales y de los estudios culturales, cuestiono las implicaciones de escribir las historias desde los cánones hegemónicos que rigen esta disciplina. La tesis *anómalas y peligrosas. El proyecto normalizador hacia las mujeres en Antioquía durante la primera mitad del siglo xx* tenía como pretensión dar un espacio escrito a la voz de un grupo de mujeres tildadas como locas o enajenadas, al tiempo que evidenciaba sus resistencias frente a los sistemas de dominación. Así mismo, a través de esta tesis busqué desordenar el tiempo lineal y causal en el que generalmente se narra la Historia, entrelazando diferentes momentos históricos, en la cual mi propia historia de vida se presenta como uno de los puntos de inicio.

No es pretensión de este artículo presentar o establecer conclusiones universalistas o universalizantes. Los análisis que aquí presento hacen parte de diálogos que, hasta el momento en el que inicié la tesis, había sostenido principalmente con las formas de hacer Historia de las academias andinas colombianas y a mi experiencia más vital, anclada justamente a este territorio. De hecho, estoy convencida de que si mi historia y mis diálogos estuvieran anclados a territorios como el Pacífico o el Caribe colombiano, el resultado sería completamente diferente.

Algunos aspectos de la hegemonía presente en la disciplina histórica tradicional. Una narración del pasado que mucho tiene que ver con el presente que silencia

El androcentrismo, la construcción de verdades únicas, la linealidad narrativa, la lectura evolucionista de los hechos y los acontecimientos, la pretensión de objetividad de quien escribe o investiga, el universalismo y la causalidad e, incluso, la selección del hecho y del acontecimiento histórico no son acciones ingenuas ni espontáneas. Están presentes en la narración hegemónica de la Historia (esa que se escribe con H mayúscula) y son coherentes con la manera en que se estructuró el pensamiento moderno eurocéntrico. En atención a esta lógica, la disciplina histórica ha contado con la legitimidad para describir e interpretar el pasado; el oficio del historiador/a se ha relacionado con la cientificidad y, en consecuencia, la escritura de la Historia se presume objetiva, irrefutable, neutral y verdadera. Dicha legitimidad ha generado el silenciamiento y la eliminación de otros lugares, prácticas y discursos a través de los cuales individuos, comunidades y colectividades sociales han construido los relatos de su pasado.

En el contexto sociopolítico colombiano (y seguramente en muchos otros), la narración hegemónica de la Historia ha estado directamente vinculada a la construcción de verdades y saberes que son legitimados mediante la expansión violenta del pensamiento moderno, estructurado sobre relaciones de poder de la matriz colonial; esto es, relaciones racistas, capitalistas y patriarcales. Estas relaciones, a su vez, se manifiestan en prácticas políticas, económicas y cotidianas, y en la construcción de verdades y saberes, y actúan como maquinarias de poder discursivo que intervienen en la formulación de verdades históricas.

Dichas verdades históricas no sólo son un recurso discursivo que queda encerrado en las aulas de clase de las universidades o en pequeños círculos de investigación coordinados por reconocidos historiadores, ¡no!, ya que éstas circulan a través de vehículos tales como el sistema educativo público y los medios masivos de comunicación, entre otros, con lo cual llegan a lugares inesperados y generan adhesiones y arraigos políticos, económicos e incluso culturales, y aunque por supuesto existen resistencias y posibilidades de acción —¡qué haríamos sin ellas!—, no es un secreto que el impacto dañino de estos discursos es profundo y extenso. Lo que sale de la pluma y boca del historiador puede moldear las interpretaciones del pasado, lo cual ha sido de mucha utilidad en diferentes momentos y contextos para quienes son poseedores del poder político y económico en nuestros territorios. Aunque los ejemplos al respecto pueden ser muchos, quiero enunciar un par de ellos que nos ayuden a profundizar el análisis del poder en disciplinas como la Historia.

El dominicano Néstor Rodríguez (2005) señala que durante y después de la dictadura (1930-1961), la historia oficial en República Dominicana fue puesta al servicio del poder hegemónico, y usada como instrumento legitimador de la ideología dictatorial, lo que posibilitó, incluso, la creación de la Academia Dominicana de Historia, la cual fue fundada por el dictador Rafael Leónidas Trujillo, y contó con el respaldo de reconocidos intelectuales de la época. La Historia promovida desde este espacio ha desempeñado un papel fundamental para institucionalizar una narrativa particular de la nación blanca, burguesa, católica y de ascendencia española que sirvió como justificación del horror cometido durante la Dictadura, y que hoy hace parte de un imaginario colectivo presente en conversaciones de colmados, de buses... conversaciones en las que circula la imagen de una República Dominicana blanca en contraposición con el Haití de negros, demonios y pobres por castigo.

Por su parte, el uruguayo Carlos Demasí señala:

> Cuando el historiador inicia su labor de investigación sobre determinados hallazgos del pasado, se encuentra frente a unos valores y a una información ya elaborada. En muchas ocasiones el historiador hace un ejercicio de integración de datos dentro del paradigma explicativo ya construido. Este ejercicio responde a una identificación concreta de distribución del poder. De esta manera el historiador aporta en el arraigo de una política del olvido. [...]. La construcción de memoria, en el caso de la dictadura uruguaya, está sustentada en

la necesidad de instituir el olvido como manera de sostener el ideal de democracia perfecta, esto se da a partir de exaltar la idea de solución pacífica de los conflictos, a través de elementos simbólicos y espacios formativos como lo es la escuela. Esto produjo en la sociedad uruguaya una lucha de memorias que contribuye al olvido social (Demasí, 2004: 141).

Haciendo referencia a la enseñanza de la Historia durante la dictadura uruguaya (1973-1985), Carlos Demasí nos deja ver cómo la alianza entre Historia y sistema educativo posibilitó un cambio en las aulas de clase a favor de los intereses dominantes, lo que implicó una enseñanza unicausal, lineal y pretenciosamente objetiva en donde las y los estudiantes recibieran una información por parte de sus maestros, validada en "rigurosos" trabajos de historiadores que justificaran las atrocidades del periodo dictatorial.

En el caso colombiano —que claramente no es particular— y haciendo una enunciación en términos muy generales, el problema se hace evidente en los tiempos, personajes, hechos y acontecimientos que se seleccionan para narrar una Historia en la que la prioridad ha sido el relato de la nación criolla y mestiza. Los libros, las universidades, los museos e incluso una buena parte de la producción audiovisual están plagados de los rostros de una élite criolla blanco mestiza, católica, moderada, recatada y fiel cumplidora del *deber ser*. Una Historia que comienza en la mal llamada "Conquista" (que no es *conquista*, sino genocidio colonial) y recorre los albores de la Independencia, para luego entrar a un siglo XX de constantes movimientos políticos y económicos, un siglo narrado una vez más a través del protagonismo de las mismas élites que emergen en el relato del siglo XIX. El historiador Jorge Orlando Melo, en un recorrido por la historiografía colombiana y referenciando a la Academia Colombiana de Historia afirma:

> Todos estos sectores conciben la historia como un conocimiento de eficacia moralizante y ejemplar, cuya función principal es despertar, en lectores y estudiosos, sentimientos patrióticos y de reverencia hacia el pasado y hacia las figuras a las cuales puede atribuirse mayor influencia en la conformación de las instituciones básicas del país.

Esto quiere decir que lo históricamente significativo está definido por criterios extracientíficos, en este caso por criterios morales y nacionalistas, lo que implica la sobrevaloración de aquellos periodos e incidentes propicios para la manifestación de virtudes ejemplares, que se dan principalmente en un marco de actividades militares y, en menor grado, para virtudes de orden "civilista", en épocas de graves conflictos políticos (Melo, 1942: 17).

Esta afirmación de Jorge Orlando Melo evidencia un secreto que a voces conocemos todas las personas que pasamos por la academia histórica colombiana, en donde la pretensión de descripciones rigurosas y objetivas del pasado no es más que uno de los engranajes de un juego de poder en el que el pasado se presenta en función de la construcción de adhesiones y, por tanto, de identidades colectivas en el tiempo presente. Es un juego de miradas hacia atrás que posibilita movilidad y re-establecimiento de poderes en el presente. El criollo triunfante de grandes batallas independentistas, el de los cuadros rimbombantes en museos, es la representación de lo que "somos". Negros, negras afrodescendientes e indígenas, en estos relatos, hacen parte de un pasado que debe ser recordado como parte del tiempo que ya no somos, que quizás nunca fuimos.[2]

Se hace necesario, entonces, entender la disciplina histórica tradicional, las narraciones que desde ésta se construyen y los métodos y metodologías que se utilizan para seleccionar y analizar las fuentes, como manifestaciones del pensamiento moderno colonial en función de la transmisión de una selección de hechos, acontecimientos y acciones de algunos personajes en el tiempo pasado; es decir, una maquinaria narrativa de poder construida en

---

[2] Esta afirmación implicará un análisis más detenido y cuidadoso del estudio del mestizaje como campo de poder racial en Colombia y de los discursos del mestizaje promovidos desde la disciplina histórica, los cuales son fundamentalmente un relato de nación racista que hoy sigue presente en el discurso de lo que "somos". Ésta es una problemática que quiero enunciar como parte de los efectos de la narración hegemónica de la Historia en territorios como el colombiano y que desarrollaré con mayor detenimiento en otro trabajo que adelanto.

la Modernidad, que en contextos como el colombiano ha respondido durante mucho tiempo a intereses muy concretos. El historiador asiático Ranajit Guha analiza la relación entre la Historia, la historiografía y el Estado para el caso de la India, demostrando que la Historia es una narrativa del poder estatal que configura ciudadanías o subalternidades, hegemonías o dominios (Guha, 2002: 44).[3]

Con el fin de ir más al fondo de la cuestión y complejizar el análisis del poder que ostenta la disciplina Historia tradicional, considero importante planear algunos aspectos con respecto al concepto de *hegemonía*, lo cual considero necesario para problematizar, entre otras cosas, la relación de saber-poder en la que está inmersa la Historia.

Retomo, para ello, una definición de *hegemonía* propuesta por la teoría marxista contemporánea, específicamente por el sociólogo afrojamaiquino Stuart Hall (1981) en su interpretación de Antonio Gramsci. Para Hall, la *hegemonía* es una alianza de fracciones dominantes de clase, en la que no sólo se obliga a una clase subordinada a conformarse a los intereses de la clase dominante, sino que se ejerce una "autoridad social total" sobre esas clases y sobre la formación social en general. En este juego de poder, las clases dominantes no sólo dominan, sino que además dirigen y conducen para así obtener el consentimiento de las clases subordinadas. Es así como la hegemonía *deja de ser* una evidente relación de poder de *arriba* hacia *abajo*, para convertirse en una combinación de fuerza y consentimiento que se expande en distintas direcciones.

---

[3] Aunque lo escrito en este artículo no analiza las acciones, la agencia ni las fugas a la hegemonía de la narración histórica, es necesario que mencione que ese proyecto de nación del que hace parte la historia oficial no ha triunfado en todos los territorios de Colombia —en este caso—, y aunque es un proyecto con mucho poder, no ha logrado consolidarse a lo largo y ancho de nuestros territorios gracias a las luchas ancestrales de pueblos y comunidades, de colectivos y organizaciones políticas que construyen otras narrativas, historias y acerca de su pasado y de lo que son, generando mecanismos para la difusión de los mismos, lo cual representa una tensión permanente desde las y los subalternizados.

Para Stuart Hall, el análisis del concepto *hegemonía* implica mucho más que una mirada exclusiva sobre las estructuras, o, en otras palabras, de las relaciones netamente económicas y productivas. Así, el autor sitúa la discusión en las superestructuras, entendidas como espacios sociales, culturales, ideológicos y como formas de concebir el mundo, en las cuales se constituye la hegemonía propiamente dicha.

Stuart Hall profundiza este análisis de la siguiente manera:

> Las superestructuras de la "hegemonía" trabajan *mediante la ideología*. Ello significa que las "definiciones de la realidad", favorables a las fracciones de la clase dominante e institucionalizadas en las esferas de la vida civil y el Estado, vienen a constituir la "realidad vivida" primaria para las clases subordinadas. De este modo, la ideología suministra el "cemento" de una formación social, "preservando la unidad ideológica de todo el bloque social". Esto no se debe a que las clases dominantes puedan prescribir y proscribir con detalle el contenido mental de las vidas de las clases subordinadas (éstas también "viven" sus propias ideologías), sino a que se esfuerzan, y en cierto grado consiguen, por *enmarcar dentro de su alcance* todas las definiciones de la realidad, atrayendo todas las alternativas a su horizonte de pensamiento (Hall, 1981: 239).

En ese sentido, la Historia tradicional puede ser entendida no sólo como disciplina, sino además como un discurso hegemónico, como un espacio de transferencia de las ideologías de las clases dominantes e institucionalizadas; como una esfera que constituye realidades del tiempo pasado que están directamente vinculadas al presente. Parafraseando a Hall, la Historia como discurso hegemónico es un campo que atrae todas las alternativas a su horizonte de pensamiento, es además un medio de formación social que puede moldear las memorias colectivas.

La revisión del saber-poder presente en la disciplina histórica en territorios que han sido colonizados debe pasar además por el análisis de la colonialidad del saber, lo cual nos puede permitir una complejidad mayor de la revisión crítica de los modos en que se produce, se reproduce y se justifica la existencia objetiva, descriptiva, lineal y causal de este campo disciplinar.

La *colonialidad del saber* desde la definición propuesta por el venezolano Edgardo Lander (2000), resulta útil en este debate, ya que permite que le quitemos una nueva capa a la cebolla, y se revele otro lado aparentemente borroso de la disciplina histórica tradicional, ya no sólo vinculado a la construcción de verdades en función de hegemonías, sino además a la negación rotunda de otras formas de acceder al conocimiento del pasado. Este rostro de la Historia que se asume como un espacio productor de saberes racionales, menosprecia otros conocimientos y saberes que no cumplen con los principios modernos y coloniales de neutralidad, objetividad y rigor histórico. Entre archivos, principalmente escritos, estos rostros de la Historia se imponen violentamente sobre conocimientos del pasado que no responden a la racionalidad científica moderna y que, por tanto, no cuentan, desde la mirada histórica, con validez y legitimidad, para hacer parte o para construir narraciones, descripciones e interpretaciones del pasado.

Así, quien está validado por las estructuras institucionales modernas para escudriñar en el pasado, narrar y trasmitir interpretaciones será el historiador moderno y letrado; acciones mediante las cuales, durante siglos han intentado borrar (entre otras) narraciones históricas de las luchas y resistencias de pueblos indígenas y afrodescendientes (para el caso colombiano), para darle prioridad a Historias blancas, criollas y mestizas y, en consecuencia, a sus aportes en la configuración de una idea de *nación* que beneficie a quienes ostentan el poder.

En esta relación narrativa hay una tensión permanente, ya que del otro lado de la moneda se encuentran colectividades o comunidades para quienes la interpretación del pasado no necesariamente está en la voz del historiador. Sin embargo, no podemos olvidar que existe la hegemonía y, por tanto, ésta es una relación de poder, y no es en nuestros pueblos donde hoy contamos con el poder para hacer de las historias ancestrales y no hegemónicas una posibilidad de transformación en el tiempo presente.

Ni cercana, ni comprometida. Un acercamiento al problema de la objetividad y la veracidad de las fuentes en la disciplina histórica

Uno de los principales elementos que sostiene la hegemonía de la disciplina histórica es el principio de la "objetividad", exigencia a la que me vi sometida durante toda mi formación como historiadora. Nuestro trabajo consiste en rastrear "verdades", a partir de las cuales otras disciplinas construyen análisis, de ahí la tendencia descriptiva preponderante en los estudios historiográficos. Carlos Antonio Aguirre Rojas, teórico e investigador mexicano señala al respecto:

> El primer pecado capital de los malos historiadores actuales es el *positivismo*, que degrada a la ciencia de la historia a la simple y limitada actividad de la *erudición*. Muchos historiadores siguen creyendo hoy en día, en pleno comienzo del tercer milenio cronológico, que hacer historia es lo mismo que llevar a cabo el trabajo de investigación y de compilación del erudito. [...] Una historia que, *limitando* el trabajo del historiador, exclusivamente al trabajo de las fuentes escritas y de los documentos, se reduce a las operaciones de la crítica interna y externa de textos, y luego a su clasificación y ordenamiento, y a su ulterior sistematización dentro de una narración que generalmente, sólo nos cuenta en prosa lo que ya estaba dicho en verso en esos mismos documentos (2002: 37).

La "objetividad" está atravesada por necesidades de asepsia política, por múltiples exigencias en el manejo del tiempo y, por supuesto, por el cuidadoso abordaje de las fuentes. El objeto de estudio no puede ser cercano; de ahí la importancia de conservar una distancia temporal prudente.

El académico antropólogo haitiano Michel-Rolph Trouillot plantea al respecto:

> Cuando la historia se constituyó como profesión en el siglo XIX los investigadores, muy influenciados por las perspectivas positivistas, trataron de teorizar la distinción entre el proceso histórico y el

conocimiento histórico. De hecho, la profesionalización de la disciplina en parte está fundamentada en esa distinción: cuanto más alejado está el proceso sociohistórico de su conocimiento, más fácil es reinventar un profesionalismo científico (Trouillot, 1995: 4).

Desde mi lugar como historiadora, el problema de perspectivas y posturas que defienden y exigen con tanta vehemencia la objetividad, y que como señala Trouillot son elementos constitutivos de la profesionalización de la Historia, no es solamente que se limiten al trabajo de erudición y descripción plana, sino que olvidan *que quien relata ocupa un lugar fundamental* en la definición del problema a investigar, así como en la formulación de hipótesis e, incluso, en la selección de las fuentes, pretendiendo borrar que quien investiga hace parte de la historia.

El positivismo presente en la disciplina histórica, es en el fondo y hasta en la superficie, el encubrimiento de las relaciones de poder que allí mismo se narran como descripciones de hechos propios del tiempo histórico. Trouillot señala al respecto:

> Los principios de estas perspectivas [positivistas] todavía conforman el sentido que tienen de la Historia la mayoría de las personas de Europa y Norteamérica: el papel del historiador consiste en revelar el pasado, descubrirlo, o por lo menos, aproximarse a la verdad. Dentro de este punto de vista, el poder no es problemático y es irrelevante para la construcción de la narrativa como tal. En el mejor de los casos, la Historia es una Historia sobre el poder, una historia sobre aquellos que vencen (Trouillot, 1995: 4).

El debate en torno a la objetividad y a las relaciones de poder que encubre, señalado con gran lucidez por Trouillot, implica además, reflexiones en torno a las fuentes legítimas y no legítimas y a su selección para ejercicios investigativos de carácter histórico. ¿Qué hace que un documento escrito en el siglo XIX por un escribano criollo o español sea más confiable que la oralidad trasmitida generación tras generación en una comunidad afrodescendiente o indígena; representaciones espirituales, un relato trasmitido de generación en generación, la pintura, la fotografía, un tejido, la música, los registros audiovisuales o la literatura? La diferencia quizás esté en los lugares que ocupan en dichas relaciones tanto los sujetos históricos como quienes narran las historias (que también son sujetos históricos); es decir, el escribano cuenta con un lugar de poder racial, geopolítico, de género que se refuerza con el poder político otorgado por un orden monárquico —hoy estatal— que lo autoriza para escribir *la verdad*; el campesino o campesina, la indígena o la descendiente de personas esclavizadas en África que relata la historia oral de su pueblo, no. Estas relaciones han definido una serie de diferencias jerárquicas fundamentales para la consideración de las fuentes veraces.

En una paráfrasis a la antropóloga estadounidense Ana Laura Stoler (2010), el archivo es un lugar de producción de conocimientos y no un lugar de recuperación de conocimiento. Son documentos legales y, en esa medida, son sitios para construir etnografías del Estado, de la Iglesia y de las instituciones de poder y sus modos de operar en espacios específicos. Los archivos son un medio, una representación y un espacio en el que se encuentran comprimidas las posturas emergentes e históricas de instituciones estatales. Esta interpretación de los archivos escritos no sólo devela las relaciones de poder en las que están inmersos este tipo de documentos, sino que, también, los sitúa en el mismo nivel de fuentes que no gozan de tanta legitimidad entre las y los historiadores.

Los archivos escritos, la oralidad, la literatura, la pintura u otras fuentes, son espacios de producción de saberes y conocimientos y, por ende, deben ser leídos, interpretados y analizados con el mismo cuidado a la hora de afirmar que en ellos se encuentra "la verdad". Volviendo a Stoler (2010), este análisis crítico no constituye un rechazo a los archivos coloniales como fuentes del pasado (de hecho, creo que aún nos falta mucho por leer en los silencios impuestos de esos archivos). Más bien, apunta hacia un compromiso constante con tales archivos como artefactos culturales de producción de hechos, de taxonomías en el hacer y de diversas nociones sobre lo que ha configurado la autoridad colonial.

En suma, no pretendo hacer una invitación a marginar o a no utilizar documentos o archivos institucionales. Por lo contrario,

Historiografías feministas para la descolonización 347

considero fundamental que éstos sean consultados, pero con plena conciencia de las condiciones de producción en torno al poder en las que están inmersos, y sorteando el encantamiento de su hegemonía; es decir, tratar de evitar que la preponderancia o legitimidad de estos documentos borre de nuestro panorama investigativo como historiadoras/es la posibilidad de explorar otras fuentes, textos o memorias, relatos, versiones.

Es importante y necesario dudar y sospechar de todo aquello que los historiadores consideran fuente verídica y rigurosa, es urgente escuchar nuestras historias, es necesario oír nuestros silencios, el texto que es tejido, que es trenza, que es cultivo; escucharnos en la cocina, debajo del palo de mango, en la esquina del barrio, escucharnos y buscar allí posibles respuestas históricas a los dolores sociales, políticos y económicos que todos los días nos golpean, pero también a las resistencias que somos o podemos ser. Las respuestas ya no están en ese "adentro-afuera" moderno, blanco y colonial, pues justo ahí es donde seguimos en el fracaso. Escucharnos es lo que hará de las historias una posibilidad de acción y cambio.

Ahora, una investigación o un ejercicio pedagógico o de organización social que tenga como punto de partida una mirada histórica feminista y descolonizante tiene el reto de incorporar la vida, esas otras fuentes, voces y memorias, ya no sólo para ambientar o para que *esas otras representaciones* decoren lo que escribimos e interpretamos. No será suficiente un simple reconocimiento. Aquí las implicaciones son políticas y deben atravesar la reflexión teórica y metodológica. Esas que han sido consideradas *fuentes no rigurosas* o *representaciones, pero no verdades* deben tensionar las versiones del archivo del escribano, deben ser voces activas en el ejercicio de contrastación, voces que discutan, reviertan o validen y, sobre todo, voces que nos ayuden a pensar en un mundo diferente al desastre colonial, racista, capitalista y patriarcal que vivimos.

Otra de las implicaciones de pensar las historias desde una perspectiva feminista y descolonizante tiene que ver con la necesidad de quebrantar el inmarcesible principio de la "objetividad". La pregunta de investigación, o el recorrido investigativo puede

—o no— estar atravesada por la experiencia de quien investiga, y esa experiencia no debe ser un silencio cómplice de la pretensión de rigor moderno colonial.

Según Mauricio Archila (1997), el trabajo de las y los historiadores contribuye a entender las sociedades desde una labor del presente, pues su comprensión no es posible sin el conocimiento histórico. Así, quienes escriben la historia deben ser considerado/as como funcionarios/as de la memoria de la sociedad. Es desde las necesidades actuales y situaciones presentes que le hacemos preguntas al pasado. Para Archila, el historiador o la historiadora es también una narrador/a que interpreta hechos, consciente no sólo del lugar que enuncia, sino de los intereses y poderes a los que obedece. Debe responsabilizarse, así, del significado de su oficio. Es de vital importancia ser conscientes de nuestra responsabilidad en la transmutación del pasado, entender que el conocimiento que construimos no es ingenuo y que jugamos un papel en la sociedad contemporánea. Contribuimos no sólo a entender nuestra sociedad, sino a construirla o a destruirla. En ese sentido, el oficio del historiador o de la historiadora es una actividad del presente.

Por su parte, teóricas feministas como Patricia Hill Collins (1990), Sandra Harding (2004), Eli Bartra (2010), Dona Haraway (1988), entre otras, se han encargado de debatir y construir perspectivas feministas para la investigación que reconocen y otorgan un lugar a las experiencias de quien investiga, y que han sido denominadas el *punto de vista feminista*, el *conocimiento situado* o el *lugar de enunciación*.

Patricia Hill Collins (1990), en una discusión con las descripciones objetivas y transculturales de la sociología, subraya que las mujeres negras pueden alcanzar una conciencia colectiva de sus propias condiciones y posibilidades que no sólo les han servido para organizar sus luchas sociales, sino, además, para interpretar y comprender sus condiciones y posibilidades. La experiencia y no la objetividad sociológica son el motor de un pensamiento que, aunque subalterno, ha generado posibilidades de acción y de construcción de conocimientos entre las mujeres negras.

Harding (2004), a través del *punto de vista*, plantea que no necesitamos —y de hecho no debemos— escoger entre buena política y la buena ciencia, porque la primera puede —al menos en algunos casos— producir la segunda, y la segunda requiere —al menos en algunos casos— de la primera. La teoría del *punto de vista* articula la importancia de la experiencia de un grupo, de un tipo distintivo de conciencia colectiva, que puede ser alcanzada a través de las luchas del grupo por obtener el tipo de conocimiento que necesita para sus proyectos (Harding, 2004: 59).

Por su parte, Donna Haraway, a través de la teoría del *situated knowledges* plantea que para las feministas el problema es cómo tener simultáneamente una descripción de la contingencia histórica radical para todas las afirmaciones de conocimiento y de los sujetos de conocimiento, esto es una práctica crítica para reconocer nuestras propias tecnologías semióticas para crear significados, y un compromiso en serio con las descripciones fieles del mundo real (Haraway citada por Harding, 2004: 63).

Rossana Guber (2001) ha abordado la *reflexividad* como la consciencia de quien hace investigación sobre su persona y sus condicionamientos sociales y políticos. Para Guber, existe una interpretación de los hechos de quien investiga y, por tanto, es importante considerar la subjetividad y la intersubjetividad en el proceso de investigación, y examinar críticamente el efecto que producen los puntos de vista de quien investiga en el desarrollo de la investigación.

Las teóricas feministas del *punto de vista*, el *conocimiento situado* y la teoría de la *reflexividad* interpelan postulados tales como la posibilidad de acceder al conocimiento absoluto de lo estudiado, la necesidad de ser "objetivo" en cuanto no cercano ni comprometido políticamente con el objeto de estudio, y la presunta capacidad que posee el investigador o investigadora para predecir y controlar sus emociones y pasiones.

Yo diría que aquí lo importante es que la investigación y la escritura histórica dejan de ser acciones propias de eruditos académicos para convertirse en un espacio de acción política que dialoga con la historia que somos y dibuja las historias que queremos ser. Así, las historias dejan de ser exclusivamente un esfuerzo comprensivo del pasado, y esto se logra —entre otras cosas— a través de preguntas como las que plantea la pensadora, escritora y activista maya kaqchikel (de Guatemala) Aura Cumes: ¿Cómo hemos llegado a ser lo que somos? ¿Qué hacemos con lo que han hecho de nosotros? ¿Cómo podemos llegar a ser lo que queremos ser?[4] Preguntas a las que no llegaremos si aún pensamos que la Historia es una narración objetiva y lejana a nuestras posibilidades de acción, o que poco tiene que ver con el presente que somos y construimos.

Por tanto, considero que enunciar el lugar que ocupamos o reconocer por qué hacemos determinadas preguntas y no otras es una decisión de quien escribe; sin embargo, es imperativo que en la construcción de relatos históricos empecemos a darle un espacio a los lugares que ocupamos, lo cual constituye una decisión política.

Así mismo, se vuelven fundamentales preguntas que activistas feministas negras vienen poniendo en debates públicos en los últimos años, como por ejemplo, la pregunta por quién escribe y sobre quién escribe, un debate en el que se invita con vehemencia a pensar que cuando el/la historiadora, antropóloga o socióloga investiga desde un lugar de privilegio racial o de género a una comunidad de la que no hace parte, está reforzando dinámicas de poder propias de la colonialidad del saber, pero además poniendo en práctica un recurso racista que opaca las voces de académicas y sabedoras de las comunidades que por efectos del racismo estructural serán menos escuchadas que quienes portan privilegios y desde sus lentes interpretan mundos a los que no pertenecen. Enuncio este debate, dejando claro que si bien, no hago un desarrollo profundo del mismo, considero que es fundamental para continuar abriendo diálogos en torno a la importancia del conocimiento situado o el lugar de la experiencia e incluso, en este punto considero que este texto tendría que rehacerse a partir de otras fuentes y voces, porque muchas de las citadas hacen parte de ésta práctica de apropiación de saberes racista.

---

[4] Estas preguntas hicieron parte de un diálogo que sostuvimos Aura Cumes, Carmen Cariño y yo en un curso virtual que dictamos en el año 2017 como parte de las estrategias de formación del Glefas. El curso se llamó "Racismo, mestizaje y jerarquización entre mujeres en América Latina".

Quizás la ruptura con la objetividad provenga de reconocer lo mucho que de una hay en eso que "científicamente" aparece como lo de todos y todas, y convertirla en parte de lo que narramos, reconociéndonos parte, reconociéndonos moldeables, pero también activas y, en consecuencia, productoras de la historia y de las interpretaciones que hacemos de ésta.

Algunos aportes a la lectura de la(s) historia(s) desde una mirada feminista descolonial

A partir de la crítica expuesta, empecé a explorar otras posibilidades teóricas y metodológicas de la narración de la Historia que me permitieran ahondar en otras formas de hacer, pensar y de escribir historias más cercanas a la intención de consolidar una propuesta histórica y feminista que aporte a proyectos descolonizadores. He de aclarar que esta primera exploración, que arrojó como resultado mi tesis de maestría, es aún un largo camino por recorrer, una puerta abierta. De hecho, hoy me pregunto por las posibilidades de acción y de cambios reales que tenemos en la historia escrita, que es en sí misma parte de una larga imposición colonial.

Como campo teórico-político, la historia escrita desde una perspectiva feminista y descolonial es una propuesta de análisis crítico, contrahegemónico y de conocimiento situado, en la cual se esbozan una serie de elementos que complejizan las reflexiones alrededor de la disciplina histórica tradicional y la historiografía feminista occidental.[5] En esa medida, pretende interpelar la cons-

---

[5] Durante la segunda mitad del siglo XX, en la narración histórica colombiana aparecieron con fuerza los estudios históricos de las mujeres. En este país tomó especial relevancia el trabajo de investigación de Michelle Perrot y del medievalista Georges Duby, quienes en los años noventa publicaron cinco tomos de *La historia de las mujeres en Occidente*. Así mismo, bajo la dirección académica de Magdalena Velásquez, en los años noventa fue publicada en Colombia la *Historia de las mujeres en Colombia*. Menciono estas dos obras que han sido pioneras en las escuelas de historia colombianas, sin embargo, han sido muchas las autoras e investigadoras que a partir de los

trucción misma del *sujeto universal mujer* y los vínculos que en el tiempo se tejen para que se construya —o para construir— lo que conocemos como Historia, para así pensar la genealogía de la construcción de los sujetos históricos denominados "mujeres" por el mundo occidental y moderno.

Es, pues, una propuesta antes que nada política y emancipadora de comprensión del pasado para la acción en el presente que vivamos. Es un diálogo comprensivo a través del cual se exploran los sentidos de la construcción de los sujetos construidos como mujeres y de sus interacciones. De esta forma, la historiografía feminista para la descolonización no busca hacer la Historia de la "mujer" o de "las mujeres", sino articular diálogos para comprender, en palabras de Aura Cumes: "cómo llegamos a ser lo que somos" y "cómo podemos llegar a ser lo que queremos ser", a través del conocimiento y la reapropiación de esas historias vitales que habitan la oralidad, la música, las formas de relacionamiento.

La investigación histórica feminista y descolonial pone en diálogo y en tensión las *herramientas del amo*[6] con las experiencias

---

recursos de la historia tradicional se han preguntado por los lugares ocupados por las mujeres en el pasado. Aunque más adelante haré mención de este aspecto, considero importante nombrar que un pequeño grupo de historiadoras feministas en Colombia, a partir de esta emergencia de los estudios históricos de las mujeres, y en la línea de autoras francesas, españolas y estadounidenses empezaron posicionar la historiografía feminista (y ya no sólo la historia de las mujeres) como una corriente investigativa al interior de los estudios históricos.

[6] En 1984 la escritora afroamericana, feminista, lesbiana y activista por los derechos civiles Audre Lorde, en su texto *La hermana, la extranjera*, señalaba que "las herramientas del amo jamás desmontarán la casa del amo". Estoy completamente de acuerdo con lo planteado por ella. Cuando hablamos de investigación y de historia escrita, apelamos a las herramientas del amo, conversamos ya con los mecanismos interpretativos impuestos por la colonia, de ahí que esté claro que un ejercicio de escritura histórica feminista y descolonial no desmontará la casa del amo; sin embargo, en este contexto, es posible que el análisis comprensivo de lo que somos, a través de una mirada crítica del pasado, nos posibilite encontrar las herramientas propias, unas que sí aporten a cambios y a proyectos descolonizadores y, por tanto, emancipatorios.

comunitarias y colectivas para una comprensión profunda de las respuestas que encontremos a la pregunta "¿cómo llegamos a ser lo que somos?".

Ahora, si bien a partir de esta propuesta cuestiono el eurocentrismo, la *colonialidad del saber*, el androcentrismo, la linealidad de la narración histórica hegemónica, la violencia epistémica de esta disciplina y los métodos y metodologías de investigación y de enseñanza de la Historia, no pretendo abstraerme por completo de lo construido por las corrientes historiográficas tradicionales (este modo de escritura, de hecho, me aleja de ese quiebre radical). Rahadni Guha lo plantea así:

> Esta historiografía elitista, a pesar de sus carencias, no deja de tener utilidad. Nos ayuda a conocer mejor la estructura del Estado colonial, el funcionamiento de sus diversos órganos en determinadas circunstancias históricas, la naturaleza de la alianza de clases que lo sostenía; algunos aspectos de la ideología de la élite como ideología dominante del periodo [...]. Y, sobre todo, nos ayuda a entender el carácter ideológico de la propia historiografía (Guha, 2002: 35).

En ese sentido, la revisión de las formas tradicionales de hacer Historia: de las descripciones, los análisis, de las técnicas y de los métodos investigativos ya construidos será fundamental para elaborar propuestas críticas tanto a la disciplina misma como a la narración del pasado, así como para construir nuevas miradas e interpretaciones que integren otras fuentes, nuevas voces, otras historias y que analicen el tiempo en el que se tejen hechos y acontecimientos de manera cíclica o espiral y no lineal.

Así mismo, el análisis histórico feminista y descolonial coloca en el debate historiográfico la pregunta por el conocimiento situado. Los sesgos, los relatos, las historias de vida individuales y colectivas de quien o quienes investigan ocupan un lugar en la construcción del conocimiento, que se pueden evidenciar desde el momento mismo en el que se formula el problema de investigación o se construyen las hipótesis. El sesgo es una posibilidad en lugar de una limitación, es un ejercicio crítico y consciente a través del cual quien investiga reconoce sus saberes, historias y posiciones. Para Archila (1997), los y las historiadoras somos como novelistas que debemos armar una trama a partir de los datos que poseemos. Construimos un argumento y narramos historias. Sin embargo, esos datos que poseemos no siempre están asociados a documentos o fuentes oficiales, el dato puede ser un fragmento de nuestra propia historia en el tiempo presente o pasado cercano que nos lleva a preguntarnos por procesos históricos.

La investigación social que se asume desde la teoría del *punto de vista feminista* o *conocimiento situado*, adopta una mirada no sólo crítica sino, además, activa en la transformación política, social, cultural y económica de las relaciones humanas hegemónicas. No es en vano que esta propuesta aparezca en los contextos de los países llamados del "Tercer mundo", y que sea producida por sujetos subalternos, afectados por relaciones de poder derivadas de la *raza*, clase, sexo y sexualidad.

La revisión crítica de la Historia tradicional, el análisis crítico de quién escribe, así como la investigación y la enseñanza de historias desde una perspectiva feminista descolonial implica además un análisis de los sistemas de opresión y la forma como éstos actúan sobre los hechos y acontecimientos históricos, lo cual debe quedar explícito en esa *nueva* narración. El capitalismo, el racismo y el patriarcado son sistemas interdependientes que se manifiestan en prácticas políticas cotidianas e institucionales y que, además, actúan como maquinarias de poder discursivo que penetran la construcción de saber y las relaciones de poder.

Angela Davis (2004) señala, al respecto, la deuda que tenemos las historiadoras con la reconstrucción y el análisis de las historias de las mujeres negras durante el periodo de la esclavitud. El llamado de Davis trasciende los discursos de la inclusión y la igualdad presentes en los relatos de la historia de las mujeres, de ahí que su propuesta plantee otras posibles rutas para construir análisis históricos feministas, descoloniales y antirracistas.

El texto de Angela Davis, además de ser una "reveladora" propuesta de las posibilidades políticas y metodológicas para construir *historias otras*, es un gran aporte a la perspectiva de investigación feminista, debido a la des-universalización que construye la autora del *sujeto mujer* a partir de las experiencias vividas por las mujeres negras tanto en el periodo oficial de la esclavitud en Estados Unidos, como en la época actual. El trabajo de cuidado, la maternidad, el trabajo en la agricultura, la relación con el esposo y las relaciones familiares son algunos *campos de relaciones sociales* a través de los cuales Davis analiza y cuestiona la mirada homogénea que la historia y algunos feminismos han construido de un supuesto "*sujeto mujer*".

La propuesta analítica de Davis es una crítica radical a la narración histórica capitalista, racista, colonial y patriarcal que ha ocultado sistemáticamente las prácticas de resistencia y sublevación de las mujeres negras en el contexto de la esclavitud. Un ejercicio de *borramiento* que se constituye en una práctica de poder; pero además, la pregunta que siembra Davis y que tiene que ver con la necesidad de investigar y escribir las historias de las mujeres negras es fundamental, no sólo porque en este cuestionamiento subyace un llamado a describir "lo sucedido", sino porque allí hay pistas importantes para desanudar preguntas en torno a lo que somos y a lo que podemos llegar a ser. Finalmente, es una pregunta por las estructuras de poder y por los mecanismos a través de los cuales esas estructuras construyen a las mujeres negras e imponen un destino para ellas y, por extensión, para todo un pueblo.

En un intento por recoger algunos aspectos propositivos de este apartado, diría que una reconstrucción de las historias desde una perspectiva feminista (hoy hasta dudo del feminismo, pero sigamos…) para la descoloniazación debe enfrentarse, entre otras, a las siguientes implicaciones:

1) Asume la narración del pasado y sus vínculos con el presente como un ejercicio activo de responsabilidad política y del pensamiento.
2) Reconoce los límites coloniales y modernos de la Historia escrita disciplinar y, en esa medida, juega conscientemente con los límites, posibilitando diálogos y puentes interpretativos de las narraciones del pasado en los que la voz autorizada no es la construida desde la hegemonía.

3) Destruye los sujetos universales y los análisis que universalicen la interpretación, incluso los construidos por el feminismo.
4) Entiende la Historia a partir del reconocimiento de la existencia de múltiples historias que se reafirman y tensionan entre sí, y que están adscritas a sistemas de opresión y, por tanto, a juegos de poder.
5) Reconoce el *conocimiento situado* o *lugar de enunciación* de quien investiga. Diría el historiador de Trinidad y Tobago C. L. R. James: los grandes hombres hacen historia, pero sólo la historia que les es posible hacer. Su libertad de acción está limitada por las necesidades de su ambiente. Describir los límites de esas necesidades y la realización, total o parcial, de todas las posibilidades, es la verdadera tarea del historiador (1963: 17). Así, el conocimiento situado o el lugar de la experiencia debería convertirse en una herramienta no sólo para quebrantar la objetividad y para que quien investiga reconozca sus sesgos, sino además como una práctica de conciencia política que destruya el lente interpretativo colonial y racista, posibilitando que los pueblos se narren a sí mismos y no a través de intérpretes ajenos a sus experiencias históricas más vitales.
6) Supera la lectura evolucionista y causal de los hechos y de los acontecimientos históricos.
7) Trasciende el análisis de una historia estática, empolvada en anaqueles y consignada en el pasado sin efectos o aspectos que vuelven a emerger en el tiempo presente.
8) Y, en el campo metodológico, supone una revisión crítica de lo que hasta ahora ha sido considerado como las "fuentes legítimas" para la reconstrucción de acontecimientos y hechos, así como de la lectura lineal y causal del tiempo.

Intentando concluir

La crítica a la disciplina histórica que enuncio en este artículo no es nueva, y ha tenido algunos impactos en otros campos de las ciencias sociales y humanas. Sin embargo, a la fecha las principales escuelas historiográficas, en este caso colombianas, no han permitido que estas reflexiones permeen lo suficiente las formas de hacer historias y, por lo contrario, se han opuesto enfáticamente, o han dado apertura a algunas experiencias, pero en espacios marginales.

El impacto generado en las ciencias sociales y humanas a partir de procesos históricos y debates académicos tales como las investigaciones de corte antirracista, los movimientos indígenas, negros afrodescendientes y campesinos en América Latina, o movimientos políticos y sociales como el movimiento estudiantil Mayo del 68, los desarrollos teóricos propuestos por pensadoras/es afrodescendientes e indígenas en América Latina, los estudios culturales en Estados Unidos, la Independencia de la India y África y, con ello, la aparición de los estudios postcoloniales y subalternos, los estudios feministas, no han tocado con suficiente fuerza la disciplina histórica colombiana, la cual se mantiene como un centro de poder productor y reproductor de las relaciones de poder.

Es necesario reconocer cambios recientes, tales como el paso de una disciplina histórica cuyo objeto de estudio era fundamentalmente la historia política y económica, a otra interesada en el estudio de la vida cotidiana, los movimientos sociales o historias desde abajo, los procesos identitarios y las relaciones de poder. Sin embargo, es pertinente, también, no perder de vista que estos campos de especialización de la disciplina no sólo son espacios marginados, sino que, además, difícilmente se han desvinculado del tipo de narración descriptiva, causal, lineal y objetiva que aún ignora la importancia de la reflexión teórica, filosófica y epistemológica que conduzca a posiciones estructurales más críticas, complejas y situadas.

El debate acerca de la construcción de historias desde una mirada feminista, descolonial y, por tanto, contrahegemónica, tampoco ha sido un problema ampliamente discutido al interior de la teoría feminista en Colombia. Aunque recurrentemente las historiadoras feministas nombran la necesidad de construir historias OTRAS que no sólo reconstruyan, sino que resignifiquen los lugares que en la Historia han ocupado las mujeres, aún no se supera la lógica descriptiva mujerista, y poco se ha complejizado la construcción misma del *sujeto histórico mujer*, las implicaciones de escribir diferentes historias en territorios como el que habitamos, y la relación de esta construcción con la colonialidad y con los sistemas de opresión, ordenadores de las relaciones sociales, políticas, económicas y culturales.

Se hace necesario aclarar que esta crítica no pretende borrar los importantes aportes de teóricas que se reivindican como historiadoras feministas, y que tanto en Colombia como en otros territorios han hecho aportes importantes para posicionar la historiografía feminista como una corriente epistemológica, algunas de éstas: Girlandrey Sandoval Acosta, Scott, Silvia Federici, Lola Luna, Alicia Miyares —entre otras que seguramente se me escapan—. Igualmente, considero significativo enunciar los aportes que a las ciencias sociales y humanas han hecho corrientes feministas radicales como el *black feminism*, el feminismo materialista, el feminismo autónomo, el feminismo comunitario, el feminismo popular, el feminismo negro en lo que hoy conocemos como latinoamericana y el lesbianismo feminista.

Finalmente, las construcciones teóricas y los debates políticos planteados por éstas y otras autoras y activistas políticas han posibilitado que hoy me pregunte tanto por la historiografía como por los métodos y metodologías para la reconstrucción de historias desde una perspectiva feminista descolonial.

No obstante, lo analizado hasta el momento de la historiografía feminista en Colombia, evidencia una serie de vacíos políticos y metodológicos. No es sencillo superar el acumulado de aprendizajes de siglos de pensamiento colonial, salir del discurso lineal, universalista, causal e, incluso, esencialista, o —en el peor de los casos— dejar de ser relato útil de los poderes hegemónicos.

La historiografía feminista o los estudios históricos de las mujeres que he revisado hasta el momento en Colombia siguen anclados a la reconstrucción de hechos históricos femeninos en los que la feminidad es un hecho natural y no una construcción histórica anclada a relaciones del poder colonial; o a la lógica de la inclusión —bastante liberal por cierto— de las mujeres en la narración histórica, o a la consideración de que la disciplina histórica es un medio para convertir a las mujeres en actoras y protagonistas de la Historia rescatando sus voces perdidas y silenciadas. Girlandrey Sandoval plantea al respecto:

> La historiografía feminista permite la reconstrucción de los hechos históricos femeninos diferenciados de las periodicidades convencionales, con base en un saber hacer histórico que replantea la utilización de las fuentes, las categorías de análisis, la dicotomía público/privado, e incluye la redefinición del concepto de política y participación política. [...] El modelo de la historiografía feminista es uno de varios que provee la epistemología feminista en diversos centros de investigación y estudio científicos. [...] Tanto en centros de investigación como en las academias de historia a nivel mundial, especializadas principalmente en la historia de las mujeres y en los Women's Studies se abren camino desde las últimas décadas del siglo xx, los estudios que privilegian el sujeto femenino, la representación social del mismo y las dinámicas consecuentes de las interpretaciones que los hombres y las mujeres y demás géneros han hecho al respecto (2012: 62).

Me atrevo a decir que este tipo de propuestas corre el riesgo de terminar haciendo parte de los discursos hegemónicos y de las lógicas reproductoras de análisis del género modernos y por tanto coloniales, que se fundamentan, por ejemplo en la idea de que existe una feminidad que es universal y que ha estado presente a lo largo de la historia que podemos narrar.

Pensando en los puntos problemáticos encontrados hasta el momento en las propuestas de análisis histórico feminista en Colombia, considero que una de las primeras rupturas necesarias en el análisis y en el relato de las historias es, justamente, su lógica dicotómica y jerárquica. Este ejercicio supone, por supuesto, una implicación crítica al deshabitar lugares naturalizados y complejizarlos. Algunos de estos lugares son *lo femenino*, *lo masculino*, el *hombre*, la *mujer*, *lo público*, *lo privado*, entre otros. Esta lógica dicotómica está profundamente anclada al pensamiento moderno y construye sujetos universales que habitan en tiempos que se desarrollan de manera lineal y causal. Bajo esa perspectiva se limita la posibilidad de hacer análisis descoloniales, complejos y situados.

Esta concepción de la historiografía feminista responde, posiblemente, a la urgencia social de visibilizar a las mujeres, de "sacarlas del olvido" y "rescatar sus voces". Sin embargo, esto no es suficiente en una lógica que piensa la construcción de saberes como herramienta estratégica para la eliminación de los sistemas de opresión.

Desde una propuesta historiográfica, fundamentada en una mirada feminista que aporte a la descolonización, no basta entonces con incluir a "las mujeres" —ese sujeto que se presenta como natural y no como construcción— en la discursividad histórica dominante, pero tampoco con estudiar exclusivamente la imposición del sexismo o el sistema de dominación patriarcal, como si fueran sistemas de opresión que operaran de manera separada del colonialismo, el racismo y el capitalismo.

De acuerdo con lo planteado al inicio de este artículo, la pregunta por una historiografía feminista que aporte a las descolonización es un camino que comienzo a recorrer y que espero seguir alimentando en el debate que pueda sostener con otras personas interesadas en pensar las historias desde lugares que permitan una mayor complejidad del manejo de los tiempos y de las fuentes, así como una mirada que no se limite a la interpretación causal, que genere rupturas con la objetividad, que busque en las raíces y no en los textos que hablan de la Historia, que analice la imbricación de los sistemas de opresión y que cuestione la hegemonía disciplinar histórica, para así pensar nuevas preguntas, métodos y metodologías tanto de investigación como de enseñanza de la Historia, ya no sólo para Colombia, sino además para América Latina y el Caribe, e incluso para otros territorios.

Bibliografía

Aguirre Rojas, C. A., *Antimanual del mal historiador o Cómo hacer una buena historia crítica*, México, La Vasija, 2002.

Archila, M. *El historiador o la alquimia del pasado*, Bogotá, Universidad Nacional, 1997.

Bartra, E., "Acerca de la investigación y la metodología feminista" en N. Blásquez, F. Flórez, y M. Ríos, *Investigación femi-*

nista, col. Debate y reflexión, México, Universidad Nacional Autónoma de México (UNAM), 2010.

Davis, A., *Mujeres, raza y clase*, Madrid, Akal, 2004.

Demasí, C., "Entre la rutina y la urgencia. La enseñanza de la dictadura en Uruguay" en E. Jelin y G. Lorena (comps.), *Educación y memoria. La escuela elabora su pasado*, Madrid, Siglo XXI, 2004.

Federici, S., *Calibán y la bruja. Mujeres, cuerpo y acumulación primitiva*, España, Traficantes de sueños, 2004.

Guber, R., *La etnografía, método, campo y reflexividad*, Bogotá, Grupo Editorial Norma, 2001.

Guerra, G. T. (s/f), "Metodología de la investigación histórica. Una crítica compartida", Red de Revistas Científicas de América Latina y el Caribe, España y Portugal (Redalyc). Disponible en: [http://redalyc.uaemex.mx/src/inicio/ArtPdfRed.jsp?iCve=25914104] (consultado el 4 de junio de 2012).

Guha, R., *Las voces de la historia y otros estudios subalternos*, Barcelona, Crítica, 2002.

Hall, S., "La cultura, los medios de comunicación y el efecto ideológico" en J. Curran, *et al.* (comps.), *Sociedad y comunicación de masas*, México, Fondo de Cultura Económica, 1981.

Haraway, D., "Conocimientos situados: la cuestión científica en el feminismo de la perspectiva parcial" en *Ciencia, cyborgs y mujeres. La reinvención de la naturaleza*, Madrid, Cátedra, 1991.

—, "Situated Knowledges: The Science Question in Feminism and the Privilege of Partial Perspective", *Feminist Studies* 14, 3 (1988), pp. 575-99. [Haraway, Donna. 1995. "Conocimientos situados: la cuestión científica en el feminismo y el privilegio de la perspectiva parcial" en *Ciencia, cyborgs y mujeres. La reinvención de la naturaleza*, trad. Manuel Talens, Madrid, Cátedra, pp. 313-95.]

Harding, S., "Del empirismo feminista a las epistemologías del punto de vista feminista" en *Ciencia y feminismo*, Madrid, Morata, 1996, pp. 119-141.

—, "¿Una filosofía socialmente relevante? Argumentos en torno a la controversia sobre el punto de vista feminista" en N. Blásquez, F. Flórez, y M. Ríos, *Investigación feminista*, col. Debate y reflexión, UNAM, 2004.

Hill Collins, P., "La política del pensamiento feminista negro" en M. Navarro y C. R. Stimpsom (comps.), *¿Qué son los estudios de mujeres?*, México, Fondo de Cultura Económica, 1998.

James, J. L. R, *Los jacobinos negros*, Casa de Las Américas, 1963.

Lander, E. (ed.), *La colonialidad del saber: eurocentrismo y ciencias sociales. Perspectivas latinoamericanas*, Buenos Aires, Clacso, 2000.

Lorde, A., *La hermana, la extranjera*, 1984. Disponible en: [http://glefas.org/download/biblioteca/feminismo-antirracismo/Audre-Lorde.-La-hermana-la-extranjera.pdf].

Melo, J. O., "Los estudios históricos en Colombia: situación actual y tendencias predominantes", *Revista de la Dirección de Divulgación Cultural* 2 (enero-marzo, 1969), pp. 15-41, y reeditado en *Sobre historia y política* (Medellín, 1979).

Quijano, A., "Colonialidad del poder, eurocentrismo y América Latina" en E. Lander (comp.), *La colonialidad del saber: eurocentrismo y ciencias sociales*, Buenos Aires, Clacso, 2005.

Rodriguez, N. E., "Escrituras del desencuentro en la República Dominicana", México, Siglo xxi, 2005.

Ríos, E. M., "Metodología de las ciencias sociales y perspectiva de género" en N. Blásquez, F. Flórez, y M. Ríos, *Investigación feminista*, col. Debate y reflexión, unam, 2010.

Sandoval, A. G., "Acciones colectivas del movimiento de mujeres y del movimiento feminista en Cali: apuntes desde la historiografía feminista", 2012. Disponible en: [https://www.icesi.edu.co/revistas/index.php/revista_cs/article/download/1355/1759] (consultado el 10 de noviembre de 2013).

Scott, J. W., "El género: Una categoría útil para el análisis histórico". En: Lamas Marta (Comp.) El género: la construcción cultural de la diferencia sexual. PUEG, México, (1996), pp. 265-302.

Stoler, A. L., "Archivos coloniales y el arte de gobernar", *Revista Colombiana de Antropología* 2, 46 (julio-diciembre, 2010), pp. 465-496. En línea: http://www.redalyc.org:9081/home.oa?cid=10080486 [Consultado el: 08 de febrero de 2015].

Trouillot, M. R., "Silenciando el pasado. El poder y la producción de la Historia", España, Comares, S. L., 1995.

ÍNDICE

Introducción (Karina Ochoa Muñoz y María Teresa Garzón Martínez) 5
    Los feminismos descoloniales en los sures globales 5
    ¿Por qué seguir pensando "lo colonial"? 9
    La agenda del libro 12
    Descripción de la obra 16
    Bibliografía 31

CAPÍTULO I

La colonialidad del género y poder: De la postcolonialidad a la decolonialidad (Breny Mendoza) 35
    Antecedentes 35
    Surgimiento y sumergimiento 37
    La *interseccionalidad* y la teoría anticolonial 41
    Los debates postcoloniales/descoloniales y la teoría feminista.
    El *postcolonialismo* 46
    Feminismo postcolonial 48
    Teoría descolonial 53
    Feminismo descolonial 58
    Bibliografía 65

CAPÍTULO II

Cosmovisión maya y patriarcado: una aproximación en clave crítica (Aura Cumes) 73
    Patriarcado 73
    Cosmovisión maya 75
    Relaciones hombres/mujeres, femenino/
    masculino y patriarcado en el *Popol Wuj* 76
    El colonialismo, los pueblos indígenas y las mujeres 79
    La colonización de *lo femenino* y *lo masculino* indígena 82

Los límites de las visiones culturalistas y esencialistas en la
problematización del patriarcado colonial........................... 84
¿A qué sociedad aspiramos? Pensar la
descolonización y *despatriarcalización*............................... 86
Bibliografía 87
Introducción 91

Genealogía de un discurso racista: mujeres aymaras y opresiones múltiples (Andrea Álvarez Díaz) 91

Introducción 91
De los discursos analizados: *La pureza de la
sangre y la discriminación explícita* 94
El derecho a sufragio femenino: el discurso
de la igualdad... 98
El discurso pedagógico.. 104
El discurso jurídico.. 108
Conclusiones 111
Bibliografía 112

CAPÍTULO III

Espiritualidad indígena y feminismos descoloniales (Sylvia Marcos).. 119

Desde un análisis filosófico...................................... 122
Una espiritualidad encarnada en la tierra
sagrada 125
La espiritualidad forja dimensiones políticas..................... 127
Una experiencia político-espiritual.............................. 128
Desde los feminismos descoloniales.............................. 129
Reflexiones finales 132
Bibliografía 133

Nos-otras. Ancestras descoloniales (Marías José Pérez Sián)...................................... 135

Introducción 135
Las ancestras, las abuelas... 136
Quiénes son las *Xuo'* y *Texeles* *139*
Samaj. Trabajo 140
Entendimiento del servicio comunitario desde la perspectiva
de las mujeres tz'utujiles que
ocupan los cargos de *Xuo'* y *Texel*........................... 144
La red que apoya y los sentimientos que genera en las
mujeres el trabajo comunitario 146

Hilos que se trenzan..	152
Bibliografía	155

O'TANIL: CORAZÓN. UNA SABIDURÍA Y PRÁCTICA DE SENTIR, PENSAR, ENTENDER, EXPLICAR Y VIVIR EL MUNDO DESDE LOS MAYAS TZELTALES DE BACHAJÓN, CHIAPAS, MÉXICO (MARÍA PATRICIA PÉREZ MORENO).................................... 157

Introducción	157
Colonialismo y conocimiento hegemónico occidental	157
Antropología del nosotros..	160
Lengua y cosmovisión	161
Las implicaciones del *o'tan - o'tanil* (corazón) en nuestro idioma y la forma de ser-estar-pensar-sentir *(stalel)* de los tseltales..	164
Corazón: vida-existencia manifestada en el agua................	168
Conclusiones	170
Bibliografía	172

CAPÍTULO IV

DESCOLONIZAR LA PRAXIS POLÍTICA, DESMORONAR EL RACISMO ASIMILADO EN PUEBLOS OPRIMIDOS (ROSSIH AMIRA MARTÍNEZ SINISTERRA) 177

Introducción	177
La representación de las personas negras en el imaginario colectivo colonizante	180
El matador rezago viviente...	184
Y sigue el rezago: la racialización de personas blancas	187
Apuntes iniciales sobre algunas descolonizaciones radicales hoy necesarias	190
Continúan los apuntes: urge la praxis descolonizante liderada por las gentes prietas	192
A manera de conclusión	194
Bibliografía	195

#PATRIARCHYMUSTFALL: DESCOLONIZACIÓN Y PENSAMIENTO FEMINISTA EN EL CONTEXTO DEL MOVIMIENTO DE ESTUDIANTES EN SUDÁFRICA 2015-2016 (MÓNICA INÉS CEJAS)............. 197

Cecil Rhodes: el signo	202
#PatriarchyMustFall: problematizar la descolonización	210

Cierre abierto 216
Bibliografía 217

CAPÍTULO V

Institucionalizar el cuidado comunitario: Redefiniendo lo público (Natalia Cabanillas).......... 223

Introducción 223
Mustadafin Foundation: un lugar en el mapa,
un lugar en la historia.. 223
Programas y acciones 227
Mustadafin Foundation: las políticas del cuidado y lo
político del cuidar... 229
Lo político en el comer.. 232
Mustadafin y la política 234
Reflexiones y encuentros de la investigación (y la política)
feminista 239
Bibliografía 241

El pensamiento islámico decolonial, una herramienta contra la islamofobia de género. Entrevista a Sirin Adlbi Sibai (Helios F. Garcés)............................ 247

Bibliografía 260

Descolonizar y despatriarcalizar Andalucía. Una mirada feminista gitana-andaluza 265

Descolonizar Andalucía.. 265
Una mirada socioeconómica de Andalucía 265
Una mirada cultural de Andalucía 268
La cultura andaluza es negada por el poder............... 268
La cultura andaluza es inferiorizada por el poder 269
La cultura andaluza es frivolizada por el poder 269
Despatriarcalizar Andalucía. Feminismo
gitano-andaluz... 272
El Poder es blanco, burgués, varón y
heterosexual... 273
La otredad es mujer, pobre, racializada y habitante
de la periferia global... 274
La mujer pobre y racializada en la periferia de Andalucía . 276
¿Qué atributos de las formas de vida de las mujeres
gitanas de la periferia de Andalucía son los que el orden
vigente necesita reprimir con mayor urgencia?................ 278

Conclusiones 283
Bibliografía 284

CAPÍTULO VI

FOMMA: TEATRO POPULAR DESDE EL CUERPO Y LA MEMORIA
COMO PENSAMIENTO DESCOLONIAL CREADO POR MUJERES
MAYAS (DORIS DIFARNECIO) 289
    Bibliografía 307

UN LARGO BESO DE DESPEDIDA. UNA LECTURA DE LA
BLANQUITUD EN TRES NOVELAS COLOMBIANAS
(MARÍA TERESA GARZÓN MARTÍNEZ) 309
    Habitar la pregunta 309
    Blanquitud: Una definición transitoria 310
    Mirza: Al fin y al cabo, no se trató de una derrota 313
    Catalina: Resplandor asesino y sosegado 318
    Elizabeth: La renuncia a lo irrenunciable 323
    Un largo beso de despedida 329
    Bibliografía 329

CAPÍTULO VII

HISTORIOGRAFÍAS FEMINISTAS PARA LA DESCOLONIZACIÓN
(ALEJANDRA LONDOÑO BUSTAMANTE) 335
    Pensando en el punto partida 335
    Algunos aspectos de la hegemonía presente en la disciplina
      histórica tradicional. Una narración del pasado que mucho
      tiene que ver con el presente que silencia 337
    Ni cercana, ni comprometida. Un acercamiento al problema
    de la objetividad y la veracidad de las fuentes en la
    disciplina histórica 344
    Algunos aportes a la lectura de la(s) historia(s)
    desde una mirada feminista descolonial 351
    Intentando concluir 356
    Bibliografía 360